集人文社科之思 集刊 专业学术之声

集 刊 名：北京史学
主办单位：北京市社会科学院历史研究所
主　　编：刘仲华
副 主 编：王建伟
执行主编：孙冬虎

BEIJING HISTORICAL STUDIES

编辑委员会（按姓氏笔画排序）

马　钊　王　岗　王建伟　左玉河　朱　浒　刘仲华　孙冬虎
李　帆　李建平　吴文涛　杨共乐　岳升阳　郑永华　赵志强
倪玉平　黄兴涛　章永俊

编辑部

编辑部主任：刘仲华
本辑编审：孙冬虎

2019年春季刊（总第9辑）

集刊序列号：PIJ-2018-284
中国集刊网：www.jikan.com.cn
集刊投约稿平台：www.iedol.cn

北京史学

2019年春季刊
（总第9辑）

北京市社会科学院历史研究所 编

孙冬虎 执行主编

BEIJING HISTORICAL STUDIES

社会科学文献出版社

目录
CONTENTS

水利史探

003 北京水利史辨微二题 　　　　　　　　　　　　　唐晓峰

021 从永定河水系到北运河水系
　　——南苑地区水脉的历史变迁　　　　　　　　 吴文涛

038 清代北运河武清段的治理　　　　　　　　　　　陈喜波

052 北洋政府时期京直水资源的涵养与保护　　　　　徐建平

067 民国北京灾荒灾赈及其借鉴意义　　　　　　　　郗志群

城市空间

083 沙学浚先生《西安时代与北平时代》
　　（1944年）评论　　　　　　　　　　　　　　 侯甬坚

103 明清秦州城记所见城池管理的两个问题　　　　　张　萍

114 明代宣府镇城空间结构研究　　　　　　　　　　王洪波

132 八国联军分区占领与北京城市管理的变革　　　　李　诚

150 近现代北京城市文献及研究资料概要　　　　　　王　均

史迹考索

161 潭柘寺史事略考　　　　　　　　　　　　　　　王　岗

176 燕筑黄金台和后世谏君的黄金台情节　　　　　　马保春

194 唐代幽州藩镇少数民族势力及其本土化　　　　　许　辉

205 明北京营建烧造在京收贮厂地考　　　　　　　　王毓蔺

223 清代北京的典当　　　　　　　　　　　　　　　章永俊

目录
CONTENTS

地域文化

239　新中国 70 年北京早期文明研究　　　陈光鑫

252　郑州庙、庙会与京津冀地缘文化共同体　　张慧芝

275　浅述清代京津冀之缘聚与缘散　　　赵雅丽

学术档案

295　诗缘侯仁之
　　　——交游诗词辑考及其科学社会史意蕴　　丁　超

367　私人档案的个案研究
　　　——一篇几经修订而未能面世的"编后记"

　　　　　　　　　　　　　　韩光辉　田　海　彭静杨

水利史探

北京水利史辨微二题

唐晓峰[*]

摘 要：灢水到底何时由蓟城北迁移到蓟城南？高梁河西河的由来及其与漕运的关系如何？这是北京水利史与历史地理研究者一直关注但仍然存疑的两个重要问题。本文在梳理辨析相关学术成果的基础上，寻找历史文献与今人研究之间的合理联系并予以举证、推测和补充，为更加深入地认识永定河与蓟城的位置关系、北京漕运的起始与基础、金元时期的漕运水系等问题，提出新的研究思路。

关键词：灢水 蓟城 高梁河西河 坝河 漕运

一 《水经》灢水"过广阳蓟县北"为东汉事

在《水经注》灢水注中，郦道元纠正了《水经》关于灢水与蓟城关系的记载。《水经》云：灢水"过广阳蓟县北"。郦道元注则引证《魏土地记》称："灢水又东北迳蓟县故城南。《魏土地记》曰：'蓟城南七里有清泉河'，而不迳其北，盖《经》误证矣。"[1]

---

[*] 唐晓峰，北京大学历史地理研究中心。
[1] （北魏）郦道元注，杨守敬、熊会贞疏《水经注疏》卷一三，江苏古籍出版社，1989，第1192页。

清末《水经注》研究大家杨守敬赞同郦注的观点,"守敬按:《晋书·王浚传》,与浚期游蓟城南清泉水上,乃清泉水在蓟城南而不在北之确证"[1]。不过,清末另有学者认为《水经》《水经注》都没有问题,二者所记相异,乃是因河水正溜在不同时代位置不同。李鸿章等《畿辅通志》卷七八《河渠四》称:"桑干河自石景山以上历朝均未闻有歧流,而自此以下则在两汉时以高梁河为桑干河正溜,其水由梁山北麓东出,历昌平州西南界山中,直迳蓟北而东合于潞,在今都城之北。迨乎魏晋,高梁河塞,遂以清泉河为桑干正溜。其水由石景山北麓东出,曲迳蓟南亦东合于潞,在今都城之南。"[2]

长期以来,郦注的判断多为人所接受。例如在1959年出版的《中国古代地理名著选读》第一辑中,由侯仁之、黄盛璋撰写的"《水经注》选释"便采纳郦注的观点,认为"古代灅水过蓟县故城南,而非城北。经文的错误,郦注作了纠正"[3]。

但自20世纪80年代以来,人们几乎全体改变了看法,开始认为,《水经》没有错,郦注称灅水过蓟城南也没有错。新的观点类似《畿辅通志》所言,以为在《水经》写作的时期,灅水就是从蓟城北面流过的,而到了郦道元做注的时候,灅水已经改道,转从蓟城南面流过。郦道元不知有改道的事,便以为《水经》记错了。学者们这个新认识,主要并不是参考了《畿辅通志》,而是由于一条永定河(即古灅水)故道的发现。

这条永定河古河道的线路是:出西山之后,向东流经"八宝山北、田村、半壁店、紫竹院,经高梁桥至今德胜门西,再南折入今积水潭、什刹海、北海、中海,穿过今长安街人民大会堂西

---

1 (北魏)郦道元注,杨守敬、熊会贞疏《水经注疏》卷一三,第1192页。
2 李鸿章等:《畿辅通志》,上海商务印书馆影印本,1934,第3234页。
3 侯仁之主编《中国古代地理名著选读》第一辑,学苑出版社,2005,第103页。

南，再向东南流经前门、金鱼池龙潭湖，经左安门以西流向十里河村东南，至马驹桥附近汇入灅水故道（今凤河河道）——今人称之为'三海大河'"[1]。这一发现是在孙秀萍的文章中公布的。此文先于1978年登载在《北京地震地质会战研究成果汇编》上，后正式发表在1982年的《科学通报》以及1985年的《北京史苑》上。[2] 这一成果被研究北京水文历史的学者普遍引用。[3]

关于这条古永定河存在的时间，最早可追溯到晚更新世，此为上限，因为时代古远，只能做这样很笼统的判断。而其消失的时间，即下限，已经进入历史时期，应当做比较具体确切的判断，但其遗址本身未能提供确切的信息。在这种情况下，《水经》中灅水"过广阳蓟县北"的记载启示了人们，以为《水经》描述的就是所发现的这条古河道，当时河流尚在。而进一步的推断当然就是：这条河流改道的时间下限，当在《水经》成书之后。此外，又因郦注明言灅水从蓟县南面流过，则灅水向南改道当在郦道元的时代之前。

不过，从《水经》的时代，到郦道元（472—527）的时代，悬隔300来年，灅水改道的确切时间仍然是模糊不清的。学者们关于这个问题的叙述互有参差。

段天顺等认为："春秋至西汉间，永定河自积水潭向南，经北海、中海斜出内城，经由今龙潭湖、肖太后河、凉水河注入北运河。东汉至隋，永定河已移至北京城南，即由石景山南下到芦

---

[1] 吴文涛：《北京水利史》，人民出版社，2013，第19页。

[2] 孙秀萍：《北京城区埋藏河湖沟坑的分布及演变》，《北京地震地质会战研究成果汇编》第三期，1978；孙秀萍、赵希涛：《北京平原永定河古河道》，《科学通报》1982年第16期；孙秀萍：《北京城区全新世埋藏河湖沟坑的分布及其演变》，《北京史苑》第二辑，北京出版社，1985，第222—232页。孙秀萍另有一部打印稿，名为《古代北京城河渠分布》，1979（蔡蕃引）。

[3] 如蔡蕃、于德源、尹钧科、吴文涛等。

沟桥附近再向东,经马家堡和南苑之间,东南流经凉水河入北运河。"[1]

孙秀萍:"三海大河就是永定河从晚更新世以来,延续到全新世的一支古河道。这条古河道消亡的时代,目前证据还不多,但从《水经》到《水经注》所载的有关城址、水系的变化来看,大约可以晚到汉代。"[2]

《北京志·地质矿产水利气象卷·水利志》:"两汉时期,以高梁河为正溜,其水从梁山北麓东出,经昌平州西山界,绕过蓟北,东归于潞(通县)。到曹魏及晋代,高梁河淤塞,则以清泉河为正流,据《水经注解》载,永定河出山后也名清泉河。由今石景山北麓东出,经蓟城南流向潞州。"[3]此段叙述很像是参考了《畿辅通志》,但未予注明。

尹钧科、吴文涛认为:"东汉时的永定河出山后,主流改向东北,经蓟城北,循高梁河道至今北京城内三海……三国魏时期,㶟水已迁流到蓟城以南。"[4]

于德源认为,关于㶟水与蓟城的关系,成书于东汉桓、灵之际的《水经》的记载与北魏时代的郦注的记载不同,"正说明㶟水在东汉末至曹魏中的几十年间,发生了从蓟城北到蓟城南的大改道"。[5]

关于㶟水南迁的时间,诸家说法不一,但逐渐集中在东汉至

---

[1] 段天顺、戴鸿钟、张世俊:《略论永定河历史上的水患及其防治》,《北京史苑》第一辑,北京出版社,1983。

[2] 孙秀萍:《北京城区全新世埋藏河湖沟坑的分布及其演变》,《北京史苑》第二辑,第227页。

[3] 北京市地方志编纂委员会编《北京志·地质矿产水利气象卷·水利志》,北京出版社,2000,第112页。

[4] 尹钧科、吴文涛:《历史上的永定河与北京》,北京燕山出版社,2005,第170页。

[5] 于德源:《北京城市发展史(先秦—辽金卷)》,北京燕山出版社,2008,第59页。

曹魏期间。应该说这一看法是比较适宜的。本文在这一看法的基础上，对一些问题试做进一步推定。

在《水经注》郦注中，另记有一件重要水利事件在北京地区发生，它与灢水南迁的问题有直接关系，有助于我们更具体地确定灢水南迁时间的下限。这个事件就是车箱渠的开凿。《水经注》卷一四鲍丘水注：刘靖"登梁山以观源流，相灢水以度形势嘉武安之通渠，羡秦民之殷富；乃使帐下丁鸿督军士千人，以嘉平二年，立遏于水，导高梁河，造戾陵遏，开车箱渠"[1]。

目前，学者们几乎一致认为，高梁河就是古永定河的遗留，或者说，高梁河经行的路线就是当年灢水的故道。此外，学者们也几乎一致认为，车箱渠的经行路线，有很大一部分是利用了高梁河道。[2] 如此，便有一个十分明了的关系，即车箱渠经行的路线与古永定河有所重合，于是一个重要结论便不难得出：在开凿车箱渠的时候，灢水已经南迁。关于这一点，仅见尹钧科、吴文涛在《历史上的永定河与北京》一书中提到："车箱渠的开凿，也证明灢水已向南改道流去。如果当时灢水一如东汉，流经蓟城北，那么何劳刘靖再开车箱渠？"[3] 我们知道车箱渠的开凿时间是确定的，即嘉平二年（250），那么，这不就是灢水南迁的更精确的时间下限吗？

问题可以做进一步思考。车箱渠开凿的时间，绝不是灢水南迁的时间，二者不可能出现在同一时期。灢水南迁，应该大大早于车箱渠开凿的时间。从刘靖登梁山以寻找适宜的引水出山地点

---

1 （北魏）郦道元注，杨守敬、熊会贞疏《水经注疏》，第1223页。
2 例如吴文涛认为："已有研究证明，灢水冲出北京西山后多次摆动，留下了多条河流故道，历史上的高梁河水曾是灢水的故道之一，而车箱渠的修建也是在很大程度上利用了高梁水的故道。"（《北京水利史》，第53页）类似的论述很多，无须赘述。
3 尹钧科、吴文涛：《历史上的永定河与北京》，第172页。

来看，原有灢水的出山处已经不可识（或不值得关注），刘靖完全是以一种创新的意识在进行此项事业，而并不在意以前灢水曾在蓟城北部流过的历史。况且，当初在灢水北行的时代，人们不可能不利用它的水源来灌溉田地，如果刘靖是在灢水南迁不久就来开渠灌溉，也就谈不上是什么了不起的事情，不一定值得树碑立传。总之，灢水南迁应是时代久远之事，超出了刘靖及当地父老们的记忆，具体来说，应早于250年至少大几十年，以朝代来表述，应先于曹魏时期（213—266），或许在东汉的某几个年头之间。

如果是这样的话，则又引起另一个问题。《水经》既然称灢水过蓟城北，那么《水经》的写作，也应先于灢水南迁的时间。清代考据学发达，经戴震、杨守敬等多位学者研究，排除了《水经》为西汉桑钦或两晋郭璞之作的误传，最终"锁定"为曹魏时期作品。用戴震的话说："然则《水经》上不逮汉，下不及晋初，实魏人纂叙无疑。"[1]

清末《水经注》研究集大成者杨守敬更举出有力证据，实际上是更精确地将《水经》之作判定在了222年之后。杨守敬在《水经注疏·凡例》中写道："自阎百诗谓郭璞注《山海经》引《水经》者也而后，郭璞撰《水经》之说废；自《水经注》出，不言《经》作于桑钦，而后来附益之说，为不足凭。前人定为三国时人作，其说是矣。余更得数证焉。《沔水经》：'东过魏兴、安阳县南。'魏兴为曹氏所立之郡，《注》明言之，赵氏疑此条为后人所续增，不知此正魏人作《经》之明证。古淇水入河，至建安十九年曹操始遏淇水东入白沟，而《经》明云，'东过内黄县南为白沟'，此又魏人作《经》之切证。"[2]

---

[1] 戴震：《水经注》，乾隆曲阜孔氏微波榭刊本，转引自胡阿祥、胡运宏、姚乐《清儒地理考据研究·魏晋南北朝卷》，齐鲁书社，2015，第172页。

[2] （北魏）郦道元注，杨守敬、熊会贞疏《水经注疏》，"凡例"第1页。

所说"遏淇水东入白沟"的建安十九年，为214年。而魏兴郡，熊会贞考订设立于魏黄初三年，即222年。[1] 此两例为杨氏判定《水经》作于曹魏时期的"切证"。今学者大多采纳杨氏的结论。[2]

如果确定《水经》成书于曹魏时期，而所记灢水"过广阳蓟县北"也是实时记载的话，则会出现这样的情形：《水经》刚刚记录灢水过蓟县北，灢水就南迁了，而灢水刚刚南迁，刘靖就来开车箱渠了，这三件事都发生在区区20来年的时间之内。这样紧凑的历史演进令人不敢信。

而从上面讨论的刘靖开凿车箱渠一事来判断，《水经》灢水"过广阳蓟县北"之说应该更早，不会与沔水"东过魏兴"之说为同一时期事，灢水过蓟县北的事情，如前所述，不应在曹魏期间。两句话各自的出现，应在不同时代。戴震称《水经》"纂叙"于曹魏时期，意为《水经》，并非整齐为一个时代之作，而是用不同时代的资料"纂叙"汇总而成。《水经》成书于曹魏，当理解为其最晚的文句形成于魏，但并非每一句话都由魏人说出，所说每一件事又都是曹魏时事。

最后，附带谈一下关于《魏土地记》时代的问题。郦注的话是这样说的，"灢水又东北迳蓟县故城南。《魏土地记》曰：'蓟城南七里有清泉河'，而不迳其北，盖《经》误证矣"。从语气来看，郦道元是先讲出自己的看法，然后用《魏土地记》来进一步证实自己的看法，那么《魏土地记》就应与《水经》的时间相近，这才具有进一步证明的作用。如果《魏土地记》远离《水

---

1 《水经注疏·沔水上》：郦注"建安二十四年，刘备以申仪为西城太守。仪据郡降魏。魏文帝改为魏兴郡"。"会贞按：……魏黄初三年，以申仪为魏兴太守。则改名在是年。"[（北魏）郦道元注，杨守敬、熊会贞疏《水经注疏》卷二七，第2333页]。

2 但见于德源称《水经》"作于桓、灵之间"（见上文引），或另有所据。

经》的时代，是北魏时期的书，其证明力度仅等同于郦注而已。另外，"清泉河"无疑在西晋时存在，主要证据是《晋书》卷三十九《王浚列传》："于是与浚期游蓟城南清泉水上。"[1] 侯仁之主编的《北京历史地图集》也是这样标绘的。如《魏土地记》果为曹魏作品，则说明清泉河一名在三国时就已经出现了。

二 高梁河西河与漕运

所谓"高梁河西河"（本文或简称西河），见《元史》卷六四《河渠一》所记："金水河所经运石大河及高梁河西河，俱有跨河跳槽。"侯仁之先生认为，此河开于金代，是沟通白莲潭（积水潭）与金中都北护城河的人工渠道。其位置"就相当于现在北京城内的赵登禹路和太平桥大街。这条路线迟在清代中期以前还是一条明沟叫做'大明濠'，也叫'西沟'。这'西沟'二字，当即从'西河'二字演变而来。辛亥鼎革之后，这条西沟才逐渐改建为大路"[2]。

西河是一条体量不小，存留时间颇长，但又缺乏明晰记载的河道。元大都城修建，城区内有三大水道先于城市存在，即坝河、高梁河（白莲潭）、西河。规划者对这三条水道（包括湖面）均留存利用。今人对坝河、高梁河（白莲潭）的事情比较清楚，唯对西河不甚明了。本文试对西河的问题，主要就其在金代漕运

---

1 《晋书》卷三九《王浚列传》，中华书局，1974，第1147页。
2 侯仁之：《北京历代城市建设中的河湖水系及其利用》，原载《环境变迁研究》第二、三合辑；收入侯仁之《北京城的生命印记》，三联书店，2009，第85—109页，引文见第93页。
  按：有学者认为《元史·河渠一》所说的"高梁河西河"是两条河流，分别是高梁河、西河。本文采纳侯仁之先生的看法，高梁河西河是一条河。

上的地位，试做考察。

为行文方便，本文将金代中都水道漕运发展分为三个时期：前金口河时期、金口河时期、后金口河时期。这三个时期的划分，是参考大多学者的研究。[1] 导引卢沟河（永定河）水的金口河开凿于1170年、1171年，但由于卢沟河泛滥淤塞问题严重，于1187年将其堵塞停用，实际使用时间约16年。此期间漕运河道主要是中都与通州间的漕渠，水源来自卢沟河及高梁河。在开金口河之前，即前金口河时期，通州至中都的水道漕运主要通过坝河。[2] 金口河停用以后，即后金水河时期，通州至中都的水道漕运可通过闸河（原漕渠）、坝河，二者均以高梁河等为水源。

以下讨论高梁河西河的问题。

侯仁之先生最早对这条河道进行了关注。20世纪40年代，侯先生在英国利物浦大学撰写博士学位论文，在讨论金中都护城河水源问题时，注意到了"高梁河西河"，并做出了初步推测，认为这条水道的开辟是为了向中都城护城河补充供水。他写道：中都城的护城河水源，首先部分地来自从城市西郊莲花池流出的洗马沟水，"但是，洗马沟的汇水区相当有限，除它之外，护城河必定还有其他水源。……就在不久前，在今天的北平内城的北部偏西处，仍有一条干涸的古河道，或者说是沟渠的遗存，与西城墙大致平行。虽然河道源头现已无法追溯，但是河道与汗八里城市规划格局并不一致，因此可以推断，这条河道的形成早于汗八里的修建。这条河道一直保存到了相当晚近的时间……笔者认为，这可能是金代开凿的一条河道，目的是将高梁河的河水引至中都城北护城河。遗憾的是，这一点无法由任何文献记载直接

---

[1] 主要有侯仁之、姚汉源、蔡蕃、于德源、吴文涛等。
[2] 按：坝河一名出现在元代，元代之前此河的称谓不清。本文为行文方便，无论何时，姑均称坝河。

确认"。[1]

在后来对北京历史上水源问题的研究中，侯先生利用古地图材料，进一步指出，这条河道本与积水潭通，大约在清朝前期，上游被填塞，其地发展为街巷，于是最晚在乾隆时期，此河道仅余南段，成为"断头"河。[2] 至此，这条河道原本北接高梁河（积水潭）的推断成为定论。

那么西河是否是人工渠道，仍需确定。吴文涛在《北京水利史》一书中提出这样的看法：金代将高梁河水引入闸河，大致可以推测出五条渠道，其中包括西河。她进而判断，"这些渠道原本都应该是古永定河的高梁河故道和金沟河故道上的支汊河道，有天然的河道遗迹或水体保留，在这个时候又被人工疏浚、沟通，使其成为高梁河与闸河的联系通道，为漕运输送水能"[3]。这个看法不无道理，此种情况是有可能的，因为高梁河大致位于永定河冲积扇的脊部，[4] 在水满的时期，自然会出现河水向两侧溢出的情况，这种溢出，随意性强，从而形成多股溢流。但这些溢流有一个特点：不稳定。在水少的时期，它们会断流，甚至完全消失。以后再现溢流，可能在其他部位。这些支汊河道只有在人工持续维护的情况下才会稳定。在人类对某个方位的水道有所需求时，会对那个部位水道着力维护，甚至扩展。从这个意义上说，它已经是"人工"性质的了。

从流向来看，西河从白莲潭引出之后，直向南而去，汇入金

---

1 侯仁之：《北平历史地理》，邓辉、申雨平、毛怡译，外语教学与研究出版社，2013，第87页。
2 参见侯仁之《北京历代城市建设中的河湖水系及其利用》，《北京城的生命印记》。
3 吴文涛：《北京水利史》，第84页。
4 蔡蕃指出，高梁河的基础是当年的车箱渠，而车箱渠的路线，特意布置在永定河冲积扇地势最高的地方，以便最大限度地控制灌溉面积。参见蔡蕃《元代的坝河——大都运河研究》，《水利学报》1984年第12期，第56—64页。

中都北护城河的可能性极大。这自然使人想到为护城河补水的功能，而北护城河后来与漕渠相连，西河当然又有了向漕渠补水的意义。西河的这些功能，在学者们的研究中，提及最多。

本文认为，除了向中都北护城河、漕渠补水的功能外，在特定的时期，西河本身也是一段漕渠，具有供漕船航行的功能。目前所见学者们的研究中，仅侯仁之先生隐约讲到这个事情。

1990年，在为什刹海历史文化名胜风景区专号撰写的短文中，侯先生写了一段话：车箱渠开凿九百余年后，"蓟城已上升为金朝的中都城，这时为了把从华北平原上敛集到的食粮漕运北上，经白河、温榆河、坝河，一直溯流而进，到达高梁河上游。大约就在这时，又从高梁河上游开一渠道。径直南下，注入中都北护城河。这样，南来的漕船，就可直达中都城下。这条新开的渠道，因在高梁河以西，相去不远，可能就是日后见于记载的高梁河'西河'"[1]。

在这段叙述中，在"高梁河上游"的部位，西河与坝河衔接，成为一段漕运路线，于是"南来的漕船，就可直达中都城下"了。这是一项很重要的推断。尽管侯先生在时间上未做说明，对于西河漕运之事也未再做进一步讨论，但将坝河与西河联系起来的思路是充分认识西河性质的一个关键。本文对这一点持赞同态度，并试做进一步论证。

要认识西河的漕运功能，首先需要认定坝河—白莲潭（积水潭）漕运线路的存在。

漕运乃都城大计，海陵王在1153年正式迁都以前便已做漕运运筹，其判定潞河一带为漕河枢纽，故于1151年改潞河为通

---

[1] 侯仁之：《什刹海与北京城址的演变》，《北京城的生命印记》，第428—435页，引文见第429页（此文首刊于《燕都》杂志1990年第4期"什刹海历史文化名胜风景区专号"）。

州。在此期间，初步启动向即将成为都城的地方运送物资是极为可能的。

而正式迁都之后，漕运必然大举投入实施。目前研究北京水利史的学者几乎一致认为，中都建都初期确有漕运实施。关键史料为《金史·河渠志》所载大定四年（1164），金世宗在郊外见漕渠湮塞一事："十月，上出近郊，见运河湮塞，召问其故。主者云户部不为经画所致。上召户部侍郎曹望之，责曰：'有河不加濬，使百姓陆运劳甚，罪在汝等。朕不欲即加罪，宜悉力使漕渠通也。'五年正月，尚书省奏，可调夫数万，上曰：'方春不可劳民，令宫籍监户、东宫亲王人从、及五百内里军夫，濬治。'"[1] 蔡蕃是最早论证此事的学者。他在《元代的坝河——大都运河研究》一文中写道：这条史料"明确记述'运河'、'漕渠'已存在多时了，时间远在开凿金口河（大定十一年）之前，显然与后来的金口河不是一条水道。另外，从上述记载中可看出，运河位置在去密云途中的近郊之地，正是中都的东北方向，与坝河的所在位置也相吻合"[2]。侯仁之先生等都接受这一意见。

海陵王筹备漕运，金世宗见漕渠湮塞而下令疏浚，将此二事合起来看，迁都中都初年施行漕运是没有问题的，且漕运的路线就是坝河。那么，何以坝河成为中都地区最早的漕渠？蔡蕃认为："坝河水道的形成，据地质工作者研究，在公元前十世纪时，永定河主流曾从石景山南东折，过八宝山北，东流经紫竹院，再向东经（明清北京城）北护城河、坝河入潞水。后来主流南徙，坝河水道成为高梁河的一条东支。"[3] 从三国时代起，直至北齐年间，

---

1 《金史·河渠志》，中华书局，1975，第683页。
2 蔡蕃：《元代的坝河——大都运河研究》，《水利学报》1984年第12期，第56页。
3 蔡蕃：《元代的坝河——大都运河研究》，《水利学报》1984年第12期，第56页。

此水道又不断被人工疏浚，通水灌田，故未曾湮塞泯灭。中都城建立初年，此水道必然尚存，故被开发利用实施漕运。而在南部（后来的闸河一线），那时还未见人为工程，自中都东至通州之间并无直通水道。

在确定坝河为漕渠之后，早期漕事并没有全部讲完，还应该继续考察漕船最后的入都路线。以金代的情况，漕船进入白莲潭后，必会沿着白莲潭宽阔的水面南行，以达中都城附近。在白莲潭南部或有出口与中都护城河接，即使不接，距离已经十分临近。这一坝河—白莲潭漕运路线，无文献可征，但从水文格局上做推断，只要承认坝河漕运，就必然要承认白莲潭漕运。我们看不出有另外更自然、更合理的路线存在。

目前所阅，学者们论坝河漕运，大多是讲元代事情。按坝河漕运在元代，路线全然清晰，其东起白河，西达大都城的光熙门（或城中的积水潭），便大功告成。而金代情形则不同，白莲潭并不在城中，漕船入潭，漕事并没有完成，漕船仍要继续在潭内航行至南端，才真正抵达中都附近。这就是本文所强调的一点：在中都漕运早期，存在坝河—白莲潭船运路线。

但是，当年白莲潭南部的太宁宫修建之后，这条漕船行驶路线中断了。

坝河—白莲潭漕运体系或满足不了中都城日益增长的需求，且水源有限，于是有开金口河之议。金口河开，新的漕渠路线——中都向东至通州直线通航形成，坝河—白莲潭的迂回路线遂停运。而造成坝河—白莲潭一线彻底停运的，很可能还有一件与之互为因果的大事，即太宁宫区（包括白莲潭南部水面岛屿）的营建。可以说，因为坝河—白莲潭漕运停运，太宁宫区才得以营建；或者说，因为太宁宫区的营建，坝河—白莲潭漕运必然停运。无论怎样，金口河通，中都城与通州之间开辟了更加径直的漕渠，白莲潭湖面再无漕船纷扰，其南部湖面才得以华丽转身为由太宁宫、池、岛构成的皇家离宫区。而其一旦成为皇家禁区，漕船当然不得进入。

然而，随着金口河计划失利，1187年塞金口河，漕渠水源重又仅凭高粱河，进入后金口河时期。从文献记录的情形看，在后金口河时期，金朝曾试图维持中都东至通州的直线漕运，但漕渠日渐水少浅滞，则不得不补以陆运。1205年，欲重启水运，大举动工，疏浚漕渠，并在漕渠中建筑闸口以节水流。虽然如此，水运仍然是或通或塞，很不理想。[1]

从塞金口河到重启漕渠（建闸河）这20来年期间，乃金代盛期，漕运之事不可能稍有懈怠，相反，金朝会采用各种方式全力进行。这个时期的漕运，应是各种方法并用的情形，除了补以陆运的办法，原来的坝河漕运线也可以利用来分担运量。此时，我们看不出对原有坝河漕运线完全放弃不用的理由。《金史·河渠志》的简略记载，只是在记录开金口河、建闸河等水利工程的语境中做叙述，但并不意味着不存在其他漕运的方法。

这时利用老的坝河进行漕运是顺理成章的。但是白莲潭南部，由于太宁宫区的存在，已不允许通航，而必须另寻航线到达中都，很可能是在这个时候，西河开始获得了整修和重用。值得注意的是，西河与白莲潭的接口正对东边坝河在白莲潭的入口，此或不是巧合。两个河口在白莲潭北部湖面东西相对，正适宜漕船在二者之间出入。

在中都漕运的后期，坝河很可能逐渐成为主角，而连带地，西河会"替补"原来的白莲潭湖面，成为漕船至中都城的重要航道。本文认为，坝河一线的漕运可能在某个时期暂时停用，却从未被彻底放弃。中都漕运史，以坝河收尾的可能性很大。

中都漕运以坝河收尾的判断，可以从元朝漕运以坝河为序幕的事件反推求证。1260年，忽必烈定鼎燕京，漕运一事立即提

---

[1]《金史·河渠志》："其后亦以牐河或通或塞，而但以车挽矣。"见中华书局标点本，第682页。

上日程，郭守敬奉命，建议首先引玉泉水济漕。因金代故闸河早已湮塞不可用，此时所用漕渠唯有坝河。此事蔡蕃做有考证，甚为可信。[1]

需要注意的是，此时大都新城未建，漕运目的地乃为燕京城（原金中都城）一带。而白莲潭上的万宁宫（原太宁宫）未曾遭到重创，这一带初为丘处机道场，后被选为忽必烈驻跸之所，仍为禁区。所以元初的坝河漕运线路，一如金代后期，漕船沿坝河进入白莲潭（积水潭）后，须再转入西河，继而南下燕京城。

自忽必烈来到燕京，直至大都初步建成，居民迁入，其间20来年。这些年间，蒙古统治者对燕京的经营态度是相当积极的。[2] 例如：首先恢复人口，向燕京城移民，包括官员、工匠、军士、农民等，迅速扭转战争后的萧条局面；中统二年（1261），设置宫殿府，"专职营缮"，包括修缮燕京旧城的相关建筑物；随着官府人员的增加，开始新建官员宅第；在燕京城内，开设市肆，设有局院、税务；在铁木真攻占燕京城不久，即将原金枢密院改建为孔子庙，后创建国子学，蒙古贵族子弟在此学习汉族文化，此外又办书院，请名儒讲学；元朝统治者早期的太庙也是修建在燕京城内；燕京城内宗教活动亦得到恢复，忽必烈对佛教大力扶持，曾"敕圣安寺作佛顶金轮会"，又"作佛事于昊天寺七昼夜，赐银万五千两"。[3]

总之，燕京城在新大都城建成之前，是元朝统治华北，乃至全国的中心，政治、经济、文化活动相当活跃。在这种情形下，各个方面的物资需求势必增长很快，漕运压力不可谓不大。而其

---

[1] 蔡蕃：《元代的坝河——大都运河研究》，《水利学报》1984年第12期。
[2] 关于元朝对燕京城的利用，王岗《北京城市发展史（元代卷）》（北京燕山出版社，2008）讨论甚详，可供参考。
[3] 《元史》卷五《世祖本纪二》，中华书局，1976，第88—89页。

漕运线路都是由坝河、西河承担的。这一期间，可以说是西河漕运的高峰。由于漕运的大力实施，一些大型仓库开始兴建，元王恽《秋涧集》："中统元年冬十月，创建葫芦套省仓落成，号曰千斯。"据王岗研究，元代京师地区前后有22座仓库陆续兴建起来。[1] 推测，最早的仓库很可能在接近燕京城的位置。中统初年，"元世祖忽必烈下令在大都旧城西南面的葫芦套一带修建了四座粮仓，即千斯仓、万斯仓、相因仓和通济仓，这四座粮仓共可储存粮食约60万石"[2]。关于千斯等仓的位置，学界有不同意见。王岗依据《析津志》关于葫芦套位置的记载，推断当时的千斯仓等应在"大都旧城西南面"。这一看法具有更强的合理性。

所谓"大都旧城西南面"，应是大都城的西南一带。大都城的西南部，与燕京旧城北墙邻近，葫芦套就在这一带。缪荃孙《顺天府志》引《析津志》："南城故老云：北宫（北应作此，此宫指长春宫。——引者注）原是女姑主之，后转为道宫，未知孰是。又云：长春宫水碾，自古金水河流入燕城，即御沟水也，入南葫芦套，盛襕莲花，复流转入周桥。"[3] 根据这段记载，葫芦套在长春宫附近，而长春宫就在燕京城的北部，白云观以西。另见《析津志辑佚·古迹》："葫芦套，在城南西。奉陪枢府相君祈雨南城，因过。所谓葫芦套者，乃相君之苑也。其内楼台掩映，清漪旋绕，水花馥郁，非人间景。于是济南魏中立赋诗云：'葫芦套在城南隩，不期六月乘兴到。临歧一逢由崇墉，夹道高杨若引导……'"[4] 这段记载直言葫芦套在大都城西南部，其地后来竟发展

---

1 王岗：《北京城市发展史（元代卷）》。

2 王岗：《北京城市发展史（元代卷）》，第160页。

3 《顺天府志》，北京大学出版社，1983，第284页。此《顺天府志》为缪荃孙自《永乐大典》残卷抄出。

4 （元）熊梦祥著，北京图书馆善本组辑《析津志辑佚》，北京古籍出版社，1983，第114页。隩，《尔雅》：西南隅谓之隩。

成一个景色秀丽的地方。

大都城的西南部，正是燕京城北近郊，在这里修建仓场，在当时是合理的。燕京城虽然受到战乱的重创，但仍然是当时华北蒙古统治集团集结人员与物资的核心城池，它是漕运物资的实际终点，仓场当然要靠近这里。漕运物资要从北边的坝河南下燕京城，在当时的情形下，水道必然是高梁河西河。

随着大都新城建设的进展，漕运目的地开始发生变化，[1] 燕京旧城不再重要。大都新城全部建成之后，坝河的一段、白莲潭、西河均被圈入城区，水道形势大变。至此，坝河自身仍为漕渠，白莲潭的北部成为漕运终点，而西河完全失去漕运意义，被改为排水壕沟。[2]

为了更清楚地认识坝河进而认识西河一度存在的漕运意义，有必要比较北线坝河与南线闸河在漕运方面的短长。

坝河的缺点是路线稍有迂回，优点是不易堰塞。自车箱渠开出基础渠道，数百年过去，未见这条路线有彻底堰塞记载，至多需要疏浚而已。而南部的闸河一线，情形则相反，其优点是路线径直，但淤塞之事容易发生，这或许因其位置在冲积扇下部。蔡蕃在论证元初坝河漕运的文章中涉及这个问题。他援引一件小事，以说明闸河一线堰塞之严重。元初人沿闸河故道开挖通惠河，挖出当年闸座砖木，大为吃惊。这说明元人对当年的金闸河已经毫无记忆。原因自然是堰塞严重，地面早无痕迹。[3] 而坝河始终在人们的视线中，金元两朝近都水道漕运都是先从坝河着手。坝河的这种历久而不淤塞的特点值得注意。

---

1 千斯仓或因此迁址于大都城东部近郊坝河附近。

2 大都城建成之后，西河作何用途，有不同说法。有金水河道说。本文认为，金水河道说尚有疑问，作为排水干渠似更合理。大都新城建设，十分重视排水系统。

3 蔡蕃：《元代的坝河——大都运河研究》，《水利学报》1984 年第 12 期。

《金史·河渠志》上多记金口河、闸河之事，因其有工程开展。而坝河一线，因无工程开展，故无记录。但事实显示，金元两代的漕运又都是从坝河开头。这一对比，正反映了一种情形，那就是坝河河道的自然保存条件优于闸河，也可以说，坝河的使用成本较低，尽管坝河路途迂回，但这一缺陷在漕运大事前，不足以失去使用价值。本文另一个推断是，坝河的实际使用，比文献中显示的要多。

本文所论，并非凭借新发现的什么史料，而只是在前贤研究的基础上，力图对文献字句未达之实情进行推测，疏漏难免，敬请同行指正。

从永定河水系到北运河水系

——南苑地区水脉的历史变迁

吴文涛[*]

摘　要： 南苑地区的水脉源流和水系构成经历了一个历史转变，早期属于永定河水系，是永定河故道的遗存及潜水溢出，发挥着吐纳永定河水的功能；随着永定河主流的南摆西迁，尤其是清代筑堤以后，南苑地区的水脉逐渐与永定河脱离关系，最终并入北运河水系，成为北运河的水源补充和调剂。本文梳理这一水系变迁过程，以探讨社会发展与环境变迁之间的相互影响，为当今该地区的文脉传承、文化复兴和规划建设寻找水脉基础和环境支撑。

关键词： 南苑　水脉　永定河　北运河

　　南苑位于北京永定门以南，在元、明、清三代曾经长期作为皇家苑囿，历史上面积广达210平方公里，其范围北起今大红门，南至今团河农场、南大红门一线，西从今西红门、海子角一线，东到今亦庄、鹿圈一线。历史上这片广大的区域内基本上是以森林、湖泊、草原、流泉为特征的湿地园林景观。直到清末民国时期被大规模开垦为农田，南苑地区的环境风貌与土地功能才

---

[*] 吴文涛，北京市社会科学院历史研究所。

发生了根本性的转折：从金、元以来的皇家苑囿转变为大片的农田村庄，进入20世纪80年代后又开始了快速城市化的进程。近千年来的沧桑巨变典型地反映了社会变革和制度影响下的环境变迁问题，其中，人为干预下的水系变迁所造成的环境基础改变表现得尤为充分。

一 明清以前南苑地区的水脉源流与湿地景观

南苑地区的环境基础是永定河故道形成的湿地，其生成、发展、变化过程，都是永定河变迁的产物。而围绕湿地的河流、湖泊、草原、森林景观等，构成了南苑历史文化的载体；因此说，南苑历史文脉的生成演变也是北京的母亲河——永定河文化的组成部分。

历史上永定河冲出西山束缚后，在华北平原北部往复摆动，形成的洪积冲积扇为北京城的成长提供了极好的水土条件。其中包括河流带来的泥沙沉积物，即从出山口附近的大砾石，到下游颗粒越来越细的粉砂和黏土，多种形态的土壤构成了多种类植被及农作物生长的肥厚温床。还包括了河水的相当一部分径流渗入地下构成的冲积扇表层地下水，也被称为"潜水"。潜水顺着地势流到冲积扇的底部，在地势低洼的地方就会溢出，形成大量的地表泉水和湖泊，这在地貌学上称为"潜水溢出带"。[1] 大约在隋唐时期，永定河漫流于看丹、草桥、马家堡一线至南苑、大兴之间，所形成的河道被称为"瀤水故道"，这条故道的洪积冲积扇横扫今丰台、大兴、通州及河北永清、廊坊和天津武清等地。今

---

[1] 邓辉：《永定河与南海子之源》，《北京日报·理论周刊》2018年12月20日。

丰台河东地区，从马场到草桥以及花乡一带的土壤多含透气性好的粗沙砾、沙质土，地底下又多有河滩石、鹅卵石，所以适合培植花卉蔬果；草桥、南苑一带多泉水、湖泊和湿地；而大兴的黄村到采育一带则从沙质土向黏土过渡（大兴有很多以"垡"字命名的村庄，就是与黏土有关[1]），周边多湖沼和水洼。这些都反映了永定河故道提供的地理环境和地貌特征，也是构成金元明清时期南苑地区历史文化发展的生态环境基础（见图1）。

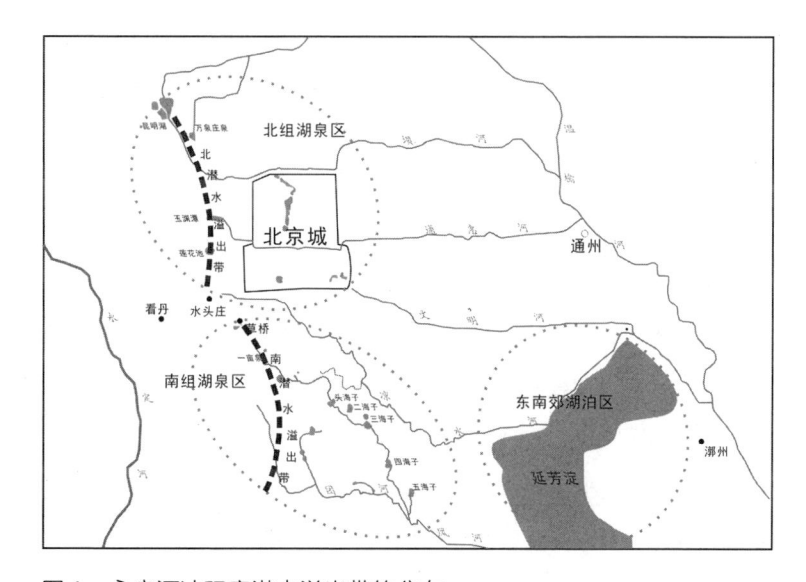

图1 永定河冲积扇潜水溢出带的分布
资料来源：侯仁之主编《北京历史地图集·文化生态卷》，文津出版社，2013，第116页。

  元朝建立后，为保都城安全，对石景山至卢沟桥段的永定河东岸进行了长期不懈的筑堤工程，以确保永定河水不再由石景山附近东入京城，从而导致其主流逐渐向西向南摆动，最终由卢沟桥以南经北天堂村流入今大兴区，形成现在的河道。主河道虽然移出，但被长期浸泡过的河道沿岸和下方富含浅层地下水，遇到地势低洼

---

[1] 尹钧科、孙冬虎：《北京地名研究》，北京燕山出版社，2009，第298—299页。

处，潜水层的水便涌出地面，由成群的泉眼汇聚为淙淙溪流和湖泊。因而，很长一段时间内故道一带仍然拥有丰富的水资源。

比如，今水头庄一带曾是泉脉极为丰富之地，历史文献中经常提到的百泉溪的百泉（众多泉水之意）就是出自这里。《大明一统志》记载："百泉溪在（顺天）府西南一十里，丽泽关平地有泉十余穴，汇而成溪，东南流入柳村河。"[1] 百泉溪、柳村河与洗马沟水（莲花河）一起构成了凉水河的正源。水头庄往东不远，即是金中都西南角的一个城门——丽泽门。之所以称"丽泽"，正是因为此城门外泉水丰沛。水头庄东面还有万泉寺，寺名"万泉"，也是附近泉多的旁证。其中有一处名"凤泉"，据说其流出的泉流构成了凤凰的图案，附近还有一个地名叫"凤凰嘴"也是与此有关。正因为这里地势低洼，泉流众多，周边道路常常泥泞不堪，难以行走。有一位和尚想积善行德，立志改变这种状况，于是雇人运来干土垫高道路，加以维修。但辛辛苦苦地干了数年竟未成功，原因就是干土填进去又湿，道路垫高了又被水冲坏，在当时那种条件下总也解决不了排水问题。元人宋褧写的《南城俚歌》记载了这位和尚的事迹："柳村南路百泉涌，陷车踬马沮洳深。茕茕一僧力负土，治道不成徒苦心。"[2]

再往南的草桥附近也曾是溪流淙淙。明清时期的文人为草桥一带的水乡风光留下了很多深情的笔墨。

袁宏道《游草桥别墅》："郊居绝胜午（草之误——笔者按）桥庄，南客行来眼亦忙。马上乍逢蒲苇地，梦中移入水烟乡。疏林透户凉风出，翠叶平池急雨香。危石幽篁相对冷，一庭清影话潇湘。"

马之骏《草桥秋集》："……出郭村非远，穿林径即深。岸芦蒙水白，堤柳上桥阴。岂必藏丘壑，溪流已会心。"

---

1 《大明一统志》卷一。
2 （清）于敏中等：《日下旧闻考》卷九〇。

管绍宁《集草桥庄》："……一曲水环鱼藻绿，几肩花过石桥红。……"

蒙阴公鼐《游草桥》："……城隅旧寺生新草，溪上晴云堕湿沙。胜国馆亭何处问，平林一带只昏鸦。"[1]

沈德潜《过草桥年氏园看芍药》诗："城南饶菰蒲，陂塘净寒绿。闲园平田际，径衍缭而曲。……"[2]

右安门外和永定门外间，也是低洼沮洳之地，有很多莲池水田，对此，明朝人邵经邦有诗句道："凉水河边路，依稀似故乡。"[3] 邵氏是仁和县即今杭州人，其故乡自然多水泽。清代乾隆皇帝也说过："自右安门至永定门，地势洼下，每遇霖潦，辄漫溢阻旅途。岁久未治，积成沮洳。"可见当时，右安门外至永定门外的确犹如"水乡泽国"。明崇祯年间刊行的《帝京景物略》称："右安门外南十里草桥，方十里，皆泉也。会桥下，伏流十里，道玉河以出，四十里达于潞。故李唐万福寺，寺废而桥存，泉不减而荇荷盛。……土以泉，故宜花，居人遂花为业。都人卖花担，每辰千百，散入都门。……草桥去丰台十里，中多亭馆，亭馆多于水频圃中。"[4] 这段文字说的就是金、元以来在永定河故道的湿地环境基础之上因地制宜发展起来的花卉产业，到明清时的繁荣景象。

以上都是南苑水系的上源地区，丰富的水脉从西北向东南流淌汇聚，就形成了南苑附近成群的湖泊。据《日下旧闻考》记载："考一亩泉在新衙门之北，曲折东南流，经旧衙门（即旧宫）南，

1　以上俱见（明）刘侗、于奕正《帝京景物略》卷三，"草桥"条，北京古籍出版社，1983。
2　（清）吴长元辑《宸垣识略》卷一三《郊坰二》。
3　（清）于敏中等：《日下旧闻考》卷九〇。
4　（明）刘侗、于奕正：《帝京景物略》卷三，"草桥"条。

至二闸,凉水河自海子外西北来入苑汇之。"[1] 按新衙门即今新宫村,属丰台区南苑镇。时称一亩泉,足见泉水流量之大。但在今天的地图上,一亩泉处只剩一个小小的池塘。

由于如此丰富的水资源和优美的水环境,自金代始,这里就成为休闲游猎的好场所。其时永定河的主流已经摆动到固安一带,但其支流和洪泛之水仍不时从南苑地区流过,留下了大片河湖纵横、林泉相间的湿地。金代修建了建春宫,在此举行春水捺钵,供帝王贵族们休憩游猎。元朝建立后,作为游牧民族的传统,蒙古帝王同样热衷于到郊外水草丰美之处放马打猎。"冬春之交,天子或亲幸近郊,纵鹰隼搏击,以为游豫之度,谓之飞放。"[2] 大都周围有多处"飞放泊",即由湖泊、湿地、草原和各种飞禽走兽构成的皇家猎场。其中,"下马飞放泊在大兴县正南,广四十顷"[3],因其离京城很近骑马即达而得名。每年冬春之交,数量众多的天鹅飞临下马飞放泊觅食休息,"其湖面甚宽……天鹅来千万为群。俟大驾飞放海青、鸦鹘,所获甚厚。乃大张筵会以为庆也,必数宿而返"[4]。为了保证苑囿内有足够的飞禽走兽供皇帝射猎,元朝以严刑峻法禁止八百里之内的人们捕获野兔、买卖飞禽,在《元典章》等元朝文献中有多种关于捕猎的规定。这些在客观上有利于维护飞放泊自然环境尤其是动物资源的原生状态,维持人烟稀少、水草丰美、动物繁多的环境特征。

明永乐十二年(1414),南苑在元代的基础上继续扩展,除满足休闲需要外,还增加了武备训练功能。据彭时的《可斋杂记》记载,天顺二年十月十日(1458年11月15日),他随英

---

1 (清)于敏中等:《日下旧闻考》卷九〇。
2 《元史》卷一〇一《兵志四·鹰房捕猎》。
3 (清)于敏中等:《日下旧闻考》卷七五《国朝苑囿·南苑二》。
4 (元)熊梦祥:《析津志》,《析津志辑佚》,"物产"条,北京古籍出版社,1983,第236页。

宗皇帝到南海子检阅士兵围猎，"海子距城二十里，方一百六十里，辟四门，缭以周垣。中有水泉三处，獐鹿雉兔不可以数计，籍海户千余守视。每猎则海户合围，纵骑士驰射于中，亦所以训武也"[1]。可见永乐以后南苑的规模比元代扩大了许多，开辟了东、西、南、北四门，苑囿四周建立了围墙便于守卫，其中饲养的动物种类众多、数量庞大。朝廷设置了专门看守南海子的民户，称为"海户"。每到围猎时，海户们驱赶着动物将包围圈缩小，供军士驰骋射猎作为训练。另据嘉靖年间的吏部尚书张瀚记载，京城外"置南海子，大小凡三，养禽兽、植蔬果于中，以禁城北有海子，故别名南海子"[2]，也就是说，明代称其为"南海子"，是取其与"北海子"即皇城北面的积水潭相对之意；所谓"大小凡三"，同上文彭时所言的"中有水泉三处"，说的是内有三处较大的水面。

二　清代南苑地区水系的治理与改变

到了清代，这一片地区则以"南海子"和"南苑"并称。满族与蒙古族一样有弓马骑射的传统。清朝定都北京后，随即对南苑不断修葺，以期通过行围打猎来保持本民族尚武的雄风。《日下旧闻考》记载，清朝南苑继承了明永乐时期的规模，但稍小于明朝人所记载的"方一百六十里"。[3] 到乾隆时期，南苑"设海户一千六百，人各给地二十四亩。春蒐冬狩，以时讲武。恭遇大

1　（明）彭时：《可斋杂记》，《四库全书存目丛书》子部第 239 册，齐鲁书社，1995，第 342 页。
2　（明）张瀚：《松窗梦语》卷二《北游记》，中华书局，1985，第 31 页。
3　（清）于敏中等：《日下旧闻考》卷七四《国朝苑囿·南苑一》。

阅,则肃陈兵旅于此"[1]。与明代相比,清代海户的数量有所增加。官方赐予每家海户二十四亩耕地,从制度与政策方面保证他们成为皇家苑囿的专职守护者,有利于维持南苑以水泊、草地、林木为主要特征的自然风貌。而最关键的还是直接关系到其地理环境基础的水系治理,明清时期南苑的地理环境依旧以河、湖、泉水广布的湿地为主,但水源和水系结构发生了很大改变。

前面说过,北京的母亲河——永定河曾经伴随着季节性水量的增减,冲出三家店山口之后,在广阔平坦的华北平原是随意地摆动、宣泄的,形成大片的洪积冲积扇,既造就了肥沃的土壤,又留下了多条河道和大量湖沼,以及丰富的地下水,哺育了北京地区最初的文明和后来北京城的成长与壮大。

《水经注》上说"清泉(辽以前永定河的名称)无下尾",说的正是古永定河下游自由摆动的状况。据尹钧科、段天顺等专家考证,古永定河出西山后,曾在北起清河、西南到小清河—白沟河的扇形地带自由摆动,形成了广阔的洪积冲积扇。在今北起清河、南到黄村的范围里,曾经从北到南地留下了四条永定河的古河道:古清河、古金钩河、灅水故道及古无定河。段天顺等对永定河历史上的摆动及流向做了以下具体描述:"商以前,永定河出山后经八宝山,向西北过昆明湖入清河,走北运河出海。其后约在西周时,主流从八宝山北南摆至紫竹院,过积水潭,沿坝河方向入北运河顺流达海。春秋至西汉间,永定河自积水潭向南,经北海、中海斜穿出内城,经由今龙潭湖、肖太后河、凉水河入北运河。东汉至隋,永定河已移至北京城南,即由石景山南下到芦沟桥附近再向东,经马家堡和南苑之间,东南流经凉水河入北运河。唐以后,芦沟桥以下永定河分为两支,东南支仍走马家堡和

---

[1] (清)于敏中等:《日下旧闻考》卷七四《国朝苑囿·南苑一》。

南苑之间；南支开始是沿凤河流动，其后逐渐西摆，曾经摆至小清河、白沟河一线。自有南支以后，南支即成主流。迨至清康熙筑堤后，永定河始成现状。"[1]

元朝以后，开始不断加筑石景山到卢沟桥一段的堤坝，使永定河水不再直接向东流入北京城，但卢沟桥以下的河水仍然呈现自由分流状态。从元朝到明初的永定河，"出卢沟桥下，东南至看丹口，冲决散漫，遂分而为三：其一分流往东南，从大兴县界至漷州北乡新河店（即今通州区南凉水河西岸之新河村），又东北流，达于通州高丽庄，入白潞河；其一东南经大兴县境清润店（今作青云店），过东安县……其一南过良乡、固安、东安、永清等县……与白潞河合流，入于海"[2]。这就是说，元代的永定河仍是沿着㶟水故道和古无定河道在流淌。清代吴长元辑录的《宸垣识略》也显示，今南苑、采育一带在元朝时还是永定河的泛滥地，即所谓"元时沙漠地"[3]，遍布沼泽和沙滩。这条㶟水故道的流向大致为：自卢沟桥往东南，经过看丹、南苑到马驹桥。这条河道最晚从三国时即有，也就是北魏郦道元《水经注》中所说的㶟水。《水经注》记："㶟水又东过广阳县故城北……㶟水又东北迳蓟县南……㶟水又东与洗马沟水合。"[4] 按广阳县故城在今房山良乡镇东北南、北广阳城村；蓟县故城在今广安门一带；洗马沟水大致即今莲花河。从这段记载判断，当时㶟水在蓟城之南的主流河道就应流经今马草河。这条河道延续900多年直至辽金时期都未曾有很大变动。元朝以后，永定河逐渐向西摆动，最终自石景山南大荒进入丰台区，流经东沿河、刘庄子、卢沟桥后，再往南由北

---

[1] 段天顺等：《略论永定河历史上的水患及其防治》，《北京史苑》第一辑，北京出版社，1983。

[2] 缪荃孙辑《顺天府志》，北京大学出版社，1983，第272—273页。

[3] （清）吴长元辑《宸垣识略》卷一二《郊坰一·采育》。

[4] （北魏）郦道元：《水经注》卷一三，"㶟水"。

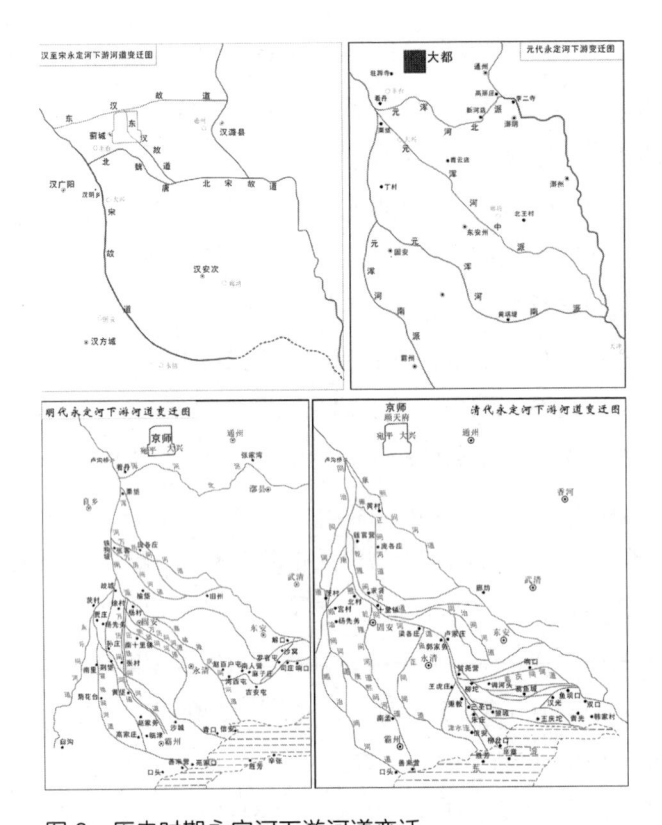

图2　历史时期永定河下游河道变迁

资料来源：侯仁之主编《北京历史地图集·文化生态卷》，第87页。

天堂流入今大兴，形成现在的河道（见图2）。

如果说，元明以来，随着泥沙淤积，永定河河道自北向南、自东向西的自然迁摆是南苑一带水脉脱离永定河水系的宏观地理背景，清朝康熙年间永定河大堤的修筑，则使这一场分离变成永远。

康熙三十七年（1698）永定河又一次突发大水，京畿形势危急。康熙亲临阅视，坚定了根治永定河水患的决心，命于成龙大筑堤堰："挑河自良乡老君堂旧河口起，经固安县北，至永清县东南朱家庄，经安澜城河，达西沽入海，计长一百四十五里。南岸筑大堤自旧河口起至永清县郭家务止，长八十二里有奇。北岸筑大堤自良乡张庙场起，至永清县卢家庄止，长一百二里有奇。"[1]这成为永定河治理史上的标志性事件。工程结束后，康熙赐名永定河，希望其永远安澜。也就是从此以后，石景山以下的永定河河道基本被固定，河流漫流状态结束。尤其从石景山到卢沟桥一段也就基本"永定"了，除了几次决堤漫口导致京城南部的水灾，永定河主流再也没有从城南的看丹、凉水河、南苑、采育一带走过。

如此一来，原来贴着京城南部行走的永定河瀠水故道就仅靠低洼处渗出的洪积冲积扇潜水层的水源进行补充。《日下旧闻考》载："海子内泉源所聚，曰一亩泉，曰团河，而潆水则有五海子。"[2]五海子"旧称三海，今实有五海子，但第四、第五夏秋方有水，冬春则涸耳"。潜水层溢出构成的南苑水系基本有三条，由北而南依次为凉水河水系、五海子水系、团河水系。凉水河的主源为京城西南角的水头庄、万泉寺、凤凰嘴、草桥一带的平地涌泉，自西北而东南穿过南苑；位于南苑内中部的一亩泉附近有23处泉眼，它们汇而东南流，构成了五海子水系的上源；位于南苑之内南部的团河附近有泉源94个，汇聚为团河而向东南流入凤河。总之，由于永定河故道丰富的地下水资源，明清时期南苑附近的大小涌泉、溪流汇聚的河流湖泊还是非常可观的。

清雍正年间，为了加强北运河运力，以清刷浑，着手整治京畿水利，其中一项重要的举措就是切断凉水河、凤河等与永定河的联系，使之归入北运河水系。《清雍正实录》卷三九记载："据和硕怡亲王等疏言：永定河俗名浑河，水浊泥多，故道遂湮。应自柳叉口引之稍北，绕王庆坨之东北入淀。两河（指永定河和北运河）淀内之堤至三角淀而止，为众淀之归宿，应照旧开通，逐

---

1 （清）陈琮：乾隆《永定河志》卷六《工程》，古籍出版社，2002。
2 （清）于敏中等：《日下旧闻考》卷七四《国朝苑囿·南苑一》。

年疏浚。两河之浊流自不能为患矣。"[1] 这是针对永定河下游归属,而对故道上的残存水体,则进行了导流入运的改迁。雍正四年(1726)三月丙申,怡亲王允祥等奏报京东水利情形,其中之一即"河(注:北运河)西数十里内止有凤河一道,即桑干河之分流。自芦沟河(即永定河)经南苑至漷县西南,流入武清县南。河流本畅,自武清之埝上村淤为平陆。偶遇水潦,田庐弥漫。应循故道疏浚,仍于分流处各建闸一座,以时启闭"[2]。对此事,《光绪顺天府志》还有更完整的记载:"雍正四年,挑引凉水河至埝上村入凤河改由韩村、桐村等处。今通流之水,即永定河下口所出之水也,向属永清县,雍正八年始改属天津府。其岸堤一切工程仍归永定河道属三角淀通判管辖。盖凤河水上系浑河(即元明时期永定河)旧渠,下为永定河出水要津。"[3] 也就是说,雍正年间利用永定河故道潜水层溢出泉水的补充,将原本属于永定河水系的凉水河、凤河加以疏浚、建闸并划入北运河水系,用以调节北运河水量以及刷浑澄清(见图3)。

乾隆朝也多次进行了这样的工程,对南苑内外的河渠水泊加以大规模疏导。将上游的柳村河、丰草河、马草河、莲花河等整理汇入凉水河,使其流经南苑内,汇同一亩泉等再流出南苑,汇入北运河。而凤河、龙河等永定河故道也吸纳了团河等永定河老冲积扇的潜水溢出,与一亩泉等相互沟通,穿南苑而屈曲流出。乾隆四十七年(1782)称:"近年疏剔南苑新旧诸水泊,已成者共二十一处,又展宽清理河道,清流演漾,汇达运河,并现在拟开水泊四处,次第施工,通流济运,较昔时飞放泊尤为益利

---

1 《清世宗实录》卷三九,雍正三年十二月辛卯,"户部等衙门遵旨议覆直隶河防水利事宜"。
2 《清世宗实录》卷四二,雍正四年三月丙申,"工部议覆怡亲王允祥等折奏京东水利情形"。
3 《光绪顺天府志》第五册《河渠志一·水道一》,北京古籍出版社,1982。

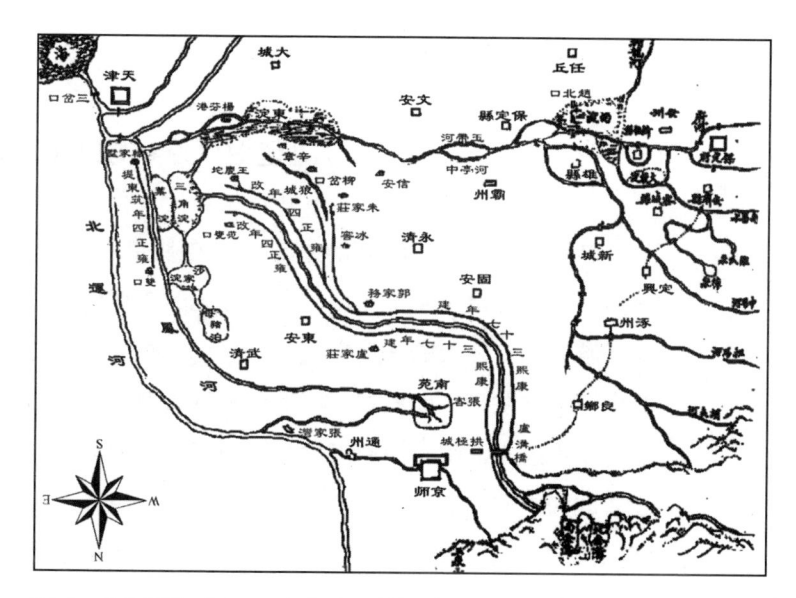

图 3 雍正四年（1726）永定河接堤改河
资料来源：王洪波据乾隆《永定河志·永定河三次接堤改河图》改绘。

云。"[1] 这些措施一是保证了南苑维持着类似草原的自然面貌，使其继续充当皇家游猎之地，同时，在保持水土、防风固沙、涵养水源以及保护区域动植物等方面，也有重要的生态作用。二是增加了北运河的水量调节功能，更好地保障了漕运的畅通。

总之，经过雍正、乾隆年间的整治，南苑水体切断了与永定河的直接联系，不再作为永定河水的消纳场所；但仍有赖于丰台水头庄、凤凰嘴、草桥和大兴团河、一亩泉等永定河冲积扇潜水溢出带上的泉水组群，维持着较为丰富的地表水源，从而成为北运河水源的补充。

但是，剪掉脐带的后果也开始显现，南苑的水源补给渐渐枯竭，南海子湿地草丰水美的风光不再，乾隆以后南苑的政治、外交及文化活动也渐式微，皇家园林的重心北移至三山五园一带。

---

1 （清）于敏中等：《日下旧闻考》卷七四引《御制仲春幸南苑即事杂咏》注。

三 水系变迁对南苑地区水环境的影响

如前所述，远古时期的永定河是在北京平原上随意摆动的；虽然从辽代开始筑永定河堤，但辽金元时期河流从三家店出山后往下游去仍有较大的活动空间。明清尤其是清朝筑堤之后，它就再也没有向东和东北流过。虽然汛期到来时，石景山至卢沟桥间的堤坝也经常溃决，但都很快被修补堵塞，卢沟桥以北向东再也没有成为主流河道。这就表明，永定河从此只是一条从北京城郊西南角"路过"的河流，曾经穿越北京城的清河故道、金沟河故道和㶟水故道从此成为永定河的历史遗迹。而这给北京地区水环境造成的影响是根本性的。

首先，筑堤影响了河水与周边环境的自然循环，即：除了使永定河主流再也不能从这些故道上经过外，石堤或石砌岸的阻挡以及泥沙淤积所造成的河床抬高，使得滔滔河水只能径直向下游流去，很难再通过自然下渗的方式补充地下水，从而使这些古河道上的沼泽、湖泊、泉流缩小乃至消失，地下水位急剧下降。

其次，在京郊永定河的故道区域，筑堤约束下的河水不再光顾，加快了湖泊萎缩干枯直至成为平陆的进程。其典型的例子除了辽金元时期通州潞县一带方圆二百里的延芳淀的消失，就是明清时南苑的沧海桑田。前面说过，永定河的㶟水故道在历史上流经今卢沟桥往东的丰台、南苑、马驹桥、采育一带，形成了泉眼成群、岔流众多、淀沼密布的地理景观，元代作为皇家游猎之地的"下马飞放泊"曾经烟波浩渺。而到乾隆三十六年时，从乾隆《海子行》一诗的描述"元明以来南海子，周环一百六十里。七十二泉非信征，五海至今诚有此。诸水实为凤河源，藉以荡浑防运穿。岁久淤于事疏治，无非本计廑黎元。蒲苇戟戟水漠漠，凫雁光辉鱼蟹乐。亦弗恒来施罾缴，徒说前朝飞放泊……"[1] 可以明显看出南苑一带水体开始呈现淤积、退化的趋势。结合《日下旧闻考》中对该诗的按语，不妨略做分析。（1）关于南海子"周环"（周长），按语称元明诸家记载是一百六十里，而清人考证说不过一百二十里。可见，从明到清南海子有萎缩。（2）关于泉眼数目，按语称《日下旧闻》记载原有泉流72处，清人对此表示质疑，说海子内一亩泉周围有泉23处，附近团河上有泉94处，所谓72泉实指何处无可考证。但其实元明时记载的72处泉流当是指海子的上源一亩泉附近的，团河附近那时还是浑河的河道。可见到清朝时已由72处减少至23处了。（3）关于"三海"还是"五海"，清人在此句下标注：旧称三海，今实有五海。今对比一下明清两朝南苑的地图，可以发现，所谓五海其实就是原水下部分因淤积而浮出水面，将原本烟波浩渺的三大片水域离析为五个面积缩小了的湖泊，而且按语中还说明第四、第五个湖泊也只有在夏秋时节才有水。总之，此时虽然成了五海，但实际上水面面积比三海时小了很多。另外，在乾隆的这首诗里，传说中明代所建的二十四园，已经不见踪迹，只有耕地和牧场依然美丽；虽然仍旧呈现"蒲苇戢戢水漠漠，凫雁光辉鱼蟹乐"的自然风光，但为了保证水源通畅，不得不时常对苑内的河渠水泊进行大规模疏导（见图4）。

泉流萎缩，水域面积减小，沼泽、沙地、河滩地却相应增加，由于这些水文条件的改变，再加上从明清以来持续不断的人口涌入，南苑一带日益成为适于种植和养殖的处女地，而渐被卷入开发狂潮。

保留草原湖泊为主要地貌特征的皇家苑囿保护规划与人口增长对农田开垦的刚需之间的冲突早就存在，南苑外围的大片地区自

---

1 （清）于敏中等：《日下旧闻考》卷七四引《御制海子行》。

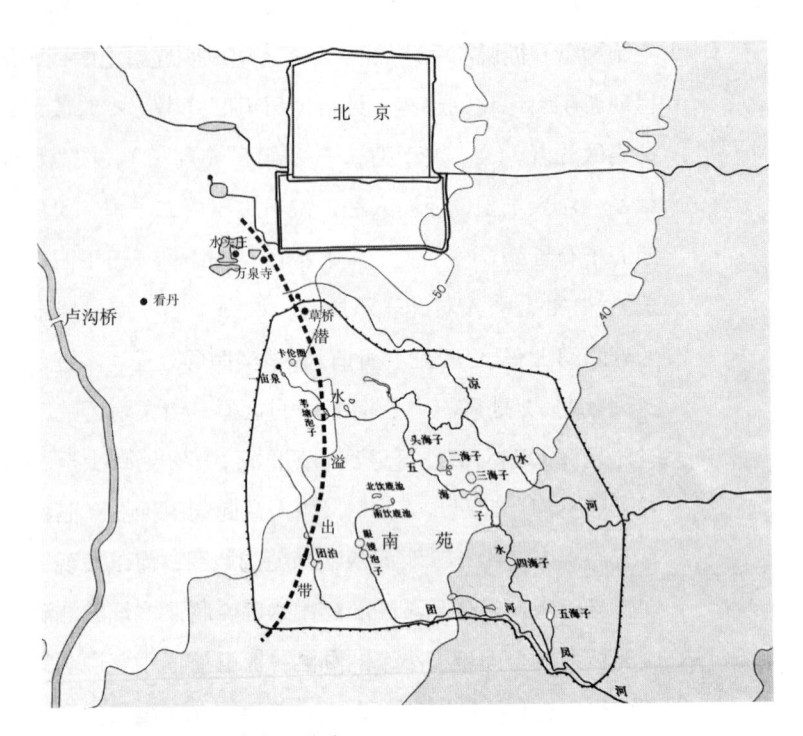

图 4　清代南苑湖泊水系分布

资料来源：侯仁之主编《北京历史地图集·文化生态卷》，第117页。

明代以来就不断被开垦。到清代，维持南苑旧貌与开垦耕种的矛盾继续加剧。乾隆时期，"近海子墙设庄头种地，植柳为限，其外平原皆猎场"[1]，说明紧靠南苑围墙内侧一定宽度的环状地带已被开垦成耕地；在这个地带的内侧边缘，栽种了一圈柳树作为猎场与耕地的界线。清末国势衰落，原有的制度和政策已经不能继续下去，森林草原性质的休闲区不得不服从于经济上的需要。南苑的中心地带也不得不对外放垦，垦区和村庄雨后春笋般地增加[2]，这一片很快就变成了人口稠密、村镇广布、阡陌纵横的新兴农业区。

上述这些变化，固然有社会因素（政策带动、人口增加、城

---

[1] （清）于敏中等：《日下旧闻考》卷七四引《御制小猎三首》。
[2] 尹钧科：《北京郊区村落发展史》，北京大学出版社，2001，第177—296页。

市扩张等）在起作用，但永定河主流被彻底移出原有河谷，是地貌改观和水环境变迁的地理基础。永定河水系这个历史性的变故，给整个北京城的水源供给造成了深远影响，就更不用说给南苑地区水文环境带来的重大改变了。

结　语

南苑元、明、清三代作为皇家苑囿，长期以来基本保持着以森林、草原、水泉为特征的园林景观，直到清末民国时期被大规模开垦为农田，南苑地区的地理风貌与土地功能才发生了根本性的转变。它的区域性质从皇家园林转变为农耕区乃至城市化的历程，水系源流从永定河流域划归北运河流域的转折，都折射出了都城变化和制度因素对北京地区生态环境变迁的影响，可以说是北京城南郊区环境变迁的典型反映。

今天，我们追溯南苑地区水脉流转、水环境变迁的目的，是更好地厘清南苑地区历史文化生发、传承的环境基础和文脉与水脉的关系，强调地域文化建设中保护和适当复原河湖水系和自然环境的重要性。"引"水思源，正本清源，南苑水系的恢复还得从根上考虑，我们应该趁着永定河全流域治理已上升到国家层面的这一东风，借永定河全线通水和地下水回补、水位上升的有利时机，长远规划、精心布局，有选择地复原一些重要的、具有代表意义的河流湖泊，最大限度地恢复皇家苑囿曾有的历史风貌和生态环境，一来它们可以作为永定河水系与北运河水系之间的调节池、消纳场，为北京南部地区蓄水防洪，调配水源，二来可以更好地把打造地方品质文化与修复湿地生态环境有机结合，建设一个融生态旅游、文化展示、科技研发、商务金融、国际交往等功能于一体的新的南苑"生态与文化特区"，以带动北京南部及相邻津冀地区发展。

清代北运河武清段的治理

陈喜波[*]

摘　要：北运河地处京畿要地，漕运畅通关系京城发展，也影响到政权稳定。北运河武清段是北运河河工治理的关键部位，历代王朝皆对该段运河治理十分重视。元明时期对北运河武清段治理主要采用堵口的办法，收效甚微。清代则采用了疏泄的治理手段，通过开挖青龙湾减河和筐儿港减河分泄洪水，取得了较好的效果，保证北运河漕运的正常进行。本文回顾了清代北运河武清段治理的过程，分析了筐儿港减河和青龙湾减河开挖的背景及其作用。

关键词：清代　北运河　河道治理　武清

　　漕运的兴衰关系到王朝的兴亡，河道治理关系漕运，因此运河治理在金元明清时期为国家大事。乾隆《钦定大清会典》曾说"凡河道工程，黄淮二渎为大，运河次之，永定河又次之"[1]，可见运河治理在国家河道治理当中的重要地位。北运河是整个京杭大运河的最北河段，是漕运的汇归之地，自金代实行潞水漕运开始，北运河一直是维持封建王朝运转和都城发展的主要河道之

---

[*] 陈喜波，北京物资学院大运河研究院。
[1] 乾隆《钦定大清会典》卷七四《工部·都水清吏司·河工》。

一，河道通畅与否关系到漕粮最终能否抵达京城，因此金、元、明、清四朝均十分重视北运河的治理。北运河素有"铜帮铁底豆腐腰"的说法，所谓豆腐腰是说运河中间部位脆弱，这里主要是指运河武清杨村以上河段易发生水患，难以治理。元代和明代，分别采用了将河道改造为顺直形状并筑堤堵口的办法治理，但收效不佳，清代则采用了疏泄的办法，取得了较好的治理效果。

一　北运河武清段在历史上是河工治理重点区域

北京地处暖温带季风气候带，全年降水量在600毫米左右，并且降水分布不均，约80%的降水集中在6月至9月。因此汛期降雨对河流影响很大。武清一带自河西务至杨村，海拔从12米左右降低到5米左右，地势洼下，乾隆五十三年（1788）来北京谒见乾隆的英国马戛尔尼使节团沿运河北上，经过武清，斯当东撰写的《英使谒见乾隆纪实》一书记载道："船经过的尽是卑湿地带。"[1] 武清位于北运河中部，上游各支流皆汇于通州、香河，故在汛期，各条河流水势迅涨，一起涌入运河当中，宣泄不及，导致河堤冲决。其中，武清县筐儿港、耍儿渡等地是北运河极易发生决口的地方，早在元明时期，这里就是北运河的重点治理地区。乾隆《武清县志》记载了北运河进入武清县后在汛期易于冲决堤岸的情形：

> （北运河）由香河县之灰厂村至洪庙入县境，经河西务、耍儿渡、王家务、蒙村、蔡村、桃园、筐儿港、杨村、朱家庄、老米店、马家口至悍沟新庄出县境入天津县界赴直沽入

---

[1]〔英〕斯当东：《英使谒见乾隆纪实》，叶笃义译，群言出版社，2014，第310页。

海。凡所历之境，两岸虽有长堤，然遇伏秋之际，积雨未歇，怒流已至，顷刻寻丈。耍儿渡、南蔡村、河西务等处冲决堤岸，坏民田庐。逮值干旱，又或浅阻。[1]

汛期河水猛涨难以下泄还有一个原因，即海潮的顶托作用。武清杨村以下北运河河段因离海较近，河水会受到海潮影响，乾隆《天津府志》记载："潮汐所至，北抵杨村，南抵程官屯，西过王庆坨，率二百余里。"[2] 北运河杨村以下河段淤浅并不严重，《钦定户部漕运全书》说："近海通潮，淤浅无多。"[3] 故杨村以下河道对漕运影响不大。海潮对漕运还有有利的一面，即漕船可借助潮汐抵达杨村，元代张宣督海运漕船直抵杨村，显然是利用了潮汐。乾隆五十八年，马戛尔尼使节团从天津出发，坐船沿北运河向北京进发。离开天津后，船队就借助潮水航行，"顺流推动船只走出了天津三十哩路之后，潮水就停止了。在风停水静的时候水手们大都利用两个大桨划船"[4]。

在北运河通州段，郝家府附近有一条泄水河道，张家湾以下有港沟河泄水，因此尽管通州附近几条河流汇聚，但由于及时泄水，故张家湾至香河一带河道较少漫溢而发生决口。自香河以下北运河河段，元明时期却没有专门的泄水河道，由于箭杆河等河流的汇入，汛期洪水量大增，武清一带北运河河道难以容受，经常漫溢决口。清代北运河筑堤活动主要集中在康熙、乾隆时期，尤以康熙时期筑堤活动多，并且集中在武清一段，《光绪顺天府志》说"北运河杨村厅险工林立"[5]，因此北运河武清段是清代治

---

1 乾隆《武清县志》卷三《河渠》。
2 乾隆《天津府志》卷六《山川志》。
3 光绪《钦定户部漕运全书》卷四四《漕运河道·挑浚事例》。
4 〔英〕斯当东：《英使谒见乾隆纪实》，第308—309页。
5 《光绪顺天府志·河渠志十·河工六》。

理的重点。清代在筑堤的同时，采取了开挖减河的办法，有效地解决了汛期洪水问题，保证了汛期漕运得以持续进行。

二 清代康熙至雍正时期北运河武清段治理

康熙是一个有作为的皇帝，对漕运河道治理十分重视，他曾说："朕听政以来，以三藩及河务、漕运为三大事。"[1] 康熙关注堤防建设和漕运事务，并亲自参与治理河道。康熙对北运河武清杨村以上河段治理十分关心，在位期间多次巡视北运河，并对北运河武清段易于溃决给予合理的解释：其一，运河两岸皆为沙土，河堤系用沙土筑成，故不坚固；其二，每年汛期，武清上游各处河水骤至，难以抵御；其三，武清离海较近，在海水涨潮时，受潮水顶托难以下注，导致河道难以容受，以致堤岸冲决。[2] 正是基于康熙皇帝对北运河河性的准确把握，采取了因地制宜的措施。清代康熙、雍正时期，朝廷在北运河武清段开凿减河以疏泄洪水，"北运减河二道，一在务关厅属之王家务，由七里海入蓟运海河，一在杨村厅属之筐儿港，入塌河淀"[3]。

---

[1] 《清圣祖实录》卷一五四，康熙三十一年二月辛巳条。
[2] 见《清圣祖实录》卷二一七，康熙四十三年十月戊辰条记载："谕内务府郎中齐苏勒：耍儿渡、东旺、西旺等处、运河两边向来沙。其堤工系沙土筑成、故不坚固。且又敌数处山水。兼之海潮、一日二次倒灌。所以逼回运河之水不及流行，常涨满溢出于堤者、因不能容受之故。"己巳条记载："谕大学士等：曩日耍儿渡等处堤岸，常被冲决，是以朕亲临遍视。见杨村原有一引河，去海近，即欲疏此引河，建滚水坝。水长开闸，使河水入海。因需饷浩繁，又恐无益，故不轻举。朕今遣李光地等往估，欲仍开此引河。大都天津海潮至时、一股向王庆坨、一股向杨村逆流。故河水长时、即相触旁流、以致堤岸冲决。"
[3] 《清高宗实录》卷三九二，乾隆十六年六月辛丑条。

1. 筐儿港减河的开挖

康熙三十三年（1694）五月，圣祖亲自巡视北运河河堤，重点巡视地段在武清县。1694年6月13日，康熙皇帝视察龙潭口新堤；次日视察华家口新堤，令人增筑黄须口、王家甫口、筐儿港口、白驹厂口等处河堤卑薄之处；6月15日，阅视桃花口、永安口、李家口、信艾口、柳滩口等处新堤。[1]

在北运河武清段，最容易冲决的地点是要儿渡和筐儿港两个地方。康熙三十六年、三十八年，北运河在武清县筐儿港先后冲决泛溢。康熙三十九年二月，圣祖巡视北运河，亲自视察筐儿港冲决之处，谕工部尚书萨穆哈曰："今从冲决处挑浚新河，直抵南河，著修筑重堤。河身须深一丈、宽或十丈或二十丈，酌量开浚。旧河故道不必堵塞，水涨时听其两支分流。其迤东转湾处，筑一挑水坝，高五尺，以御激冲，甚有裨益，再续修一顺水坝。此等若待赔修，必致迟延，著动正项钱粮，派出贤能司官、笔帖式监修催趱，限于四月内告成。"[2]

康熙三十九年四月，圣祖巡视永定河和北运河河工，"至渔家湾、洭儿港等处舍舟，临视新挑之河毕"，遂命员外郎牛钮等，在决口处建修减水石坝二十丈，并开挖引河六十四里，宽六十丈，于两岸修建河堤，防止河水外溢，此引河及筐儿港减河，"北起闸口，讫梅厂；南起闸口，讫张五庄，并长三十一里有奇。又起张五庄讫孤云寺，长四十里，于是注于塌河淀，径贾家沽道，泄入海河"。[3] 自筐儿港减河开挖后，北运河杨村以北河段十余年间再未决口成灾，《光绪顺天府志》说"杨村上下百余

---

[1] 《清圣祖实录》卷一六三，康熙三十三年五月戊午条、己未条、庚申条。
[2] 《清圣祖实录》卷一九七，康熙三十九年二月丁卯条。
[3] 《光绪顺天府志·河渠志十·河工六》。

里，河平堤固"[1]。康熙四十九年，武清县在筐儿港坝旁立起康熙御制文碑，上书"导流济运"四个大字。康熙五十年二月，圣祖视察北运河，再次来到筐儿港，"谕监修河工主事牛钮曰：引河前崖应建一挑水坝，减水坝之前亦建一挑水坝，或长三丈，或长四丈，其高应与旧挑水坝相等"。次日，圣祖再谕监修河工主事牛钮曰："三里浅之二挑水坝偏在上流，朕已钉桩，于钉桩处再添一挑水坝，或长三丈，或长四丈，高与堤相等。"[2]

康熙年间治理筐儿港，虽然取得了一定的效果，但并未完全奏效。雍正年间，筐儿港一带因水灾迭发，清廷继续治理北运河筐儿港。雍正三年，北运河大水溃堤，次年怡亲王奏请设河西务同知一员，杨村通判一员，分界管理，增置县丞主簿各一员，以专门防御洪水，及时修筑堤坝。雍正五年，北运河泛滥，先后四次冲决堤岸。筐儿港一带决口的原因在于汛期运河上游各支流河水同时涌至，而此处河道容纳不下，宣泄不及而决口泛溢。为了提高河水疏泄能力，雍正六年，怡亲王经奏准将筐儿港旧坝由二十丈拓宽为六十丈，提高减水坝的泄水能力。雍正七年，清廷疏浚筐儿港减河的贾家沽道河段，筐儿港坝以下河水也消泄畅顺。《畿辅安澜志》对筐儿港减河记述较为完备：

> 筐儿港减河，北运河支流也。首起武清县东南北运河东岸，中分二支，限以长堤。北支起西掘河，东流经大石桥、朱家码头、张大官庄、梅厂、郭家庄、周家庄、蔡家庄、陈家庄、杨家河出境，入宝坻县韩胜庄，注塌河淀；南支起费家庄，东流经褚家庄、韦家庄、梁家庄、陈彪庄、北王平、张五家庄，注于麦子店，由腰河入于塌河淀，穿堤而出，为

---

[1] 《光绪顺天府志·河渠志十·河工六》。
[2] 《清圣祖实录》卷二四五，康熙五十年二月丁卯条、戊辰条。

陈家沟、贾家口两引河，以入于海，长一百里。[1]

筐儿港减河中段分南北两股，东南流注入塌河淀。塌河淀一名大河淀，是筐儿港减河蓄泄北运河洪水之处。筐儿港引河最初没有修建堤坝，后来武清何姓知县修筑堤坝。康雍之后，筐儿港减河的治理大略情形在《武清志括》当中有所记述：

乾隆三十五年总督方观承以淤奏废。由是水漫流，上马台等村筑私坝。道光四年邑人王御史奏复之。后朱码头下屡决，同治十三年就东趋河形，别开新减河，仍分南北股，各宽十丈，束以堤，沿堤村民病之，盗决滋讼。光绪七年复就新冲斜河引归南股，宽七丈，集民资，储岁修，专汛防，而久远之图尤在多涵洞，慎启闭，去水害，斯得水利矣。[2]

2. 青龙湾减河的开挖

北运河在河西务城东甩了一个大弯，当时的河道走向是经土城村先折向东，至北齐庄西侧东南折，经北白庄村西再折向西，经北陈庄北至苏庄再南流，这个河道大弯的最东部即北白庄村西便是耍儿渡。顺治十年（1653）谈迁北上北京，沿北运河北上，路经河西务，记述道：九月"丁巳，便帆十里白庙，十里河西务城。从陆才里许，从津不啻五里，以萦旋故也"[3]。谈迁所经过的自白庙至河西务城之间的河道便是耍儿渡一带的河道。耍儿渡河

---

[1]（清）王履泰：《畿辅安澜志·白河卷二》。
[2]（清）蔡寿臻纂修《武清志括》卷一《地理》，董光和、齐希编《中国稀见地方史料集成》（稀见地方史料丛书），学院出版社，2010，第452—453页。
[3]（清）谈迁：《北游录·纪程》，中华书局，1960，第42页。

道湾环外侧，河水冲蚀作用强烈，河堤易于崩塌。康熙三十九年二月丙寅，康熙帝谕工部尚书："观耍儿渡之东被水冲刷，深为可虞，若不预筑挑水坝，必致溃决，著备桩埽等物，朕即亲临指示修筑。"[1] 耍儿渡河段治理工程实际上在康熙五十年才得以实施，《清圣祖实录》记录了圣祖于康熙五十年二月在河西务开引河治理耍儿渡的情形：

> 上自和韶屯乘舟阅河，至河西务登岸，谕监修河工主事牛钮曰：挖河不碍村落方善，若从此挖去，恐于村落有碍。因步行二里许，指示曰：此沙地著挖河，宽十丈，长四百七十余丈，平坦处深四五尺，高阜处或七八九尺不等，其河湾处著建二小挑水坝，挖河之土即置两边，对新河上口、旧河下流著建两挑水坝，一长二十丈，一长十丈，其高与岸相等。[2]

接下来，康熙皇帝亲自测量新河工程河道，"于是取仪器置地，亲视方向，命诸皇子、大臣，分钉桩木，纪丈量处"[3]。新开挖河道工程测量结束之后，交牛钮修建。牛钮遂按照圣祖的指示，在河西务城东开挖新引河一道，引水直接南流，根据《漕运全书》记载，"康熙五十年，以河西务工程紧要，复开务关城东至三里屯河，长四百余丈"[4]，可知，此引河河道自河西务城东向南一直抵达三里屯。第二年工程完工，"于是新河之溜移流于西，

---

[1]《清圣祖实录》卷一九七，康熙三十九年正月丙寅条。
[2]《清圣祖实录》卷二四五，康熙五十年二月戊辰条。
[3]《光绪顺天府志·河渠志十·河工六》。
[4] 光绪《钦定户部漕运全书》卷四〇《漕运河道·白河考》。

而东堤免刷，要儿渡之冲险无虞矣"[1]。河西务开挖新河，引水走新河，旧河要儿渡口受河水冲刷压力减小，冲决之险大大降低。靳辅在《治河奏绩书》中曾说："若开引河则其费甚巨，又必酌地形而为之。若正河之身迤而曲如弓之背，引河之身径而直如弓之弦，则河流自必舍弓背而趋弓弦，险可立平。"[2] 北运河在河西务城东甩了一个大弯，本次开挖引河连接这个河湾的上口和下口，恰如靳辅所说正河如弓背，引河如弓弦，使河水分流直泄入引河，正河河水流量减少，要儿渡的冲决压力自然降低（见图1）。

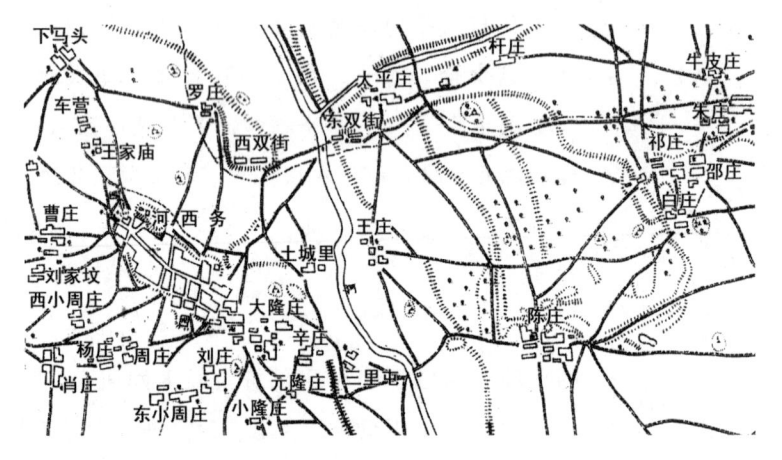

图1　1936年翻印1914年两万五千分之一地形图河西务图幅所绘河西务东的运河故道遗迹

然而，康熙时期并未完全解决河西务一带的夏季洪水决堤问题。雍正三年，北运河大水，河堤岸上埽坝多被冲溃。同年，怡亲王允祥受命总理京畿水利，负责治理北运河。雍正四年，怡亲王奏请北运河一切工程归通永道管辖，在河西务设置同知一员，杨村设通判一员，分界管理，以专门负责运河修防事宜。雍正五年，北运河泛溢，漫溢冲决堤岸四处。雍正六年，怡亲王奏请拓

1　《光绪顺天府志·河渠志十·河工六》。
2　（清）靳辅:《治河奏绩书》卷四《治纪·防守险工》。

宽筐儿港坝并挑浚减河，得以批准，于是"拓筐儿港旧坝，阔六十丈，展挖引河，改筑长堤。七年疏浚贾家沽道。分减既多，消洩亦畅，故坝门以下河水安流"。筐儿港一带运河险工虽然消除，但是其上游河段汛期洪水依旧壅积难以消泄，"河西务一带，距坝稍远，山水暴至，遂复溢决"[1]。雍正七年，"世宗指授，于河西务上流之青龙湾建坝四十丈，即今上闸口。开引河，长九十里，注七里海，挖宁车沽河，道七里海，泄之北塘口"[2]，该引河就是青龙湾减河，青龙湾减水石坝建在三百户村西。乾隆二年，青龙湾坝"因离河稍远，宣泄未畅"[3]，于是将坝口向西迁移。民国《香河县志》记载"河口在王家务土门楼之北，红庙村之南"，此即王家务减水坝，又名青龙湾减水坝。青龙湾旧坝在其东，"按王家务石坝东约三里许，三百户村西，旧有滚水坝一座，倾圮殆尽，当即乾隆二年以前所称青龙湾旧坝也"[4]。今红庙村南的乾隆二年所建青龙湾减水石坝燕翅保留完好，但河道已经北移，三百户村西雍正七年所建减水坝遗址在河边尚有残迹（见图2）。

在武清，筐儿港减河被称为下引河，青龙湾减河又被称为上引河。民国《香河县志》记载："青龙湾河，北运河之减水河也，河口在王家务、土门楼之北，红庙村之南，又名上引河，又名王家务引河。"在该段落中"又名上引河"之后的附注云："因武清县筐儿港减河名下引河。"青龙湾减河筑有河堤，"雍正七年开青龙湾引河，并筑两岸长堤，自闸口起沿河东行，至中营村东石碑道口，入宝坻界"[5]。

---

1 （清）陈仪：《直隶河渠志》。
2 《光绪顺天府志·河渠志十·河工六》。
3 （清）王履泰：《畿辅安澜志·白河卷三》。
4 民国《香河县志》卷二《地理·河流》。
5 民国《香河县志》卷二《地理·河流》。

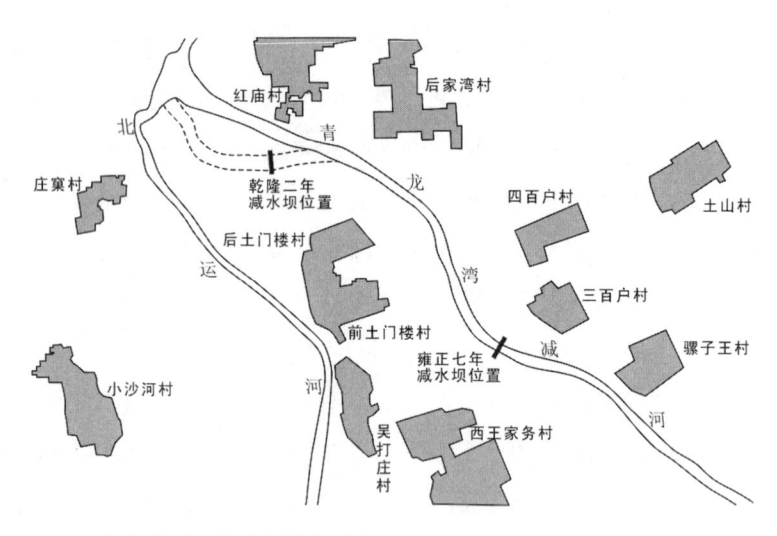

图 2　青龙湾减河滚水坝遗址分布

三　北运河武清段减河修建的治理效果

自开挖青龙湾、筐儿港减河之后，北运河武清段汛期洪水得以上下分消，不再泛溢，防洪效果非常好。雍正十一年，海河流域大水，唯有北运河安然无恙，"北河伏汛涨水，惟漳、滏、南、北运四河水势甚盛，一日之内陡涨丈余。其漳河涨水，挟卫、汶两河奔流而下，维时南运河东岸缕堤漾开溢出，直由南洼入海。而北运河水势骤涨，虽亦出槽平堤，赖青龙湾、筐儿港减河宣泄，得以无事"[1]。故陈仪在《直隶河渠志》中说，武清段运河治理后，"运道民生，均获宁谧"，乾隆《武清县志》则说："而十余年来获庆安澜，人民乐业。"[2]

1　《光绪顺天府志·河渠志十·河工六》引康基田《河渠纪闻》。
2　乾隆《武清县志》卷三《河渠》。

尽管青龙湾、筐儿港减河的开挖减轻了北运河武清段的防洪压力，但并未消除汛期洪水危害。乾隆三十五年，北运河河水异涨并在西岸王甫汛决口，张家王甫堤及东岸的周家等庄八处缕水堤先后漫溢，清政府次第增筑河堤，防止洪水泛滥。乾隆三十七年，对王家务滚水坝、筐儿港滚水坝进行修筑，并挑浚减河，培筑南北两岸河堤。乾隆四十年，以汛期杨村厅险工林立，防洪工程倍繁于务关厅，于是将王家务减河改隶务关同知管理。乾隆四十三年，王家务至筐儿港之间北运河六十里河段河身弯曲，每遇洪水盛涨，不能及时宣泄，于是在上游吴家洼添筑草坝以分杀水势，并开引河，斜接王家务减河以导其流，而以吴家窑坝座、河堤改归耍儿渡县丞经管，并以王家务外委拨归汛内协力修防。[1]

从华北地区水系格局来看，北运河王家务减河和筐儿港减河的修建，解决的不仅是北运河汛期本身洪水宣泄的问题，同时也降低了下游天津三岔河口的洪水压力。华北平原地势以天津一带海拔最低，故华北各大河均流向天津出海，而天津三岔口一带，是南运河、北运河、东西两淀、永定河、子牙河等华北平原上各个河流的汇归之处，其下流河道为海河，因此每年夏秋汛期河流泛涨，众水汇集，加上海潮顶托，河水壅积难以宣泄，河道无法容受，导致堤岸溃决，河水泛溢，这不仅影响漕运，而且对沿河两岸百姓的生产生活也造成极大的影响。清人陈仪在《直隶河渠志》中论述道:"海河，南北运、淀河之会流也。自天津东北三岔口迄大沽口长一百二十里，溇广崖深，奔流湍驶，潮汐迎之则逆行而上，禹贡所谓逆河是也。每伏秋之交，二运并涨，淀水争趋，骈注于三岔一口，而强潮抵牾，回旋不下，倒漾横流，上游堤岸田庐皆受其浸，所谓尾闾不畅，胸腹俱病者也。故欲治直隶之水者，莫如扩达海之

---

[1] （清）王履泰:《畿辅安澜志·白河卷四》。

口，而欲扩达海之口者，莫如减入口之水。"雍正皇帝对此看得十分清楚，于是命怡亲王兴修水利，"亲授方略，于南北运各建坝开河，减水分流，别途归海"[1]。清代兴修王家务减河和筐儿港减河，一由七里海洩入渤海，一由塌河淀洩入渤海，使北运河汛期泛涨之水得以宣泄并分途入海，避免了北运河河堤溃决之险，也减少了流向下游三岔口的洪水水量。清代在天津以南的南运河修建了捷地、兴济两条减河，这两条减河也起到了同样的作用。乾隆时期直隶总督方观承对此有精辟的论述：

伏查畿辅河淀诸流以及晋豫经涂大川之由直境者，皆委输于三岔口一河为朝宗入海之路，当伏秋汛涨之时，既苦来水之多，而海门潮汐日至，水满潮盈，人力难施。惟有分洩之法，以减汇归之势，俾其分途入海，既可以保两运堤工，而于三岔口一带，又有釜底抽薪之益。[2]

结　论

清朝治理北运河采取疏泄河水的措施，摒弃了元明时期堵塞决口的办法，解决了北运河武清段汛期河水泛溢问题，是运河治理技术上的一大进步。民国《河北省治河计划书》对此有较为客观的总结："康熙、雍正时期，修建筐儿港、王家务两减河，上下分消水势，水患始减。中经乾隆、道光，以迄于同治，岁修甚勤，未出水患。"[3] 清代直隶总督方观承曾在《方恪敏公奏议》中

1　（清）陈仪：《直隶河渠志》。
2　（清）方观承：《方恪敏公奏议》卷四《畿辅奏议》，"会勘南北两运减河酌筹修浚事宜疏"。
3　李桂楼：《河北省治河计划书》，《华北水利月刊》第2卷第1期，1929。

论述筐儿港和王家务减河时说："北运减河二道，一在务关厅属之王家务，河长一百四十里，由七里海入于蓟运海河；一在杨村厅属之筐儿港，河长五十里，入于塌河淀，又于水利案内开挑引河，亦令由七里海归入蓟运海河，计长四十九里……当日开浚之意，既以除运河堤岸之险，更欲其分流散沙，别为一途，使两运入三岔口之水稍减，庶大清、子牙诸水得以宽然东注于三岔口。"[1] 从这段文字来看，北运河开挖减河的意义不仅是疏泄运河之水，还有减少入天津三岔河口的水量，使众河畅注于海河的作用，可谓一举多得。

---

[1] （清）方观承：《方恪敏公奏议》卷四《畿辅奏议》，"查勘三岔河等河入海情形"。

北洋政府时期京直水资源的涵养与保护

徐建平[*]

摘　要：北洋政府时期，京直地方政府的水政工作由以防灾为主转向防灾与治理并重，开始关注水资源的涵养与保护。在民间舆论的呼吁，中央政府、地方政府的推动下，京直地区开始重视林业，并将发展林业与防治水灾、发展水利相联系。在中央颁布《森林法》及其实施细则后，京直地方政府实行水资源保护新政，推广植树造林工作，增强京直河流上游的蓄水功能，使造林工作制度化，取得了一定成效。

关键词：北洋政府时期　京直　水资源　涵养与保护

水资源、经济、环境与社会发展是相互制约的，只有合理保护、开发和利用水资源，才能使水环境良性循环，社会经济才能可持续发展。水源涵养主要指养护水资源的举措，一般而言，水源涵养与植被、土层及土壤等因素密切相关，尤其是植被素有"绿色水库"之称，具有涵养水源、调节气候的功效，是促进自然界水分良性循环的有效介质之一。北洋政府时期，涵养水源是京直地方政府实施的重要措施，关注水源涵养是京直地方政府水政工作由以防灾为主转向防灾与治理并重的开始。在这一政策推行

---

[*] 徐建平，河北师范大学历史文化学院。

过程中，民间舆论的呼吁、中央政府的重视、地方政府的推动相辅相成。

一　民间舆论呼吁重视林政

从生态学角度看，森林是地球生物圈中能动性巨大的生态系统，在保护环境维护自然生态平衡过程中起着重大作用。尤其在华北石质山区，森林覆盖率对河川集水量有明显影响，森林覆盖率每增加1%，集水量相应增加0.4—1.1毫米。森林可以把丰水年的大量降水涵蓄起来，等到枯水期再淌放出来，发挥一种年际和年内调节流量的作用。森林能够涵养水源，植树造林是水利建设中防灾减灾的重要措施。随着近代中西文化交流的增多，通过植树造林涵养水源的思想逐渐被人们接受。1917年，李藩昌在翻译基雅慕的《中国治水刍议》时就认识到这一点。他认为中国当时水灾迭见，愈趋愈甚，究其原因皆与森林缺乏有关系。因为"河流水势之消长固与雨水之多寡为比例，而雨水之多寡又随森林之兴废为转移。故凡森林绝迹之地则水患频仍，征诸各国皆然也"[1]。而当时的中国对于森林经常是有伐无植，生态环境越来越恶劣。林学家凌道扬[2]也在《东方杂志》上发表《论近日各省水灾之剧烈，缺乏森林实为一大原因》一文，他把各省水灾频繁的根由亦归结为缺乏森林。韩安在其《造林防水意见书》中提出了畿辅防水造林的办法，如划设分区、成立造

1　〔瑞士〕基雅慕：《中国治水刍议》，李藩昌译，国家图书馆藏，1918，第1页。
2　凌道扬，中国林业科学的先驱。1917年他发起创建中国第一个林业科学研究组织——中华森林会（1928年该会更名为"中华林学会"，是中国林学会的前身），并被理事会推举为首任理事长，并担任中华林学会第二、三、四届理事长。著有《森林学要览》《水土保持》等著作。

林总机关、规定造林分区之职务、筹集造林行政经费（包括中央提倡造林费和各县提倡造林费）。[1] 北洋政府时期，人们已经认识到森林涵养水源、保持水土的原理和重要性。

凌道扬多次提到森林的重要性，他认为森林利益可分为两大端，直接利益和间接利益。尤其是林业作为实业的一大要素，是理财的重要手段，植树可获得巨大利益。但是，他发现人们对林业带给人类的好处没有足够重视，亟须开发。他说："吾国须注重林业之故，一国之土地不同，有山田有平原。山田不便于农业，所以一国有农无林则一国必抛荒，其山地而不能完全利用。"[2] 针对我国当时的状况，凌道扬提出发展林业是当务之急。他说："依最近之调查，吾国已耕种之土地面积不过两千一百四十七兆亩，荒废之山郊面积约计七千二百五十四兆亩（蒙藏尚未在内），是荒废之土地较已耕种之土地反多三倍有强。然以其中不农之地居多，固难树艺五谷，若以之培植森林，当可野无旷土。试就七千二百五十四兆亩计之，设皆栽植成林，每亩每年之收入平均以银币一元计，为数已属甚巨，吾国财政岂不固之裕如也。"[3] 中国一方面土地荒芜，不知植树的种种好处；另一方面，大量进口木材。据统计，"民国三年所输入之木料，值银六百二十五万一千两，较之民国二年二百六十一万七千两约多三倍。两年之间增加如此，日后漏卮岂堪设想"[4]。对于中国来讲，铁路、桥梁及屋宇等建筑等需要进口木材，既浪费钱财，又耗时日，最好的办法就是兴办中国自己的林业。

此外，发展林政可以扩大就业。凌道扬认为："以生计论，吾

---

[1] 参见韩安《造林防水意见书》，北京市档案馆藏档案，档案号：J007-004-00014。
[2] 《凌道扬在天津之森林仪器讲演辞》，《益世报》1916年11月7日。
[3] 《凌道扬在天津之森林仪器讲演辞》，《益世报》1916年11月7日。
[4] 《凌道扬在天津之森林仪器讲演辞》（续），《益世报》1916年11月8日。

国生之者寡，食之者众，民穷财尽危重日臻。使林政振兴，生计必呈活泼之象。"[1] 从国外林政与实业的关系看，"美国全局实业资本关于林政一途，约占五分之一，综计四千五百兆元，此项巨金国人倚之为生计者计数百万人。德国森林占全国四分之一，办理林政之职员九千余人，伐木运木工三十七万五千余人"[2]。森林之直接利益如上所述，森林间接之利益亦非常明显。森林繁盛之区较之森林缺乏之地空气新鲜，森林繁盛之区较森林缺乏之地雨水偏多。而且，"森林可以增加雨量，转移气候，且能使河流不息，无泛滥涸竭之虞"[3]。天津《益世报》和《大公报》多次刊发文章，对凌道扬的近代林政思想进行广泛宣传，收到了一定效果。

二 中央政府逐渐重视水资源涵养

北洋政府时期，京直水资源保护是在中央政府的推动下进行的，这主要体现在注重水土保持工作，重视森林的种植与保护。

1914年11月，北洋政府颁布了《森林法》。1915年6月，颁布了《森林办法实施细则》。1915年7月，颁布了《造林奖励条例》。1916年10月颁布了《林务研究所章程》。曾任农商总长的张謇认为，我国林政失修，应通盘筹划，普及造林。其目的一是备社会林木之需，二是为国土保安之计。1914年5月，张謇《规划全国山林办法给大总统呈文》在谈及黄河、扬子江、珠江岁屡成灾时指出，造成这一现象的原因是河流上游发源地缺乏森林以涵养水源，一旦洪水骤发，势若建瓴，则混挟泥沙，奔泻

---

[1] 《凌道扬在天津之森林仪器讲演辞》（续），《益世报》1916年11月8日。
[2] 《凌道扬在天津之森林仪器讲演辞》（续），《益世报》1916年11月8日。
[3] 《凌道扬在天津之森林仪器讲演辞》（续），《益世报》1916年11月8日。

直下，溜势稍缓，则沉积而淀，淤塞河道。通常的做法是筑堤防水，但不断筑堤的结果是形成了地上河，成为决口隐患。1914年11月，北洋政府颁布了《森林法》，明文规定：凡具有预防水患、涵养水源、公众卫生、航行目标、利便渔业、防风沙等性质之一的国有、公有或私有森林，得编为保安林。"非经该管地方准许后，不得樵采，并禁止引火物入林。"[1] 随后，北洋政府又公布了《森林办法实施细则》及《造林奖励条例》，这些法令的出台，无疑有利于保护生态环境。为实现上述目标，张謇认为还应重视苗圃建设。他说："各省行政长官区域广袤，时有鞭长莫及之虞。举以责之，各县知事则民事纷纭，不免虚应具文之弊，二者均难期实效。惟各道尹区域适中，职务较简，皆责成各道尹，就地筹设苗圃，随时采购各树种分布各县，按期种植，逐渐推行，则林业不难发达。"[2] 在张謇的提倡和推动下，各省开始建设苗圃。

为防止水土流失，北洋政府将植树造林作为涵养京直上游水源的一项重要政策，并提倡通过建立林业公会等组织加以推动。由于财政困难，北洋政府对荒山造林无法提供足够的经费，为此，农商部号召民众组织社会团体参与造林工作。根据林业公会的规定，凡乡村邻近的官山及公有山地，村民可按照规则组织公会，共同造林。1916年12月，北洋政府农商部制定了《林业公会规则》，在广大农村推广并设置林业公会，发展乡村自治林业。根据北洋政府的计划，先在交通便利、人口密集的山地做起，然后再分区推广办理。农商部规定，每村设公会一所，第一年每公会责令植树一万株，嗣后每年递进，以十年为期。十年而后，次第成材，按年轮伐。有特别情形的，两村以上也可以联合设立。

---

1 《大总统公布森林法令》，中国第二历史档案馆编《中华民国史档案资料汇编》第三辑《农商》（一），江苏古籍出版社，1991，第425页。
2 《责成道尹筹设苗圃》，《益世报》1915年10月5日。

林业公会会员为有林业者、有田地者、能任会内公共事务及劳役者。林业公会置会长一人，由殷实绅董或村长担任，负责村内林业的育苗造林工作，每年将造林情形呈报县知事，并对森林进行保护、监督。对于荒废林业，则可公有、私有或公私合办。林业公会就性质而言，为乡村自治的社团组织，与当时的农会性质类似，但更具专业性及经营性质，因而不同于一般的自治团体。

在北洋政府组织的河务会议上，会员们提出了许多有价值的建议。会员张树栅在《永定河根本计划及应行改革案》中提出："该河上游所经各处，重峦叠嶂，皆为太行山之支脉，其东与燕山相接，两山交束，河行其间，水不得肆自出西山之口，迂曲南行，汇津达海。沙淀泥停，河流倒漾，故称难治。所以，除另辟尾闾外，上游宜筑塘造林。"[1] 他强调，"森林能调节气候，减轻水旱之灾，为近世学者所发明。我国漠视林业，童山枯岸比比皆然。数年以来，水旱迭至，此一重大原因。欲谋善后之法，培植森林实为当务之急。永定河上游及南北两岸土系松沙，雨水冲刷最易。栽种直柳卧柳，芦苇次之，大汛护险，最为得力"[2]。这一议案得到了会员们的认可，在当时的情况下，他们认为培植树木是涵养水源的最好办法，并将这一办法与水务改革联系，制定相应的政策。

三 京直地方政府实施水源涵养与保护新政

北洋政府时期，直隶省对造林工作逐渐重视，直隶省省长曹

---

1 张树栅：《永定河根本计划及应行改革案》，内务部编《内务部全国河务会议议案汇编》，国家图书馆藏，第110页。

2 张树栅：《永定河根本计划及应行改革案》，内务部编《内务部全国河务会议议案汇编》，第110页。

锐大力提倡植树。他认为:"栽种树木实属要政,御水旱防灾疫,为利不可枚举。"[1]1918年,直隶地方政府颁布了《直隶劝办森林简明章程》,并制定了《种树赏罚章程》若干条,通令各县遵照办理。在植树季节,如清明节,直隶各县知事督催百姓植树。同时,直隶省长公署训令沿河各县知事及河务局,在各河堤种树。直隶地方政府已经认识到植树的重要性,认为:"沿堤种树,所以盘固堤根,并为险工挂柳塘护之需,关系最为重要。"[2]下令除各河官堤由各河务局督饬官弁等照章种植保护外,各河民堤均由各县知事督饬民夫购备树秧,分段栽种,不得敷衍塞责。

直隶实业厅具体负责造林工作,在宣传造林时,实业厅称:"东西各邦,对于山地造林一事,无不竭力筹办,以重林业,而辟利源。诚以森林有无,与国计民生,关系均极重要。查本省西北一带,山林绵亘,无不岩石骨露,濯濯童秃,以致市场材木供不应求,水旱频仍,灾侵迭告,自非亟筹兴办,无以为惩前毖后之谋。"[3]关于种树造林等事,直隶实业厅拟定了具体办法,分饬各县遵照办理。靠近山区各县,在山上造林,因苦于无泉水灌溉,所以种树成活率很低。鉴于这种情况,实业厅多次通令各县一定要根据实际情况,在山区分年举办,逐渐推广。"务使所植各树,逼近水泉,灌溉便捷,成活自易,而林产收入日见增加,水旱遍灾亦可藉以减少。"[4]天津劝业所还以清明节植树为契机,划定苗圃地,并栽种树株。为扩大影响,天津劝业所还请直隶实业厅厅长、天津县县长亲行典礼,并请津属各机关及附近各村村长、绅董及该所职员参列种树,而资观感。经过宣传推广,直隶

---

[1] 《注重种树之汇志》,《大公报》1919年3月30日。
[2] 《令栽沿堤之柳株》,《大公报》1922年3月14日。
[3] 《提倡荒山造林之训令》,《大公报》1922年11月4日。
[4] 《提倡荒山造林之训令》,《大公报》1922年11月4日。

植树取得了一定成绩。以 1921 年为例，各县种树册报到实业厅的有 111 个县，除新河县等因旱灾种树均未成活外，其他各县均收到了一定成效。对于种树成绩显著的县，直隶实业厅还予以表扬。"迁安县在一百九十万株以上，定县在八十万株以上，怀来县在三十万株以上，为数较多，呈报亦早，足见各该知事关心林政，倡导有方，深堪嘉许。"[1]

为使造林工作制度化，1925 年 9 月，直隶颁布了《直隶全省造林分年进行章程》，"以促进全省林业为宗旨"[2]。该章程规定，直隶的造林工作分为三期，第一年为预备期，第二年至第十一年为实行造林期，第十二年为开始采伐期。造林各期内，道旁、村边等地的树应由县知事督饬实业局劝导栽种。各乡苗圃成立之时，所需籽种应由县筹款购买。为推广植树事宜，实业厅规定，各县知事应将本章程印刷多份发交实业局及各村正副分给各户阅看，并随时派员分赴各村讲演森林利益。为保证造林效果，直隶地方政府对各县知事逐年考核，对造林确有成绩的县知事予以奖励。1927 年，直隶省农会就种树、护树等问题专门召开了会议，农会认为："振兴林业为富国之基础，查各县道路两旁空地甚多，有归公者，有归私有者，均应责令尽先种树，将来郁郁苍苍，不惟庇荫行人，且于振兴林业利益无穷。"[3] 为切实保证植树效果，直隶省农会提出加大树木保护力度，添设农林警察，配给枪械分班巡逻，以尽保护之责。此外，直隶还建立了两个苗圃基地，在河北省立第二苗圃基地建立时，还制定了《直隶省立苗圃简章草案》，该草案规定："苗圃选择优良树种，养成苗木分给各县领种，

---

1 《实业厅注重林政》，《大公报》1922 年 3 月 28 日。
2 《直隶全省造林分年进行章程》，《益世报》1925 年 9 月 29 日。
3 《振兴林业之厅令》，《大公报》1924 年 6 月 2 日。

以兴林业。"[1] 苗圃经费由实业厅承担，苗圃培育工作也主要由实业厅向各县推广。直隶实业厅训令各县认真办理苗圃事宜，呈送苗圃经费预算、办事规则、兴办经费预算、计划说明书等。天津的苗圃建设工作推进较快，制定了《天津县第一苗圃办事规则》。该规则规定：（1）由天津县公署筹资创立，即命名为天津县第一苗圃；（2）地址在大卞庄以北阎家洼、王家泊，占地 102.2 亩，本苗圃专门养育幼苗，以立普设森林之基础。此外，附设桑圃一区，作为提倡试验之准备。职员设管理员一员，督理全圃一切事务，并兼任办事员、会计等。苗圃需要在春秋两季向劝业所报告成绩，劝业所所长也可随时调查。苗圃每年将分发树苗株数、种类及成活数目呈报县公署，以便转呈实业厅查核。每年年终，苗圃造具经费决算表，呈报县公署，转呈实业厅备查。此后，直隶还制定了《苗圃及林业传习所章程》等规章，以期从制度上加强对林业的管理。在政府的推动下，直隶的育苗工作取得了不错的成绩。

在造林工作中，直隶主要呈现如下特点。一是制定植树奖罚措施。1918 年，直隶省颁布的《直隶劝办森林简明章程》，该章程共分为办法、保护、调查、赏罚、分利五部分。具体劝种办法是，由各县选举公正绅耆联合同志组织农会。筹办种树，种树宜选用易成活之树木，保护树木职责由巡警担负。各州县于清明前后，将劝种树木情形及数目调查清楚，上报职局。关于赏罚办法，主要是根据种树成活数目不同，给予相应奖赏。故意伤害小株者，每一株责令赔种三株。已长成者而窃伐变卖者，除每一株赔种三株外，仍计赃科罚。关于分利办法，该章程规定："官地官种之树，日后变卖所得之利均归农会。官地民种之树，所得之

---

[1] 《实业厅拟直隶省立苗圃简章草案》，《大公报》1923 年 5 月 22 日。

利，以六成归种树之人，以四成归入农会。民地民种之树之利，利尽归民，有愿捐助农会者听其自便。"[1]1914年，农会在京西一带荒山植树47万多株，1915年，又植树30多万株。至1920年，直隶新种树株数目如下："津海道属各县共种树二百二十九万三千余株，保定道属各县共种树二百八十九万九千余株，大名道属各县共种树二百八十五万八千余株，口北道属各县共种树七十三万三千余株，统计四道所属共种树八百七十八万五千余株。"[2]1914年，北洋政府定清明为植树节，提倡全民植树造林，这进一步调动了农民植树、护树的积极性。二是重点在沿河堤坝造林。河务局注意到，无论官堤、民堤，每当夏秋之间，河水泛滥，时有冲决之虞。而树木茂盛者，堤埝较为牢固。所以，每年在清明节，直隶河务局通令沿河堤埝分局及居民，"多备树秧，沿堤栽植，不惟坚固河防，将来森林成立，获益亦非浅鲜"[3]。大清河工警长冉凌云认为，种植树木对保护堤岸有莫大之利益。而大清河沿岸树木鲜少，亟宜栽种。他提出："官堤由河工、汛弁栽种，民堤由民间自行栽种，责成河工员弁及巡警竭力看护。每年春间插栽，秋后刈取枝叶，其有老朽树株，即时砍去，另换新秧。俟十年后，所刈取枝叶即可供看守费用，以期堤岸坚固免至冲决为患。"[4]三是通过林业会造林。如，临城县以山地为主，该县王知事设立林业总会，劝民种植树木，后因款项支绌裁撤林业总会。杨知事到任后，认为林业为国家要政，所以又恢复了林业总会，并委任薛绅鸿恩为经理。这一时期，其他各县的林业会组

---

1 《直隶劝办森林简明章程》，中国第二历史档案馆编《中华民国史档案资料汇编》第三辑《农商》（一），第447页。
2 内务部土木司编《直隶省长曹锐呈大总统恭报直隶各县各河本年种树成绩造具表册呈鉴文》，《河务季报》1920年第2期，第49页。
3 《河务局注意河堤植树》，《益世报》1923年3月24日。
4 《河岸种树之办法》，《大公报》1918年11月6日。

织也逐渐建立，但是，成效不太明显。直到20世纪30年代，京直地区的林业会才逐渐活跃。

为增强京直河流上游的蓄水功能，1916年，京兆尹王达制订了在京兆地区选地造林的计划。王达认为："林业开富庶之源，水利为农田所托，吾国川河巨流冲溢为患，固亦由于河防治法之未良，而水道发源之区，山童水暴，流入平原节蓄毫无，泥沙俱下，此其根本致病之源，断非专事治标之工程所能解决。现以经营补救从事造林，虽着手之初，范围尚狭，由此成章，规定逐岁扩充，不求朝耘夕获之功，庶期得尺进寸之效。"[1] 京兆尹公署在勘定河流的基础上，划定植林地点。植林经费由农商部和京兆尹公署分摊，京兆尹公署每年承担造林经费5000元，农商部负责技术指导。当时，选定造林地点主要在密云县城北之牛栏山，该地是潮河、白河两河交汇之地，西面临河，东、北、南三面山岭重叠，是重要的水源涵养地。通过大力推动，仅1916年一年时间，京兆地方植树就达164万株。为进一步振兴实业，1919年，京兆还设立农林总局，该局是京兆尹公署为振兴农林事业起见设立的，主要负责培植苗木事宜、选地造林事宜等。同时，全国水利局总裁谷钟秀、京兆尹王达联合制订了京兆区域选地造林推行水利治本计划，并呈报北京政府。

京兆尹王达还在京兆地方各县推动成立林业公会，并准许林业公会经费从地方公款内拨付。同时，他强调林业公会设立的主旨为"保护现有森林，恢复荒废林野，及育苗造林三种"[2]。随后，京兆尹指令京兆各县知事呈报各区林业公会成立情况，并呈送

---

1 《农商总长兼全国水利局总裁谷钟秀、京兆尹王达呈大总统会同筹议京兆区域选地造林推行水利治本计划请鉴核文》，《政府公报》1916年第279号。
2 《训令二十县知事准农商部咨送林业公会组织办法请转行各属布告人民令即遵办文》，《京兆公报》1917年第10期。

清册。此外，京兆尹训令京兆二十县知事准农商部咨送林业公会组织办法，并告知百姓立即遵办。京兆尹王达还将农商部颁发的《林业公会组织办法》下发各县，主要开展两方面的工作。首先是为保护现有森林而组织者，此项组织须先各将私有或公有森林之界线、面积及树种等情形绘图具说，详细呈报。其次是为恢复荒废林野而组织者，京兆尹公署规定："此项组织须先勘定林野界限、面积，并将荒废情形树木有无，及树种株数绘图具说，详晰呈报。如系官有，则依《森林法》第十二条，拟具承领书，先行呈请，无偿给与。若属私有，亦须分别勘定绘图说明。"[1] 京兆尹公署在辖区内大力推广林业公会，有利于植树工作的开展。

为进一步推进造林事宜，1918年8月，京兆尹公署成立了京兆森林事务所，该所主要设置下列两部：事务部和技术部。设所长一人，事务员及技术员若干人。所长由京兆尹公署委任富有森林学识者充之，事务员及技术员由所长选具有林业知识或经验者呈请委任。所长综理所场事务，督率职员、事务员及技术员承所长之指挥，分别掌理各部事宜。京兆森林事务所遵照《森林法》承领官荒山地，从事造林以树模范。京兆森林事务所及设立林场之地址如下：京兆森林事务所，京城安定门外地坛；第一林场，京城安定门外土城；第二林场，京城卢沟桥镇；第三林场，京城小黄林西山；第四林场，京兆密云县。根据规定，京兆森林事务所对于国有林及国有林地受部委托管理或经营，对公有或私有森林督察指导。造林经费依每年预算所定额内分别支配，每年林产及林场副产等收入核明呈报，均留作扩充林业之用。各林场得由事务所派定专员管理，距京较远之林场所在地委托该管理地方官经理。附近各林场之京兆属学校，得就林地指定若干亩作为学校

---

[1] 《训令二十县知事准农商部咨送林业公会组织办法请转行各属布告人民令即遵办文》，《京兆公报》1917年第10期。

实习林。每届年终,该所长应将本年办事情形及林场状况编制各项表册,并次年度林业进行计划书呈报京兆尹公署查核。为推动植树工作,京兆尹公署提出:"每届植树节前一月,该所长应将林场苗木提出若干,呈明本公署,分配各属栽植以资提倡。"[1] 京兆尹公署为振兴京兆林业起见,成立专门负责造林的专业组织,并通过完善造林机构、配备专业技术人员、划定林区范围、划拨造林经费等措施,保证了造林工作的顺利开展。

为加强管理,京兆尹公署制定了《京兆森林事务所简章》和《京兆森林事务所办事细则》,该细则详细规定了技术部的具体职掌。如,关于树苗树种之捡定及培植事项,关于土质气候之测验事项,关于益害之动植物及荒地调查事项,关于病害及天灾之防治事项,关于森林之工艺及制材事项,其他关于造林及整理各事项等。此外,对林业管理者提出了更高的要求。如,在"林夫服务之规则"中规定,凡雇用之林夫皆有遵守本规则之义务,就林夫中造林熟练者选充工头,率领林夫实地作业。工头受管理员之指挥,率同林夫工作。每日工作均于前日晚间由工头禀请制定,中途如需变更者,亦必随时报告。工头于工作时间外,应巡视林区,并将巡视情况随时报告管理员。此细则还制定了对林夫的奖惩措施,在一定程度上有利于激发林夫的工作热情。在京兆地方公署的努力下,京兆各县造林均有一定成绩。以1922年密云县造林苗圃为例,种树种类及数量如下:柘树44800株,槐树41600株,榆树458000株,楸树18800株,白果树120株,果松树1200株,橡树250株,核桃树22株,苗圃所植树苗共计8种,合计574797株,均成活。[2]

---

[1] 《京兆森林事务所简章》,《京兆公报》1918年第56期。
[2] 参见《指令密云县知事呈送造林苗圃种植种类株数一览表文》,《京兆公报》1918年第60期。

京兆尹公署在植树、护树、严禁毁树等方面也采取了积极措施。1919年，在接到督办京畿一带水灾河工善后事宜处咨文，称京畿160公里内有人大举焚烧山林时，京兆尹公署立即采取了相应措施，明确提出"决不可听其焚毁，自应严行禁止，以维河政"。[1] 京兆尹公署还下令给所辖二十县，禁止毁林，并函知永定、北运两河务局，京兆国道第一、第二养路局遵行。京兆尹还积极组织清明节植树活动。在1919年植树节当日，他亲自率同局人员兵弁，并召集浚河工程处，挑挖引河，发动附近灾民五百余人分植柳秧。在他的带领下，永定河沿堤栽种树苗2500棵，蔓延六里之遥。京兆地方公署还专门设立了林科，以加强对林业的管理。

1925年，为加强京东河道管理，京兆尹公署下发了委任京东河道造林区域职员令，委任张辑熙为京东河道造林技术员，委任曹汝兰为京东河道造林区管理员。京兆尹认为，京兆地方溪边河岸堤埝山岭原有不少林木，但是，"近以屡年滥伐之故，影响于京兆水患者甚大"[2]。所以，训令各知县"遵即查明所属溪边河岸旧有森林，切实保护，严禁砍伐，以重林政而防水患"[3]。为此，制定了《京东河道堤埝造林办法》。根据京东河道堤埝情况，京兆尹公署决定在京东河道堤埝造林，并规定京东河道堤埝造林区为京兆第一造林区。该林区以顺义苏家庄引河堤身为起点，至通县平家疃村为止，计长十二里，堤面及河身两旁余地计宽七十余弓[4]，除低洼处外，造林地1000亩。此外，选择适宜树种分区栽植。在堤上种植桑树及刺槐，堤下种植柳树、杨树等。根据计

---

1 《严禁焚烧山林》，《京兆通俗周刊》1919年第4期，第7页。
2 《训令各县严禁砍伐溪边河畔森林以重林政文》，《京兆公报》1925年第291期。
3 《训令各县严禁砍伐溪边河畔森林以重林政文》，《京兆公报》1925年第291期。
4 "弓"是丈量地亩的计算单位，1弓等于5尺。

划,该区造林分三年：1925年至1926年为第一年,造林3万株,约占地300亩；第二年造林3万株,约占地300亩；第三年造林2万株,约占地200亩；共计造林面积800亩。并在造林区设管理员、技术员各一人,负责造林、护堤等事。至于造林经费、树苗费及所需工资,主要通过堤余地租解决。为进一步推进造林工作,京兆尹公署甚至将农林工作经验作为选拔官员的重要指标。《京兆各县劝业所章程》规定,劝业所所长任职资格的条件之一是"曾充农林分局主任一年以上著有成绩者"[1]。关于劝业员的任职资格是"曾充农林分局技术员著有成绩者"[2]。京兆尹公署的上述措施,从管理层面为京兆林业发展奠定了基础。

总之,北洋政府时期,从民间到政府,对于加强水资源涵养的问题逐渐形成了共识,尤其是中央政府制定、颁布的一系列法令,为地方政府的水资源治理提供了政策依据。同时,京直地方政府的重视,在这一地区水资源的涵养与保护方面采取的诸多措施,为日后京直地区水源治理打下良好的基础。当然,这一时期,京直地方政府提倡植树造林、加强水源涵养的工作只是刚刚起步,尚缺乏系统的规划,亦未能大规模开展。但是,这项工作的推动,对于从根本上防止水土流失、减少水旱灾害有十分重要的意义。

---

1 《京兆各县劝业所章程》,《京兆公报》1925年第295期。
2 《京兆各县劝业所章程》,《京兆公报》1925年第295期。

民国北京灾荒灾赈及其借鉴意义

郗志群 *

摘　要：1912—1948 年是古老的中国从传统迈向现代的重要转型时期，防灾救荒在这一特定的社会环境下伴随着中国的近代化步伐艰难地前行着。虽然政府与民间组织做出了巨大的努力，但由于灾前预警机制的缺失，各种救灾机构缺乏监管，腐败问题也十分突出，严重地阻滞了前行的步伐，直至新中国成立后才开始得到改善。在防灾救荒中发展是关键，促进经济的发展，实现现代化是防灾救荒的发展方向，民国时期的经验为今天的防灾救荒提供了借鉴。

关键词：民国时期　北京地区　灾害　赈灾

民国时期的北京不仅仅环境状况较差，灾害灾荒更是给北京人的生活造成巨大困难，几乎无年不灾，无灾不荒，大灾大荒，小灾小荒，因此防灾救荒成为当时政府的主要职能之一。

灾害与灾荒是两个既有联系又有区别的概念，对二者的定义有很多种，比较通行的理解是：灾害，是指任何一种超出社会正常承受能力的，作用于人类生态的破坏，包括对人类生存环境、物质财富乃至生命活动的直接的破坏和戕害；而灾荒用邓拓先生的定义则为"乃以人与人、社会关系失调而引起人对于自然

---

* 郗志群，首都师范大学历史学院。

条件控制之失败所遭至物质生活之损害与破坏"[1]。根据这两段表述，可以说灾害更多指的是自然界的异动，当然只有当这种异动对人类造成破坏时才被称为害，而当这种破坏得不到有效控制而导致大量人口死亡、社会动荡时则被称为荒。也就是说，灾害并不一定导致灾荒，却是其直接原因之一；灾荒虽不是灾害的必然结果，但如果不能积极施救，其后果将超出灾害，造成更大的破坏。因此在研究中只有将二者统一起来，才能得出比较客观真实的结论。

民国北京地区比较典型的灾害有水灾、旱灾、蝗灾、疾疫等，其他如地震、风灾、雹灾等也时有发生。这些灾害每年都会或同时或交错地出现，在北京地区形成严重的灾荒问题。

一 灾害灾荒及其特点

于德源先生在《北京灾害史》中做过一个编年统计，在 1912 至 1949 年的 38 年间，北京地区共有 23 个年份发生水灾，平均频率为不足两年一次。1917 年、1924 年、1925 年、1929 年、1939 年发生五次重、特大水灾，占水灾年份几近 1/4，占总年份的 1/7 强。同样也有 23 个年份发生了大小不等的旱灾，从时间来看，旱灾一旦形成即延续很长时间，1919 至 1924 年连续六年、1928 至 1932 年连续五年、1934 至 1937 年连续四年、1939 至 1945 年连续七年有旱灾发生。[2] 受北京地区地形、气候、水系的影响，水、旱是这一地区多发的灾种，造成非常严重的灾荒，如 1917 年的北京、直隶水灾，北京、天津几乎一片汪洋，大量农田被淹，而 1920 年

---

[1] 邓云特（邓拓）:《中国救荒史》，上海书店，1984，第 3 页。
[2] 于德源:《北京灾害史》（下），同心出版社，2008，第 1015—1066 页。

的北方五省大旱，北京也是重灾区之一，很多地方几乎颗粒无收，农业受损引起城市粮价暴涨，引发社会矛盾。

这里面主要的灾害还是水灾和旱灾。而且要注意一个问题，就是不少年份是旱灾、水灾并发，一般是春天闹旱灾，夏秋天闹水灾。而且从时间上看，20世纪30年代发生灾害最为频繁，10年中有7个年份发生水灾、9个年份发生旱灾。从空间来看，灾害是与海河流域北系（包括永定河、潮白河、北运河、大清河、温榆河）和华北大平原地区紧密相连的。也就是说，一旦出现旱灾、水灾，京、津、冀甚至加上热河、察哈尔连成一片，由此也带来灾赈的一系列问题。

北京地区的灾害整体来看有这样几个特点。

1. 春旱夏（秋）涝

根据现有的史料分析，北京地区自金代以来就呈现春旱夏（秋）涝的趋势，民国时期这一特点也十分明显。1912—1949年间有14个年份兼有春旱秋涝两种灾害，占总年数近1/3，几次大水灾，如1924年、1929年和1939年都是典型的春旱秋涝。春旱秋涝的另一个表现即旱涝急转，常常是春季干旱异常，进入六七月后突然连降大雨。如1919年华北开始出现旱情，这一年春天北京的气候也是干旱异常，不料农历七月初一、二日北京却开始连降暴雨，《北京水旱灾害》一书记载："房山县于七月二十日以后，大雨兼旬，以至西北一带山洪暴发。"[1] 虽然一年之中北京地区呈现旱涝相兼的特点，但具体到某一年又是或以水灾为主，或以旱灾为主，如1919年、1922年就是以旱灾为主；1924年、1929年、1939年等则是以水灾为主。

---

1 北京市水利局编《北京水旱灾害》，中国水利水电出版社，1999，第50页。

2.灾种多，次生、衍生灾害突出

水、旱是民国时期北京地区为害严重的灾害，而且它们还常常会带来一些巨大的次生或衍生灾害，如水灾就常伴随泥石流害的发生，1917年大水，门头沟区永定河、湫水河洪水暴涨，杨家庄（今杨村）泥石流暴发。1939年大水引发了泥石流，怀柔县喇叭沟门乡、长哨营乡、碾子乡、宝山寺乡、崎峰茶乡，房山县拒马河千河口、大清河南台沟，昌平县东沙河德胜口沟、锥石口沟、碓臼沟等地都发生了泥石流。1946年7月14日23时至次日3时，仅4小时北京地区降水达106.1毫米，门头沟永定河沿河口、清水河流域发生泥石流。这情形与2012年北京的"7·21"大暴雨颇为相似。蝗灾也是比较严重的一种水旱次生灾害。一般来说，在干旱地区多雨季节之后容易发生蝗灾，北京地区的气候特点正好符合蝗虫所需的生存条件，因而历史上不乏蝗灾的记录。民国时期共有10个年份记载有蝗灾的发生，约三年就会遇到一次。如1929年7月，大兴、通县、宛平、良乡、密云、平谷等县发生蝗灾，直到9月中旬仍未肃清。

3.群发性强

民国时期北京地区的灾害不仅灾种多，而且群发性很强，其表现有二。一是多种灾情常集中在一年内，如1923年春旱、秋水、时疫、地震四种灾害接连发生；1927年则有春旱、秋水、时疫、蝗灾发生；几乎每年至少有两种灾害发生。二是一种灾害或几种灾害连续几年发生，如从1927年至1929年每年都会出现春旱秋涝，到1929年达到顶峰；20世纪40年代连续干旱，而蝗灾也连续几年发生。

民国时期北京地区的灾荒，可以用一句话来形容，就是逢灾必荒，轻灾轻荒，重灾重荒。这与当时北京社会动荡、人民生活贫困、社会抗灾力低下有直接的关系。反过来连年不断的灾荒得不到控制，又给北京政治秩序、经济发展乃至灾民心理造成巨大冲击。比如：1920年北京的大旱灾，京兆有17个县受灾，旱灾还引发了蝗灾和瘟疫。然而就在这一年7月，直奉联合，为争夺北京政府的控制权向皖系军阀发起大规模的直皖之战。直皖两军在北京东西两面的京津铁路和京汉铁路线上的涿州、高碑店、琉璃河一带开战，战争以直系的胜利告终。然而战火与干旱却使得北京地区灾情惨烈，据《申报》记载："此次近畿大战……所有各村农民，则困苦不堪言状。其在京南者，适在火线之中，房屋早化灰烬，流离失所，无家可归。其不在战线范围以内者，如京城四周各乡镇，亦备受败兵之蹂躏，虽居室未遭焚烧，而牛驴什物，则皆化为乌有。本年午季，本属欠收，高粱玉黍之在田者，且已践踏殆尽。哀此穷民，将有绝食之患。"[1] 1920年9月18日《申报》又记载："京汉、京津、津浦沿线灾情尤重。"可见这次战争加重了灾情，造成更大范围的灾荒。

二　灾赈机构及其法规

民国时期是一个新旧并存的时代，动荡的政治环境在一定程度上制约了灾害灾荒的防救，但也应看到近代西方先进技术、管理经验的传入也为防灾救荒提供了有利的条件。另外由于北京政治敏感度较高，政府还是重视防灾救荒，政府仍是赈灾的主体，这一职能主要是通过设立机构加强对灾害灾荒的防控体现出来的。具体来说民国时期北京地区设立的防灾救荒机构主要有三类：（1）以救荒为主要职责的赈务机构；（2）预防和控制传染病传播

---

[1] 据《申报》1920年8月5日报道，中国国家图书馆缩微中心。

的防疫机构;(3)以建设与防护为职责的水利管理机构。

从赈务机构来看,民国时期北京地区的赈灾事务主要由京兆尹公署所属的民政科和警察厅以及后来的市政府和社会局负责。赈务机构在当时政府更迭频繁、政局动荡不安的社会大环境下并没有多少建树,但北洋政府在北京地区开始尝试设立独立的赈济机构如督办处、赈务处等,并试图将与赈灾有关的部门联合起来,这在近代化赈灾机制的建立上迈出了重要一步,遗憾的是督办处、赈务处多是临灾而设,只是临时性的机构。1928年,南京国民政府先后成立了振务处、振灾委员会、振务委员会等机构专门负责救灾赈务。之后,各省、市、县也相应建立振务会,专业性的防灾救灾机构逐渐成为定制。这里还有个细节大家要注意,就是南京国民政府时期通常会把"赈"写成"振",一般认为是国民政府为振奋人心,特意为之的。

除赈务机构外,传染病防治机构在这一时期也逐渐完善起来。北洋政府十分重视传染病的预防与诊治,1912年内政部设卫生司(署),其第二科负责传染病预防,同年京师警察厅成立了专管公共卫生的卫生处,其第二科负责传染病预防及检查、种痘管理。1928年南京国民政府统一全国卫生行政,将京师警察厅、市政公所两机关之卫生事项合并,组设北平特别市卫生局,其下第二科掌管防疫。

鉴于永定河水患对北京城的危险,民国成立后逐步建立起系统的河防机构,主要包括以下七大机构:永定河河防局(1918年改称永定河河务局)、北运河河务局、京东疏浚河道处、顺直水利委员会、华北水利委员会、整理海河委员会、整理海河善后工程处等。民国以后随着西方先进水利技术的传入,水文测验开始由水位、雨量观测综合测验发展,在以上各河防机构下,在潮白河、温榆河、永定河、滹沱河上先后设立了延庆、官厅、斋堂、三家店、金门闸、卢沟桥等水文站记录历年各月降水量。这些机构从行政隶属关系来看可以分为两大类,一类是直接负责北京地区主要河流河道的日常防护工作，隶属于北京市政府；另一类则是直属于民国政府的中央机构，如内政部、国务院等，主要是负责河道治理工程。

近代以来法治是社会进步的一大象征，也是近代中国人的追求。民国政府也通过立法的形式为灾赈提供一定的保障。这些法律、法规涉及赈灾机构、勘报灾歉制度、救灾积款制度、办赈人员管理、慈善义赈、防疫法等多个方面。

第一，通过机构立法，建立健全防灾救荒的组织管理机制。前面提到的各赈灾机构都有相应的法律法规作为规范，另外随着民间救助事业的发展，政府通过法律将其纳入救济行政管理之中，如《监督各地方私立慈善机构规则》《监督慈善团体法》《监督慈善团体法施行规则》《北平特别市公益慈善团体登记规则》《北平特别市私立慈善机关补助规则》《北平市公益慈善团体筹款限制办法》等，对慈善团体的组织、人员构成以及筹款办法等做出详细规定。

第二，通过灾赈制度立法，确立灾害灾荒的报、勘、核、救的程序。1914年北洋政府财政部制定并颁布了《勘报灾歉条例》，在此条例基础上，1947年北平市政府制定《北平市田赋征实勘报灾歉条例》，条例规定灾情勘察与核定分为如下四步：报灾、勘灾、核定和赈济。条例内容直接反映了北平市政府制定的具体措施，与国民政府的规程相比更为灵活，更具体，也更能反映北京地区的实际情况。

第三，通过救荒立法，创立救灾准备金等积款制度。1921年北洋政府公布《附加赈款票条例》，1935年南京国民政府制定《公务员捐俸助赈办法》，筹集赈款成了民国政府救助灾荒的主要措施之一。但灾害发生后，临时筹集的赈款往往十分有限，且需要一定的时间。为了避免款项难筹、灾款不足的情况，赈务机关试图通过法律手段确保中央和地方进行经常性的救灾准备，1930年《救灾准备金法》在振务委员会的一再吁请之下得以公布，之后又制定了《实施救灾准备金暂行办法》、《救灾准备金保管委员会组织规程》以及《修正备荒基金法草案》，最终确立了救灾准备金制度。

第四，通过奖惩立法，加强对办赈人员的管理。为了加强对赈务人员的监管，提高赈务实效，民国政府制定如《办理振务人员奖恤章程》《办理赈务人员奖励条例》《办振团体及在事人员奖励条例》《办理振务公务员奖励条例》等。1928年南京国民政府成立后，通过立法提高了办赈人员的地位，办赈人员享受公务员待遇，同时也加强了对办赈人员的管理，惩戒十分严格。如地方上出现灾荒，办赈必须及时前往查勘并及时呈报，否则依照公务员惩戒法办理。

第五，通过捐助立法，支持奖励个人和团体的慈善义赈行为。民国政府鼓励个人和慈善团体积极捐资助赈，相关法规有《灾赈奖章条例》《捐助振款给奖章程》《办振团体及在事人员奖励条例》《举办水利防御水灾奖励条例》《捐资举办卫生事业褒奖条例》《捐资举办救济事业褒奖条例》等。这些专项条例，既为团体和个人专业性的捐资助赈提供了法律的保障，同是也有助于解决防灾救荒的实际问题。

第六，通过防疫立法，防止烈性传染病的传播。1916年内务部为预防传染病拟订了《传染病预防条例》，自1928年至1945年又五次修订该条例，将伤寒、斑疹伤寒、赤痢、天花、鼠疫、霍乱、白喉、流行性脑脊髓膜炎、猩红热9种疾病定为法定传染病，对其报告时间、义务报告人和对患者的隔离和对死者的处理办法有详细规定，这为有效防控烈性传染病的大规模蔓延起到了积极作用。

灾害立法是灾害管理的有力工具，对防灾救荒起着调整、保障、规范和监督的作用。但由于民国时期社会比较动荡，政权更替比较频繁，因此防灾救荒的物资和赈款往往筹措困难，经常不能及时全额地到位。以北京为例，在北洋政府时期，情况还算说得过去。但到1928年国都南迁之后，北京的政治地位下降，这种现象越来越明显。

三 灾赈措施及其实效

灾害多受自然因素的影响，灾荒则与人为因素相关，因此对灾害应以防为主，对灾荒则应加强救助。为防水旱，民国政府制定了一系列疏浚河道的方案，如《顺直河道治本计划》《永定河治本计划》《整理箭杆河蓟运河计划》等，针对传染病则采取加强宣传、免费种痘等方式进行预防。灾荒形成后民国政府采取一系列救助措施进行救助。

一是蠲免。蠲免分为直接蠲免和间接蠲免两类。前者主要指蠲免灾区钱粮，例如1920年的北方五省大旱时，直隶省上报灾歉地亩并申请根据灾歉条例蠲免应征粮租。免征与救荒有关的各种税费，如米、棉、煤等的运输费用，这也就是间接蠲免。如1917年水灾之后北洋政府通令，关于赈务事宜，所有电报一律免费，采办平粜粮食、柴、煤及一切赈济物品运载各铁路均一律免交运费、票费。

二是实物赈济，即向灾民提供与其生活息息相关的物品，以解其急需。赈粥是中国传统的救济方式之一。清朝时粥厂的设置及制度已经十分健全。北洋政府时期，主要由京师警察厅、京兆尹公署及步军统领衙门负责开设北京地区的粥厂。1928年以后北平设立社会局专门负责社会救济事业，其下仍设有粥厂，但此后粥厂以社会慈善机构设立为主。另外一种传统的实物救济方式是赈衣。北方冬季天气寒冷，民国时期有不少贫苦民众因没有能力购买冬衣御寒而冻死在街头，特别是灾害过后，灾民流离失所，而散放寒衣如赈粥一样成为最直接，也是收效最快的赈济方式之一。此外，还有节令赈济，即根据不同时期的实际情况实施的实物赈济方式。如夏季天气炎热，为避免中暑或其他传染病发生而施茶、施药等；冬季寒冷干燥，赈煤则成为解决灾民御寒炊事问题的有效措施。

三是发放赈款。近代以来，由于粮仓毁损，直接发放赈款成为灾后救济的主要手段。有效救灾的关键就是赈款的充足以及发放过程的公开透明。

四是以工代赈。顾名思义，以工代赈就是"以务工代替赈济"的一种扶持方式。它由国家以实物折款或现金形式投入被赈济地区实施基础设施建设，让该地区的困难群众参加劳动并获得报酬，1917年京、直水灾过后的河工整修工程采取的就是以工代赈的形式。

民国政府十分重视传染病的防治，在北京设有两家专门的传染病医院，还在四郊分别设立卫生事务所，卫生事务所不但收治传染病人，而且负责传染病的疫情通报，对传染病的救助起到了十分积极的作用。

官赈是灾荒救济的主要形式，同时在灾后救助中社会力量也发挥了很大的作用。我们通常将由民间自行组织劝赈、自行募集经费，并自行向灾民直接散发救灾物资的活动称为慈善"义赈"。确实官赈不力客观上为民间义赈组织的发展提供了一定的空间，因此在赈灾的研究中我们不仅要从政府的角度进行分析，而且不能忽略民间力量。中国人自古即有乐善好施、守望相助的传统，面对连年的灾荒，无论贫富，其实每个人都是灾民，民间力量组织起来确实对灾后救助起到了积极作用。特别是1920年大旱后，为救助华北旱灾的慈善义赈组织数量迅速增加，规模不断扩大，有受灾省份人士组织的，有未受灾省份为救济被灾省份而组织的，有华人华侨组织的，还有海外华人组织的，甚至外国的慈善机构也纷纷捐助。

民间慈善机构在北洋政府时期虽发展迅速，但其多因灾而设，表现出很大的随意性和无序性，当时规模比较大的华洋义赈会虽部分地实现了民间力量的联合,但限于它的民间性质,在北京的工作并没有完全收到预期的效果,如在修建石卢渠(石景山到卢沟桥)过程中,由于该渠经过了地主的地块,地主认为有碍风水,农民则因农忙而离去,所以高价买地后,水渠仅从石景山修到了八角冈。[1]

总之北洋政府时期义赈团体从分散走向联合,在赈灾中发挥了不小的作用。但同时因其结构较为松散,联合的范围也较小,缺乏具有团体约束力的法规制度,因此还无法与官赈相提并论。到南京国民政府时期这种自发的联合组织已经不能适应北平社会发展的需要,因此中央政府及北平市政府,制定了一系列旨在规范慈善义赈组织健康发展的法律法规,在不干涉其独立发展的前提下加强对义赈组织的监督。1929年北平特别市政府制定公布了《北平特别市私立公益慈善各团体登记规则》,据统计,1930年在北平社会局登记备案的私立公益慈善团体有26个,其中直接以救济灾荒、防治疾病为宗旨的有7个,接近慈善团体总数的1/3,为了表示对义赈善举的支持,政府往往拨付一定款项或是以其举办成绩予以奖励。1929年南京国民政府制定颁布了《监督慈善团体法》,该法规定慈善团体办理卓著者,由政府给予补助。到1934年北平主要的慈善义赈组织也增加到11个。1935年12月23日北平市社会局联合本市各慈善团体成立了北平市各慈善团体联合会,并制定了《北平市各慈善团体联合会组织大纲》《北平市各慈善团体联合会组织规则》等制度,慈善组织更大范围地联合起来,与北洋政府时期由慈善界人士自发发起的慈善团体的联合不同,北平市各慈善团体联合会是由北平市社会局组办的,虽然该会并无行政效力,但它有利于慈善团体的合作与

---

[1]《救灾会刊》1927年2月,中国国家图书馆缩微中心。

联系，有利于群策群力，充分利用各慈善团体的人力、物力、财力，实现救助资源的最大化。它不仅成为实现政府与慈善团体互动的媒介，而且对慈善组织的发展起到了积极的引导作用。但尽管如此，毕竟慈善义赈团体数量还是不多，而且实力也无法与政府相比，所以笔者认为官赈还是救灾的主流，义赈只是起到辅助作用。

此外，相关资料还显示民间组织与官方机构的关系也在不断变化中。比如1917年北京大水灾时，北京政府临时组织了以熊希龄为首的"督办京畿一带水灾河工善后事宜处"（简称督办处）负责救灾。在前期的筹划中，针对官赈弊端熊希龄提出委托地方士绅及教会办理赈济，联合中外慈善团体共同支配赈灾物资，一方面杜绝官吏的侵蚀，一方面保证偏远灾区也能得到救助，借助民间义赈的优势弥补官方救助的不足。当时把赈务分成四项：急赈、冬赈、春赈和杂赈。除急赈由直隶省长和京兆尹担任，督办处补赈外，其他三项任务皆是在官方的统一领导下，委托民间义赈组织实际操作。如冬赈，督办处主要委托顺直助赈局发放赈灾物资，其中督办处负责发放灾情较轻的乡村，而成灾在六分以上灾情较重的区县乡村则由顺直助赈局负责，其发放赈款额占总数的88%。[1]另外，为切实解决百姓的生存问题，督办处还委托地方官绅及教会设立粥厂593处，义当29处，因利局309处，籽种借贷所49处，老弱留养所181处，并加派委员监视督查以求实惠及民。[2]

如果说在1917年的灾后救助中是官方借助民间力量，那么在1920年的北方五省大旱救助中，慈善团体从分散走向联合，义赈形成了一股强大的社会力量，在灾后救助中发挥了更重要的

---

[1] 根据熊希龄编《京畿水灾善后纪实》整理所得。
[2] 熊希龄：《京畿水灾善后事宜汇编·旧序》，中国国家图书馆缩微中心。

作用。当时出现了许多以救济灾民为主旨的义赈机构，但在救济过程中各救灾团体各自为政，救护对象、救济内容也有重复和遗漏，因此将各慈善团体联合起来，成为当时各界人士的共识，北京的各大救灾机构领袖与外国在华的义赈团体磋商联合，最终成立了"北京国际统一救灾总会"，统一赈务。北京成为赈务联合的中心，统一办理宣传、联络、采粮运粮、簿记稽核及卫生防疫等事务，甚至对部分赈款统一分配，起到了领导作用，保证赈灾工作的顺利运转。以赈款为例，由于灾民众多，一般慈善组织常出现入不敷出的现象，而统一以后的救灾总会共筹得赈款一千七百多万元，至赈济结束还余存二百余万元。此外，民国时期的北京还有华洋义赈救灾总会（华洋义赈会）、京师公益联合会等民间赈灾组织，专门办理北京的慈善救济事业。

熊希龄的"督办京畿一带水灾河工善后事宜处"虽是临时性的，但它是官办的，是由当时的代理大总统冯国璋亲自下令建立的，属于国家救灾的专职机构，级别比当时内务部的民治司还高。而且熊希龄本人毕竟当过民国政府的国务总理和财政总长，由他出面在官方机构之间，官方与民间组织之间进行协调，将有限的救灾物资和救灾力量发挥出最大的作用，确实是当时的一种积极的探索，效果也很好。应该说在北洋政府前期的灾后救助中主要是官方借助民间力量进行的，后期随着民间机构的联合大有官赈让位于义赈的趋势，但总体来看政府仍是救灾的主体，特别是南京国民政府时期政府通过立法和设立机构加强了对民间力量的监管，试图实现官方与民间的有效互动，以确保灾后救助。

结　语

灾害灾荒是一个历史的老话题，但我们也必须看到，由于大部分自然灾害的发生条件并没有改变，灾害的时空分布规律仍然有不少未解之谜需要我们人类去探寻,不管是北京,还是中国乃至世界,每年都发生各种灾害,因此防灾救荒又是一个常说常新的问题。民国北京无论是官方还是民间,在灾后救助方面做了不少探索,具体表现在救助的制度化、法制化,组织的多元化,方式的多样化等方面。有成功也有失败,对此我们应该以史为鉴,客观分析,为我们今天的防灾救荒总结经验、吸取教训。

城市空间

沙学浚先生《西安时代与北平时代》(1944年)评论[*]

侯甬坚[**]

摘 要： 本文介绍和讨论的是1944年抗战胜利前夕，热情参与民国政府建都选址讨论活动的人文地理学者沙学浚（1907—1998，时年37岁），身处重庆所发表的一篇中国都城史研究论文。沙氏采用西方政治地理理论——位置价值论，在建立中国政治地理区域格局的基础上，大胆尝试"用建都地点来划分中国历史"的研究路径，得出中国都城史上曾有过西安时代和北平时代的结论，取得首创之功。通过具体的介绍、分析和讨论，得知该文是作者对自己前一年发表《中国之中枢区域与首都》论文的一种具有实证研究性质的验证，具体是通过对插图"中国政治地理区域图"所展示的腹里内地（分中枢区域、环拱区域两组）与边疆相依格局的印证来完成的，所论近于周全，完全可以成立。沙学浚先生作为一位具有世界政治地理眼光的学者，主攻人文地理、政治地理和历史地理，结合时事政治，及时发表多篇开创之作，注重古今事例论证和学理的验证，且能融会中西思想，其论著至今仍具有启迪后人、继续讨论深化的作用。

关键词： 沙学浚 《西安时代与北平时代》 中国都城史 政治地理学

---

[*] 本文系教育部人文社会科学重点研究基地重大项目"西北地区发展的历史经验研究"（17JJD770012）的阶段性研究成果。

[**] 侯甬坚，陕西师范大学西北历史环境与经济社会发展研究院。

沙学浚先生《西安时代与北平时代》（1944年）评论

西安和北京为中国著名古都，历来研究者众，若论将西安、北京作为一个论题，放在一起进行分析研究的论著，则罕有其闻。笔者仅知会人文地理学者沙学浚先生1944年撰有《西安时代与北平时代》[1]（以下简称为《时代》）一文，而且出手即成名篇，学术价值甚高，对学术界的影响亦复不小。[2] 已知学界对沙氏论著已有多篇研究论文，[3] 着眼点各有不同，而沙氏以西安、北京在中国历史上的地位和影响，将两座古都纳入同一主题进行研究的视角，不仅别具一格，还有加大和揭示对比研究意义的作用，在中国古都学研究领域里还应继续展开。

沙氏的写作风格属于地理学家类型，他善于从宏观把握，总览全局，特点是抓大放小，不似历史学者擅长在细节上打理枝蔓。兹篇论文撰述和发表时间在1944年，文中还称北方游牧民族为"胡人"，可见其民族观念之旧，所以本文关注的不是沙氏的民族立场，而是在政治地理方面的精粹见解及其相关讨论。

---

[1] 沙学浚：《西安时代与北平时代》，原载重庆《大公报·星期论文》1944年2月6—7日，后收入沙学浚《地理学论文集》，台湾商务印书馆，1972，第115—133页。沙学浚（1907—1998），字道夷，江苏泰州人。1932—1936年留学德国，获博士学位。先后在广州中山大学、北碚复旦大学、遵义浙江大学、重庆及南京时期的中央大学、台湾师范大学和"中国文化大学"任教，学术专长在政治地理、历史地理、区域地理，被誉为中国政治地理之理论先驱。退休后移居美国。其生平事迹和学术业绩在台湾师范大学数字校史馆展陈。

[2] 姜道章所撰《沙学浚教授对中国历史地理研究的贡献》认为《中国之中枢区域与首都》《西安时代与北平时代》《南渡时代与西迁时代》《从政治地理看胡人南下牧马》《国都之类型》这五篇论文，可视为沙氏中国历史地理之代表作，五文发表于1943—1952年，实为沙氏治中国历史地理之黄金时代。参见姜道章《历史地理学》第26章，台北：三民书局，2004，第441—454页。

[3] 如王尔敏先生所撰《沙学浚先生与地缘政治之开山风气》，《台湾师大历史学报》总第22期，1994，第349—372页；复旦大学安介生教授所撰《略论沙学浚教授国防地理研究成就》，复旦大学历史地理研究中心2014年校庆科研报告会交流论文；中山大学历史学系何沛东博士所撰《沙学浚先生的海国学说与运用》，台北《地理研究》总第66期，2017。

一 沙氏《时代》一文内容概述

《时代》一文分为引言、西安时代、北平时代、新的两京、结论五个部分,其结构相当清晰,内容颇为完整,结论也是令人关注,掷地有声。若加以讨论,的确有许多引人入胜的内容。

"引言"部分表达出作者的写作思想,是"用建都地点来划分中国历史",得到前后两期,即将西周至隋唐称为"西安建都时代",简称"西安时代";将辽金至明清称为"北平建都时代",简称"北平时代"。洛阳建都朝代甚多,历史颇长,"多数为西安建都或开封建都有了困难,不得不东迁或西迁之结果",而开封建都亦有数代,北宋时期意义更为特殊,"可视为西安时代到北平时代的过渡时代,附带述及"。如此洗练的前后两期之划分,不能不称为中国都城史研究的大手笔,具有研究视角上的开创意义。

"引言"部分还介绍了作者十分信奉的英国学者柯立希(Vangham Cornish)在《大国都》里阐述的建都条件:(1)交通便利的岔路口;(2)形势险要的堡垒(或要塞);(3)农产丰饶、供应充足的谷仓。并断定西安所取条件为要塞,北平所取条件为岔路口。

"西安时代"部分的书写,约略5000字,作者阐述的主要思想有以下几点。

1.西安时代中国有四个中枢区域,即关中区、河洛区、中原区和江淮区。对此,文中插入有《唐代黄河长江下游的河川与运河分布图》,作为政治中心的古代长安与经济富庶地区之间关联的展示。

2.从位置价值理论考察得出,统治全中国的根本问题:一是控制中原,进而控制中国北部;二是控制长城线以抵制胡人,经略塞外。塞外游牧民族则是反向进来，所以河北和关中位于中国政治地理的均衡点上，北平和西安因此而获得至高的位置价值。

3. 综合考量的话，"西安地位价值虽高，关中的空间价值却不大，特别是粮食不足"。而且"此种粮食不足之情况，自秦汉已是严重问题"。"关中不仅不是充盈的谷仓，而且不是坚强的要塞。""从国防地理观点言，关中的西北要有一道像秦岭一样高峻险阻的山脉，以为隔绝胡人南下牧马的天然屏障，才合理想，然而没有。"

"北平时代"部分约略三千言，作者阐述的主要思想有四点。

1. 北平时代的中枢区域从北方长城线向南延长，直到今浙赣路沿线一带，成一梯形区域。这一中枢区域按照人文地理、政治地理之不同，又有所谓"两部性"和"三部性"的区别，对此，文中插入了"按柯氏理论所列西安、北平时代的建都条件"表格，作为北平时代与西安时代基本状况的比较（见表1）。

表1　按柯氏理论所列西安、北平时代的建都条件

时代划分	要塞	岔路口	谷仓
西安时代	关中［地区］	中原（河南平原之部）	［河洛］、江淮［地区］
北平时代	河北［地区］	中原（包括山东西部平原）	江淮第一，湖广第二

说明：（1）此表名为原文所无，系笔者依据论文内容补缀，以便于行文中叙述；（2）表中所有方括号及其中的文字，均系笔者所加，以便于做出含义完整的表达。

2. 借助两个时代的"要塞"——河北与关中地区的比较，作者进一步比较得出这两个时代之间有三个"异点"：（1）建都西安之时，在对外形势上中原王朝是主动的，北平则颇为被动；（2）建都西安之时，经达各个中枢区域的交通路线很不便利，从北平位置前往或控制自己的中枢区域，则十分便利；（3）从西安经达各个中枢区域，以多条河流为运输通道，而北平和自己中枢区域之间，还有海路可以选择。

3. 作者进一步展开思路:"观此三大异点,便可想到北平建都,即北方民族以北平为首都或据点,对于中国历史发展的趋向,尤其国防地理的形势,发生如何重大的影响。"影响在于北方游牧民族进入平旷中原以后,南下迅速,以水代兵,汴梁的建都价值骤减,西安也丧失了千年以来的价值位置,南宋退守临安,只能"临"时苟"安"而已,结果出现辽金两代盘踞北方300多年的历史,元、清两代统治中国400多年的历史,而元末之后建立的明代,初期以南京为都,则为其中的一个很大的不同。

4. 总的结论是:南京、北平之对立,形成了政治地理上的两极性,南京及临安建都,证汉族之强;北平建都,证北方游牧民族之强。

"新的两京"部分两千余言,论述鸦片战争前后,西方海洋民族、海洋国家"从海上侵入中国,中国历史发展的转向,是面向西北,变为面向东南,这是东方的海洋时代的开始"。认为"在海洋势力支配之下,中国三大区域——缘海、腹里、边疆——的发展,各自呈现不同的进度"。

作者论述南京"现在是交通上、经济地理上的中央位置,成为海洋时代的天之骄子,挟世界港之上海以自豪"。从以上论述所得两个基本认识为:(1)中国今后建国,必须是海陆并重;(2)南北两京获得了新的价值,是最适于建都的地点。

"结论"部分有 5 个自然段,前 3 个自然段为对西安"没落"的概括性总结,第 4 段为对还都南京及迁都北平重要依据的概括性阐述,最后一段则为对"新的两京"的高度展望。

二 姜道章评论《时代》一文引述

2001 年 8 月,任教于台湾"中国文化大学"地理系的姜道章先生,携带专文《沙学浚教授对中国历史地理研究的贡献》,参加了在上海举办的"海峡两岸地理学术研讨会暨2001年学术年会",之后该文被全文编入姜氏自己具有教科书性质的《历史地理学》一书中。[1]该文开篇介绍"沙学浚教授生前专治地图学、政治地理学、及中国历史地理",其"历史地理思想主要就是分析并解释历史事件的地理因素"。姜、沙二位同为台湾地理学界专业人士,相识相交多年,兹篇评论文章可谓是二位学者志向和友谊的体现,尤其难能可贵,现借助姜先生之慧眼,一同思量沙氏《时代》一文的政治地理价值,诚为一个可取的研究途径或角度。

姜道章先生首先举出沙氏的五篇代表性论文。按时间排列,《西安时代与北平时代》一文为第二篇。[2]在介绍中,他对《时代》一文的评论为:

> 《西安时代与北平时代》亦为重庆《大公报》星期论文,在《中国之中枢区域与首都》一文后第七周发表,为沙氏另一不朽之作,沙氏题中用西安而不用长安,用北平而不用北京,显然是表达新的眼光。用这两个具有现代概念的地名,标示不同时代的历史意义,充分透露出沙氏纵览古今之通识……

不仅题目如此,论文通篇皆采用"西安""北平"这样的现代概念的地名,表明沙氏着眼于现实的立足点和出发点,而这正

---

1 兹篇编入《历史地理学》第四编"台湾的古城及其他"之中。据该书"序言"所述:"本人1970年代任教新加坡南洋大学,1980年代继在新加坡国立大学任教,曾在人文地理及东亚地理课程中,以区域为架构,部分讲授历史地理。1990年应聘担任国科会及中国文化大学之客座教授,在文大地理研究所博士班讲授历史地理,翌年改为专任,继续讲授历史地理,并在大学部增开历史地理,本书内容一部分就是作者历史地理的讲稿……"参见《历史地理学》,"序言"第1页。

2 姜道章先生所引沙氏论述,均出自沙学浚《中国历史地理》一书(上海1947年初版,台北史地制图社1963年重印本)。

是不同于历史地理学者的现代人文地理和政治地理学家的著述风格。这种立足点和出发点，是秉持现代地理学理论，将所研究的古代都城变迁史实烂熟于胸，对之做出区域划分和地带进退上的通盘衡量，然后得出一种自古至今的史学认知的通识，往往能够得出超越一般见识的学术观点。

同样出身于现代地理学且擅长地理学原理和理论分析的姜道章先生，看到了沙氏《中国之中枢区域与首都》一文的特别意义，所以将其列为沙氏五篇历史地理代表作的第一篇。他清楚地概括了《中国之中枢区域与首都》与《时代》一文的不同："前者系从历史地理学与政治地理学的观点，说明中枢区域的地理特征及历史背景，并列举建都南京或迁都北平的理由。后者系就历史地理学与国防地理学的观点，阐明历史上西安建都与北平建都的史地背景，及其对于国史发展之影响；最后述及海陆并重政策与南北两京之价值。"

在接下来的论述中，姜道章先生为了准确传递沙氏思想，从沙氏《时代》原文中摘取了一小段结论似的论述加以介绍，即西安或关中之适于建都，在其位置价值之高，而非在其周地的空间价值之大。

这是沙氏对西安一地建都条件的最基本看法，是必须征引的论断。姜道章先生的解说采用的还是沙氏的看法："西安位在关中，西安地位价值虽高，关中为其周地，空间价值不大，主要在于粮食不足。此种粮食不足之情况，自秦汉已是严重问题。"元明清时期的北京要依赖京杭运河输送粮食等物质，他们对此似乎没有太在意，但对西安的情况看得很重。循此又有下面一段引文：

> 凡欲统治全中国，须能解决两大根本问题：一为控制中原，并由控制中原以控制中国北部；一为控制长城线（从辽东到河西）以抵抗胡人，经略塞外（指东北漠北和西域）。就北方入侵民族立场言，则为先得长城线，而后控制中原；

从长城线到中原，必须通过河北或关中，故河北与关中，适位于中国政治地理的均衡点上，而北平与西安遂因此而获得至高的位置价值。

这是沙氏的原话，值得一字一句引述出来，这种做法也是姜道章先生书写评论文章的特点，即首先是不失原义地引用原文。这段话最重要的地方是沙氏将位置价值理论具体运用于中国都城史研究之中，一旦结合史实运用起来，就凸显了"西安""北平"两个都城的位置及其与边疆、腹里内地（又分为面对边疆的环拱区域、支撑全国经济地位的中枢区域）之间构成的地缘关系（见图1）。两个都城一西一东，分居中国古代历史前后两个半段，建都年数又位居诸多都城前列，很容易形成以此划分时代的想法。

图1 中国政治地理区域

图片来源：沙学浚：《中国之中枢区域与首都》，重庆《大公报·星期论文》1943年12月19日。

说明：本图重在展示各类区域，西安位置在"陕"字下，北平位置在黑框"拱""中"二字之间。本图的内容究竟是古还是今，笔者感到默然。如若审视沙氏的身份和治学特点，只能判断为自古至今的图示。

接下来的论述还是以引用《时代》一文的段落为主，包括汉唐关中人口增多，粮食不足，不得不依赖于江淮；唐中叶以后国防中心渐移河北，北平之位置价值增高；河北与关中同在中国政治地理的均衡点上，却有三个根本的相异之点及其连带影响（如前一部分所述）。

姜道章先生《沙学浚教授对中国历史地理研究的贡献》一文虽以介绍为主，但最后也有评论。

> 沙氏重视北平地位，因其可为海上权力政区优势，尤其对抗日俄，实亦具有重大价值。北平乃理想之海陆首都，远非西安所及。同时亦说明南京位置条件之重要，这篇论文纵论历史重心首都北平与西安，贯串两千余年一脉相续，抑且自具风格，真是气魄宏伟，眼光独到。[1]

如果把眼光放在民国时期发生过的多次关于建都问题的争论上来判断，2011年2月，陈宏明教授的研究已经给出了富有参考价值的学术见解。陈宏明持有民国时期发生过五次较有影响的建都之争的看法，这五次建都之争依次为辛亥革命时期湖广政治势力与江浙政治势力之间的论争、民国初年孙中山与袁世凯之争、北伐战争时期蒋介石与北方军阀之争、1943年前后学者名流关于建都问题的论争、1946年国民大会期间的建都之争。他认为，最后一次论争的焦点主要集中在北平和南京之间，还提出了一些新的建都思想和国家建设的理念。[2] 1943年前后学者名流

---

[1] 姜道章：《沙学浚教授对中国历史地理研究的贡献》，载氏著《历史地理学》第26章，第448页。

[2] 陈宏明：《1946年国民大会期间的建都之争》，《贵州社会科学》2011年第2期，第128—132页。

关于建都问题的论争，学界也有新的研究，如贾琦伟、李文苓发表的《抗战后期建都论战的重新审视》一文认为，建都论战中各方关于心目中理想首都的基本要素主要包括国防安全说、工业化中心说与南方富源说，这次建都论战本身，彰显了知识界的政治批判、政治改革与政治参与的多重意识。[1] 笔者对此深表赞同。

三　沙氏著述时的思想和时代背景

《时代》论文开篇告知读者，本篇与另一篇发表于上一年的论文前后关联：

> 《中国之中枢区域与首都》一文系从政治地理学的观点，说明中枢区域的地理特征及历史背景，并列举建都南京或迁都北平的理由，本文系就历史地理学与国防地理学的观点，阐明历史上西安建都与北平建都的史地背景，及其对于国史发展之影响；最后述及海陆并重政策与南北两京之价值。

若就《时代》论文题目及主要部分来说，当为探讨西安、北京在历史上建都的缘由及其产生的影响，但其落脚为"述及海陆并重政策与南北两京之价值"，这不能不说作者是怀有配合"新的两京"观点而作的思想。那么，作者沙学浚"新的两京"观点是什么内容？笔者认为这一观点在《时代》论文的"结论"里有清楚简练的概括，兹加引出：

---

[1] 贾琦伟、李文苓：《抗战后期建都论战的重新审视》，《广东社会科学》2015年第3期，第110—118页。不过，该文提出陈宏明把抗战时期的建都之争和国民大会时期的建都之争分为两次不大可取，因为国民大会时的建都论战是前者的延续，不宜分开。

为了掌握地理优势，均衡海陆发展，宜还都南京；为了解决重大问题（重整东北，建设新疆，组训移民，治理黄河，振兴水利，建立海权，发展工业，建设铁路网等），均衡南北发展——可兼顾海陆发展，则以移都北平为宜。

"结论"部分最后一小段，乃是对"新的两京"的无限展望："南京与北平，表现中国政治地理上的两极性，在过去象征并决定了中国之分裂与对立，今后如果能够加以有力的控制与充分的利用，将发生经济配合，民族团结，政治统一的伟大机能。"很明显，最后落脚还是在抗战胜利后的中国都城将选择在哪里的现实问题上。

《中国之中枢区域与首都》一文发表于1943年12月19日。1943年这一年，第二次世界大战还在激烈的进行之中。当年，艰苦卓绝的斯大林格勒战役结束，以苏联红军最后获胜而告终；盟军先后在西西里岛、意大利登陆，意大利宣告投降，并转而向德国宣战；中、美、英三国首脑在开罗召开会议，商定了联合对日作战计划。在这一时代背景之下，沙学浚先生就有了相当有气魄的开篇之论：

抗战胜利后，中国最大的任务是建国。建国有两大前提，第一是收复失地，全国统一；第二是世界尤其太平洋上，要有至少三十年的和平。笔者相信这两大前提都可实现，至少本文是根据这样相信而立论。因此，首都之选定应注重便于领导建国，而不是便于平定内乱，更不是准备不久又将爆发的二次战争。

似沙氏这样的人文地理学尤其是政治地理学学者，25—29岁在德国莱比锡大学及柏林大学留学，专攻地理学、地图学，亦曾在德国测量局制图科学习，回国后任教于多所大学，适逢第二次世界大战爆发，他时刻关注欧洲战场的局势，不仅了解和撰文介绍参战国的历史和地理背景，而且亲自对重要战役进行预测。据沙氏《地理学论文集》"自序"所述[1]：

> 一九四四年六月六日美英盟军在法国诺曼底登陆之前，各方对于盟军登陆"欧洲堡垒"的时间与地点，有种种推测。学浚是年五月下旬完成的《第二战场的地理观察》一文，是登陆战开始时六月七、八、九三天在重庆《大公报》发表的。本文推定登陆地点在法国西北岸，时间以五月为最佳，与实际相距很近，可说大致正确，足证地理学具有高度应用性。

1972年1月25日，沙氏在《地理学论文集》"自序"中，称第2—6篇论文内容"已成明日黄花，但因每篇发表时曾引起广泛注意，为了纪念而再度刊出"，所言句句属实。作为当年作者风华正茂时期的作品，这些论文在陪都重庆大报发表后曾产生过不小的反响。

事实上，在《中国之中枢区域与首都》《时代》两篇论文之前，作者还有一篇题为《地位价值：一个国防地理的讨论》的论文发表于1942年（见表2）。作者在《地理学论文集》"自序"中称这篇论文的写作是"为人文地理学与政治地理学的基本概念"，所以专门编排在第一篇的位置上。编辑之时，沙氏在这篇

---

1 据沙学浚对《第二战场的地理观察》一文的补注，1944年5月，应《大公报》社邀请撰写该文，完成于"六月初旬，寄于该报后，迟未发表；美英盟军突于该年六月六日清晨在法国诺曼底登陆；本文始于六月七、八、九三日发表。本文两项推断，大致符合后来的事实……"参见《地理学论文集》，第76页。本文笔者按：6月初旬完稿后寄给《大公报》社，7月7日开始连载，应该说报社接到约稿后的工作是很连贯的，不好说报社"迟未发表"，而沙氏希望约稿发表在登陆日之前，此种心情是很容易理解的。

论文的尾末，写上了附言："本文原名《地位价值》，现改为《位置价值》，文中位置价值全部照改。"意思是全书每处出现"地位价值"的地方全部改成了"位置价值"。作者没有给出这样修改的理由，笔者认为都改成"位置价值"是可取的，因为"位置"一词属于地理学概念，词义要比"地位"准确，且为同行所习用，作者本人也有权力做出这样的修改。

表2 沙学浚20世纪40年代在重庆、南京发表的政治地理和历史地理论文

论文题目	发表报刊和时间	备注
《地位价值：一个国防地理的讨论》	重庆《大公报·战国副刊》第12期，1942年2月18日	1972年《地理学论文集》在台北出版时收入，第1—7页
《中国之中枢区域与首都》	重庆《大公报·星期论文》1943年12月19日	收入《地理学论文集》，第134—146页
《西安时代与北平时代》	重庆《大公报·星期论文》1944年2月6—7日	收入《地理学论文集》，第115—133页
《南渡时代与西迁时代》	南京学原社《学原》第1卷第1期，1947年5月	收入《地理学论文集》，第91—114页

说明：在沙氏所撰写的《地理学论文集》"自序"中，第1篇被目为"国防地理"内容，后3篇被目为"中国历史地理"内容，实际上均为政治地理学篇章，不同之处在于所论时间范畴有现代、古代的差别。

四 沙氏对西安位置价值及周地空间价值的认识不足

《时代》一文虽有撰稿时的社会背景，却因作者具有相当敏锐的洞察力和归纳习惯，得出了一系列富有学术价值的见解和判断，值得学界继续研究，以推动中国政治地理和中国古都学的研究。下面谨就对西安历史地位的认识等方面的内容加以讨论。

《时代》一文立足于1944年（民国33年）的社会实际和基本认识，结论部分对当时的西安有如下评述：

西安之没落已有一千多年的历史，其位置价值，早被北平夺去。近百年来，沿海繁荣，江南鼎盛，尤使西安有望尘莫及之感，此乃世界史演变、东洋史演变及中国地理中心迁移之结果，非人力所能挽救。西安不仅丧失其位置价值，空间价值亦无多大增益：

以言交通，五河漕运，早已废弃，仅赖陇海铁路一线，以通中枢区域，将来陇海铁路西达迪化，以及伊宁或疏勒，也不能使西安变成莫斯科，西安的交通，现在及今后，均无法赶上北平、南京及武汉。

以言谷仓，关中依然是"土地狭，所出不足以给京师、备水旱，"虽可能建为工业区之一，但其轻重工业，均不及北平周地的数个工业区之大，至轻工业方面，绝难赶上长江下游。

以言作要塞，边防患，如新疆建设完成，则西安太嫌深藏内地，距国界太远。边防之重要，新疆与东北相等，但就争"海口"、争"窗户"、争"暖水港"而言，东北当较新疆为重要。

西安（古长安为其代表）的历史以其作为周秦汉隋唐时的都城而著名，《时代》一文中将其归纳为"西安时代"，给予西安历史以至高地位和无上荣光。翻过这一页后，在沙氏所归纳的"北平时代"，上述数百言的西安境况，仍然是言之凿凿，令意见相左者几乎难以反驳。

前面已经论到，沙氏撰写论文的立足点和出发点，是直接来自现实生活的。1944年的重庆和西南后方，建都论战正进行到关键时期。据贾琦伟、李文苓的研究归纳，就论述趋向来看，是工业化中心论压倒了东南富源论，北方论压倒了南方论，沿海论压倒了内地论；就国都选址而言，北平、长春、沈阳、济南、洛阳、西安、兰州、武汉、长沙、南京等十座都会都有人提及，各派学说中以北平论与西安论为最盛。[1] 沙氏倾向于北平和南京两座城市为都城选址之地[2]，贾琦伟、李文苓两位则将沙氏列为北平论这一派的首位论战人[3]。

如姜道章先生所说，沙氏作品往往体现的是"纵览古今之通识"，让人难以分辨是古还是今的撰写特点，笔者认为难以分辨的是沙氏所绘专题地图，而其文字表述则是可以读出时代痕迹的。核实沙氏的撰文立场及其针对性，上述数百言的西安境况，最大的问题在于对西安的位置价值及空间价值都认识不足。

在《时代》一文里，沙氏说过"西安或关中之适于建都，在其位置价值之高，而非在其周地的空间价值之大"的话，也说过"西安之没落已有一千多年的历史，其位置价值，早被北平夺去"的话，而这些正是出现破绽的地方。

处于"西安时代"的西安（应为汉唐都城长安等），不仅位置价值高，而且其周边的空间价值也不可能不大，这本身就是由位置价值理论强调的区域与城市（此处应理解为都城）之间的相关关系所决定的。所谓"空间价值"，不仅指农业方面的物质价值，还包括畜牧业方面的；不仅指经济方面的价值，还包括战略空间方面的。关中地区乃是西安的第一个中枢区域，这是沙氏的

---

1 贾琦伟、李文苓：《抗战后期建都论战的重新审视》，《广东社会科学》2015年第3期，第110—118页。
2 沙学浚《中国之中枢区域与首都》一文里明确说道："笔者希望，抗战胜利后，国内外的形势容许中国能够移都北平，否则还都南京。"他高度概括两地的特征是："还都南京的根本理由，为掌握地理优势，均衡海陆发展"，"移都北平的根本理由，是解决重大问题，均衡南北发展"。
3 据贾琦伟、李文苓研究，沙学浚在主张迁都北平的同时，更是将政府钟情南京的真实理由做了一番毫不留情的分析。在他看来，政府建都南京事实上是为了接近力源——华侨之财力、江浙之财力、南方之人力物力。沙学浚所撰《移都北平之理由》一文，参见王克所编《建都论战》一书（台北：文海出版社，1974）。

重要观点，其东面的中原地区是沙氏强调的第二个中枢区域，其南面的秦巴山地是阻隔南来势力的屏障（可以三国时期魏国与蜀国的争夺为事例），其西面的渭河上游山地具有防止羌戎潜入的作用，北面的渭北高原和鄂尔多斯高原皆为阻止游牧民族进入和突袭的缓冲地带，采用沙氏的表达术语，这周边的区域皆为关中都城的"环拱区域"。沙氏何以说出"西安或关中之适于建都，在其位置价值之高，而非在其周地的空间价值之大"这样的话，《时代》一文没有具体材料予以交代，笔者推测是出于沙氏写作过程中仅仅看重粮食供给的作用。

处于"北平时代"的西安，有它的依托地域（关中平原）、周边地域和影响所及的地区，北平（北京）虽然取得了国都的位置，却不可能"夺去"西安的城市地位及其影响，譬如清朝顺治、康熙年间设置的陕西总督、陕甘总督等官署，都是以西安府为驻地，管辖着西北广大的地区。西安一地北上可以至蒙古高原，西行联通的是丝绸之路，逾越秦岭到达巴蜀之地和通达西南地区，其位置价值及周边区域的空间价值，固然因时因势而有变化，却不能视之为"不大"或"被北平夺去"，这一点是可以论定的。

五 沙氏倾向的都城是哪一座？

作为一名中国人，对于确定祖国之首都的事情，似乎都可以有自己的倾向和选择。兼具人文地理、政治地理、历史地理之长的沙学浚教授，经过不断地研究，在抗战后期的建都之争中，究竟倾向于哪一座都城？

在前述《时代》一文里，沙氏已经得出两个基本认识:（1）中国今后建国，必须是海陆并重;（2）南北两京获得了新的价值，是最适于建都的地点。所以，他赞同的都城不是一座，而是两座——

南京和北平。对于这一基本认识，我们还可以通过更多的背景资料来增加了解。

沙氏出身于清末江苏泰州一个绸布商人的家庭，早年入私塾，曾习四书五经。后入旧制小学，毕业后读过扬州美汉中学、上海光华中学。1926年考入南京金陵大学，旋转入国立中央大学，就读于教育学系，副修地理学，受业于历史地理学宗师张其昀等人。从国立中央大学毕业后，任教于上海光华大学附中，之后赴欧洲留学。归国后，除在大学任职外，他还有过在江苏省地政局、重庆国防研究院的兼职。[1] 1952年2月，他在台北《大陆杂志》发表过《国都之类型》论文，[2] 该文可以说是集生平所学所思而写就，从中可以看出他撰述论文时所具有的世界眼光，论文内容思考之细密，其要旨参见笔者依据该文制作的表3。

表3 沙学浚《国都之类型》论文要旨

序号	国都类型	国家特点	历史演进特点	古代、近现代国都举例
1	制海的海都	海洋国家为主	由陆地发展到海洋	雅典、哥本哈根、东京等
2	制陆的海都	近代独立国家为主	由海洋发展到陆地	华盛顿、哈瓦那、利马等
3	控制力源的海都	农业国	由肥沃平原而来	罗马、汉城、科伦坡等
4	大陆国的海都	大陆国	迁至滨海建都	圣彼得堡、君士坦丁堡等
5	均衡邻国压力的陆都	内陆国	建都于国土之中	马德里、布鲁塞尔、华沙等
6	控制力源的陆都	内陆国	建都于经济带上	渥太华、海牙、布达佩斯等
7	控制交通的陆都	内陆国	国都由交通中心而来	巴黎、开罗、亚松森等
8	国策决定的陆都	内陆国	国都由国家决策而定	西安、德里、莫斯科等

---

1 据汪清澄《沙学浚（1907—1998）》（东南大学校友总会网站"1900年~1909年出生校友"）等资料。
2 沙学浚：《国都之类型》，台北《大陆杂志》1952年第5卷第12期，收入沙学浚《地理学论文集》，第292—308页。与此相关的是早在1947年撰写的《海国之类型》论文，收入同书，第248—265页。

中国是一个历史悠久、幅员广大的国家,沙氏去台湾以后,对祖国的感情集中于《中国之永恒价值》一文之中。[1]该文收入《地理学论文集》时,沙氏在"自序"中说道:"最后一篇《中国之永恒价值》,并不是纯地理的,但其内容对于认识中国之伟大、特殊之处,尚有参考价值,可视为一篇'附录'。"该文第一部分,即为"中国地理之永恒价值",其中第三点论述中国"中枢区域有两个中心——南京与北平",此时已离抗战后期建都之争远去,中华人民共和国建都北京已有十余年,沙氏采用写作"历史的中国"方式告知无数读者中国曾经有过的事实:

> 中国的中枢区域,人文地理上具有两部性:分为南、北两部,以大别山桐柏山及淮河分界,南北地理环境不同,生活方式亦有不少的差异;更重要的是政治地理上有两个中心,南京与北平。
> ……
> 中枢区域有两个中心是中国政治与政治地理的最显著的特征。

笔者认为,这即为沙氏反复认识和衡量的结果,透过二十多年的时代风云,他还是倾向于"政治地理上有两个中心,南京与北平"。之所以如此,是因为他熟识并一直信奉政治地理学理念:"国都问题是政治地理的问题,一方面要熟悉地理背景,一方

---

[1] 沙学浚:《中国之永恒价值》,收入沙学浚《地理学论文集》,第428—482页。这一篇长达三万多字的论文,又被定名为《我们的国家》单行出版(台北:幼狮文化事业公司,1984)。《中国之永恒价值》一文的撰写应持续有年,单行本第49页有"今天七亿几千万同胞'书同文'"之语,据此推测写成发表的时间为20世纪60年代末至70年代初。

面更要考虑政治。"[1] 故而，南京、北平在沙氏的心目中各有所长，但又必须同时兼顾。

结语：以都城时代验证中国政治地理区域的合理性

从已经发表的论著及论著中展现的作者思想和热情来看，在所有现代人文地理学者那里，似乎只有沙学浚先生最为看重政治地理学中的国都研究题目。

通过对《时代》一文的介绍、分析和讨论，我们了解到这篇论文的基本内容和思想倾向，同时也体会到这是作者对自己前一年发表《中国之中枢区域与首都》论文的一种具有实证研究性质的验证。《中国之中枢区域与首都》论文的精髓集中于插图"中国政治地理区域图"里（参见本文图1），尽管图上没有标出任何政治中心的名称及其位置，但这并不影响读者读图（西安、北京、南京的位置都在读者心中），这也恰恰说明这是一幅纯粹的"中国政治地理区域图"。

《时代》一文采用位置价值理论，大胆尝试"用建都地点来划分中国历史"的研究路径，可以说是沙氏之首创。论文划分出来的"西安时代"和"北平时代"符合中国都城史基本事实，尽管对洛阳、开封、南京等古都的地位好似有所埋没，作为一种突出重要历史内容的研究方式来看，只有如此才能论述起来，而且所论大致近于周全。沙氏在两个时代之间观察到的三个"异点"，是基于王朝国势强盛与否、交通路线便利与否、海路交通线有无这些基本地理事实，做出的独具慧眼的政治地理评价，所论亦十

---

[1] 沙学浚：《国都之类型》，收入沙学浚《地理学论文集》，第293页。

分周全。沙氏最后由两个时代主要王朝政权的民族属性做出的结论，即"关中之为全国首都，创始于秦，而汉隋唐用之以统一中国"，皆为汉民族所为，及至建都北京，则以游牧民族为建立王朝政权的集团，也是符合历史事实的论述结果。也许，姜道章先生称赞《时代》一文为"不朽之作"，其着眼点正是在这里，而本文采用以都城时代验证中国政治地理区域的合理性之表述，或许是更为简捷而清晰的归纳。

明清秦州城记所见城池管理的两个问题[*]

张　萍[**]

摘　要： 明清秦州城筑城碑记保存至今共有六方，根据六方碑记可以了解到明清秦州城池修筑与管理的诸多信息，这些信息对我们了解当时府（州）卫同城的城池管理模式有很大帮助。明代秦州城人口规模大约为两万人，分卫人与民户，卫人居州（卫）城，民户居州城并散居城周，修城任务主要由军卫负责。秦州城州城与东郭城出现较早，是洪武年间在宋城基础之上改建而来。嘉靖九年（1530）州城在原有东西二门基础之上，又加筑南北二门及城楼。嘉靖二十一年西郭城完工，清代中叶由于濛水（俗名罗玉河）改道，中城居民渐多，晚清五城连为一体，成为西北地区城池规模较大的城镇。

关键词： 明清时期　秦州　筑城碑记　城池管理

秦州（今甘肃省天水市），古名成纪，位于今甘肃东部，甘陕川三省交通要道，一直是陇南地区的政治、军事与经济中心。明清时期城址建在渭河支流藉水河谷的北岸，北依天靖山。据

---

[*] 本文为国家社科规划重点项目"碑记所见西北地区城镇形态演变与城镇社会变迁（1368—1911）"（14AZS011）前期成果。

[**] 张萍，首都师范大学历史学院。

传，西汉末年魏嚣在此割据，筑宫城于天靖山，目前尚存遗址。宋设秦州，并在此建立了一系列的堡寨，大将韩琦驻兵于此，并修筑城池，秦州成为防御西夏的军事重镇。明清以后城镇不断发展，进一步奠定了今天天水城市的基本格局。

秦州由于特殊的地理位置及位于军事要道，自古就受到兵家关注，也是战略要地，城池建筑极富特色，明清时期有五城环卫之称。由于地方重视城池的修建，因此，留下了较丰富的筑城碑记，据现有资料，保存至今的碑记共有六方，这六方碑记为我们研究明清秦州城镇发展提供了翔实的研究资料。

一　关于秦州碑记

目前所见秦州碑记共六方，分别为明嘉靖年间胡缵宗所撰《重修秦州卫城楼记》《重修秦州城记》《修秦州西郭城记》、万历年间胡忻所撰《秦州修桥筑建城楼碑记》、清顺治宋琬《重修秦州城垣记》、清光绪赵时熙《重修秦州东关城记》。这六方碑记起自明中叶，迄于清光绪时期，历时三百年之久，记录了明清秦州城修筑过程的主要史实，是目前为止秦州城池研究最重要、翔实的文献资料。关于六方碑记作者，尚有部分小传可供考证。

嘉靖年间是明朝城池修筑的一个重要阶段，到目前为止，西北地区多数城池是在这一时期加固、包砖，最终形成体系的。秦州在这一阶段不仅重修城垣，加筑西郭城，卫城也将城楼修得更加壮丽。胡缵宗为之撰著了三方碑记。关于胡缵宗，乾隆《直隶秦州新志》有传，曰："字世甫，正德戊辰进士。"曾得李东阳赏识，授翰林院检讨，参对《孝宗实录》，后外迁，任江南安庆府知府、苏州知州，升山西右布政、河南左布政、都察院右副都御史，巡抚山东等。曾著《安庆》《苏州》《汉中》《巩昌》《秦州》《秦安》等志及个人文集。据载："缵宗幼失母，继母遇之严，其姊每夜口御油，以俾之学，遂博极群书。"从上述记载可以看出，胡缵宗是明朝著名文士，为官清廉，著述颇丰。因此，嘉靖年间秦州修城所刻三方碑记均出自他的手笔，也是名仕之笔，惜其所著《秦州》，目前已佚。

另外，顺治年间，秦州也曾修筑城池，宋琬为之撰写了碑记。宋琬，光绪《秦州志》有传。"字玉叔，山东莱阳人，顺治中进士，以诗名天下。言诗者首南施北宋，谓琬与宣城施闰章也。"可见，宋琬也是以才学知名。顺治年间，宋琬"分巡陇右，驻秦州，值地震。琬极力抚绥，凡以十二事申请督抚。时州城尽圮，琬悉捐俸资，益以家财，重为建筑。朝廷录其功，赐蟒服。比迁去，百姓为建生祠，刻石留像，以祀之"。

另外两方碑记分别为万历年间胡忻所撰《秦州修桥筑建城楼碑记》和光绪年间赵时熙所撰《重修秦州东关城记》，因缺乏作者小传，尚无相关记述，然从上述考证，当亦为秦州名士。

二 碑记所见秦州城池形态的演变

在明清西北地区城镇当中，秦州城具有非常鲜明的城池特色，五城相环，形成串珠状结构。据乾隆《直隶秦州新志》记载，明代的秦州城本延续宋代旧城，为宋朝秦州知州罗拯所筑，有东西二城。洪武初年，平定残元势力，守御千户鲍成在西城旧址上建成秦州州城，周围"四里余"，"辟东西二门，东曰长安，西曰咸宁，嘉靖中又辟南北二门，内有月城，咸覆以重楼"。[1] 目前我们能看到最早的明代秦州城图在嘉靖《陕西通志》中。嘉靖《陕西

---

[1] 乾隆《直隶秦州新志》卷三《建置》，《中国方志丛书·华北地方》第563号，台北：成文出版社，1977，第1301页。

通志》为陕西巡抚赵廷瑞领衔监修,三原宿儒马理、高陵吕柟主持编纂,于嘉靖二十一年(1542)完成,其所绘秦州城有东西南北四门,可见南北二门修筑应早于嘉靖二十一年。[1]据碑记所载,明代嘉靖以前,秦州曾有过两次修城过程,成化年间巡抚都御史马文升修过一次,弘治年间总制杨一清修葺一次,但都不是大修。[2]而嘉靖九年,掌卫都指挥尹谟专门重修秦州卫城楼,胡缵宗为之撰写了《重修秦州卫城楼记》,虽文中未记开南北二门,但很可能是此次修城楼时加开了此二门,故乾隆《直隶秦州新志》记载南北二门建于嘉靖年间。州城东部有东郭城,东郭城因沿袭宋城,"裁古城之半以为城",因此,在时间上应与卫城相当,在洪武年间即已完成。[3]州城之西有西郭城,西郭城建城较晚,胡缵宗撰有《修秦州西郭城记》,明确记载修城时间在嘉靖壬寅之夏,即嘉靖二十一年夏。由于当时蒙古军队入侵,一度攻入兰州西郭,"秦陇之间戒严"[4],秦州城西人口大增,[5]于是开始增筑西郭城,据碑记所载,在西城基础之上,又修了北城、南城、东城,至明末形成东西五城,分别为东关城、大城、中城、西关城、小西关,小西关内建有规模宏大的伏羲庙建筑群,因此也称伏羲城(见图1)。

清康熙八年(1669),陕甘分省,秦州属甘肃巩昌府。雍正七年(1729)秦州升为直隶州,经济发展在当地首屈一指,志载

---

1 嘉靖《陕西通志》卷八《土地八建置沿革中》。
2 胡缵宗:《重修秦州城记》,乾隆《直隶秦州新志》卷一一《艺文中》,《中国方志丛书·华北地方》第563号,第1392页。
3 乾隆《直隶秦州新志》卷三《建置》,《中国方志丛书·华北地方》第563号,第1301页。
4 胡缵宗:《修秦州西郭城记》,乾隆《直隶秦州新志》卷一一《艺文中》,《中国方志丛书·华北地方》第563号,第1391页。
5 胡缵宗:《修秦州西郭城记》,乾隆《直隶秦州新志》卷一一《艺文中》,《中国方志丛书·华北地方》第563号,第1390页。

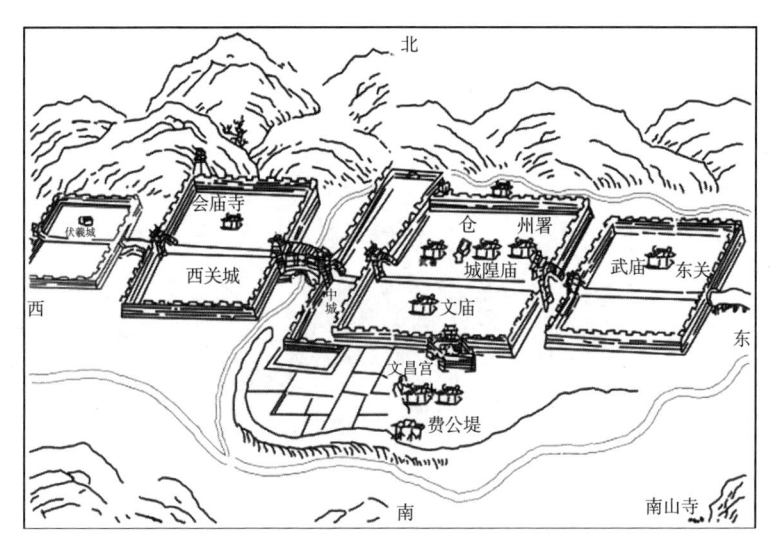

图 1　明中后期秦州五城相连

资料来源：据乾隆《直隶秦州新志》附图改绘。

"秦州地广赋繁，商贾凑积，号称阜区"，有"陇以西为城者五，惟秦最钜"之谓。[1] 中城部分本与西关不连，中为濛水（俗名罗玉河）流过，清中叶以后，河流改道，由城北于东关城外流入藉河。同治年间加筑城墙，形成大城、中城与西关城连为一体的局面。大城为当时的行政中心，衙门、州学、城隍庙等均在此。中城为当时的手工业与集市贸易市场，其中有皮货巷、山货巷、猪羊市、果集、粮食行等；西关城商业发达，商号货栈集中于此（见图 2）。

进入民国，尤其抗战以后，天水成为大后方重要的城市，工商业者和难民纷纷迁入，城区人口由三万人急增至七万人，内地工厂迁入本城，经济迅速发展，当时城郭犹存，民房商铺依旧，基本保持五城相连的格局（见图 3）。由秦州城市格局的变迁来看，市场与经济的发展同样起到了关键性的作用。

1　宋琬：《重修秦州城垣记》，乾隆《直隶秦州新志》卷一一《艺文中》，《中国方志丛书·华北地方》第 563 号，第 1436 页。

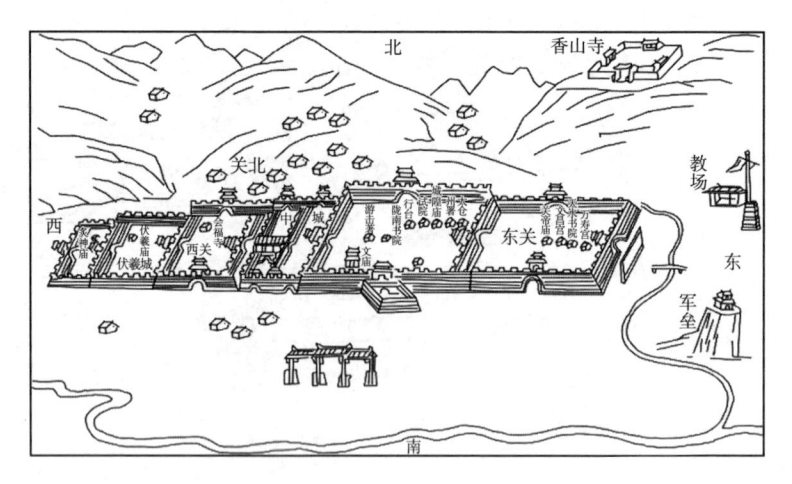

图 2　清后期秦州城池形态
资料来源：据光绪《秦州直隶州新志》附图改绘。

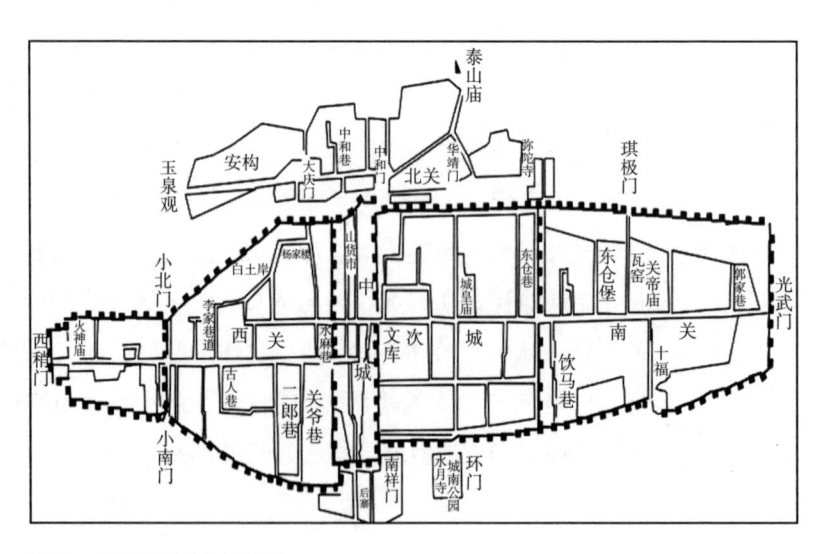

图 3　民国天水城市实测

三 碑记所见秦州卫城池管理的两个问题

（一）州卫同城的城池管理分工

明代西北地区存在大量府（州）卫同城、县所同城的府、州、县。这些州县既是行政治所城市，也是军卫体系下的卫所城市，城池内既设有州县公署，也驻扎着卫所指挥，它们职责不同，分工各异。那么，城池的维护由谁来具体管理？这在明代的史籍中往往疏于记载，州、卫关系很难界定。然而，明胡缵宗《重修秦州卫城楼记》中的文字让我们发现了蛛丝马迹。

> 秦，国也。汉唐为郡，宋为军，国朝稽古建制为秦州，为秦州卫。有城隶于卫，卫者，卫也。州曰牧，内也；卫曰御，外也。城有门与楼焉，创于元，逮于国初，今若干年矣。嘉靖丁亥（六年），掌卫都指挥尹君谟欲重修之，不果。己丑（嘉靖八年），尹君复掌卫。庚寅（嘉靖九年）复欲修之。春正，侍御史两河胡君临州，既视城，乃进谟，语之曰："秦名郡也，城与楼所以卫也，城不竣奚以武！楼不崇奚以威！修楼尔分也，尔之武不在是也，然亦在是也，尔勉之。"于是尹君欣然，乃取材于中麓，假车于上农。不阅月，取者达，运者集，乃咨于州太守王君卿，与协心焉。乃鸠工于二月初，讫工于三月之季，不逾时，楼告完矣。于是郡之人金曰："美哉，奂哉，视昔丽哉。"卫之人金曰："美哉，轮哉，视今壮哉。"工不烦于郡财，不藉于帑，不既难哉！乃复于胡君，胡曰其然尔，其武哉。乃报于都御史刘公，乃报于右参政范君、按察副使许君、佥事高君，皆许可。于是郡大夫以告缵宗，

属之记。[1]

　　这里明确说明，秦州作为州卫同城的城镇，它的城池是"隶于卫"，也就是归秦州卫管理，而嘉靖时期秦州城池修建皆由掌卫都指挥尹谟负责，动工之后，才"咨于州太守王君卿，与协心焉"。完工之后，"郡之人佥曰：'美哉，奂哉，视昔丽哉。'卫之人佥曰：'美哉，轮哉，视今壮哉。'"[2] 这一记载让我们明确了，在北部边疆地区州卫同城的城市，多数城池修筑的工作是由卫所官员负责的。另外，嘉靖年间蒙古军队进犯，总督尚书刘天和将其击退，于是上奏朝廷，命各地高深城池，得到朝廷批准以后，"特敕按察副使督之，乃札令诸郡邑高深之"[3]。这一记载也说明边镇总督大体负责城池修筑，有督促各地加固城池、防边御敌的责任与义务。

（二）秦州城市居住群体的职能分布

　　城市人口规模是衡量城市发展的一个重要指标，也是研究城市史必须关注的问题。历史时期城乡界定困难，城镇的概念、定位都比今天要复杂很多，相关人口数字又很少出现在一般史籍当中，城市的职业构成、农业人口占城市总人口的比重也不容易考定，为历史时期城市定位设置了诸多障碍。有些杂记与碑刻可以提供零散的资料，这些资料也就成为研究历史时期城市结构形态

1　胡缵宗：《重修秦州卫城楼记》，乾隆《直隶秦州新志》卷一一《艺文中》，《中国方志丛书·华北地方》第563号，第1389页。

2　胡缵宗：《重修秦州卫城楼记》，乾隆《直隶秦州新志》卷一一《艺文中》，《中国方志丛书·华北地方》第563号，第1389页。

3　胡缵宗：《重修秦州城记》，乾隆《直隶秦州新志》卷一一《艺文中》，《中国方志丛书·华北地方》第563号，第1392页。

的宝贵财富。胡缵宗《修秦州西郭城记》记载：

"吾秦昔警于戎，今警于狄，非城与池曷倚！然州人不下万，卫人亦不下万，势不皆居是城也。而州人居西郭者倍于城，盍筑西郭城。"是冬，总督司马刘公逐狄北去，恐复入也，以陇西郡县城当培，池当浚也，特奏允之。[1]

这是明嘉靖年间秦州修西郭城所留下的修城记录。虽然这一记录所强调的是秦州加修西郭城的原因，但这里的人口数字与城中人口结构分区，无疑对我们研究城市史非常重要。秦州州卫同城，从大的人口类型来划分，可分为"州人"即"民户"和"卫人"即"军户"两种。"州人"在职业结构上可划分为农户、工商及官吏等，"卫人"即在明代有卫所军籍在身的"军户"。明代秦州卫驻军多少，由于当时方志已佚，没有相关资料保留下来。但从此方碑记中我们可以看到，至少在嘉靖年间，秦州卫驻扎于卫城的军户及其家属当在万人左右。而围绕在城池及周围居住的民户也在万人左右，只不过，这些民户与卫所军户不同，他们散居于州城与西郭一带，且州城内居住的民户远不如西郭民户数量多，从大体比例上来看，居住在西郭的民户数量相当于居住在城内民户数量的两倍左右。由此粗略估算，我们大体可以得到明嘉靖年间秦州卫城与西郭城人口的粗略统计，即州卫城内卫人万人，州人3000人左右，二者相加当在1.3万人左右；西郭城内以民户为主，约是州卫主城民户的两倍，即在6000人左右。这一数据可以让我们明显看到，至少在明嘉靖年间秦州不仅在经济发展程度上，而且在战略地位上都是比较高的，是人口数量很大

---

[1] 胡缵宗：《修秦州西郭城记》，乾隆《直隶秦州新志》卷一一《艺文中》，《中国方志丛书·华北地方》第563号，第1391页。

的州卫城镇。

另外，同碑尚记：

> 辛丑之春，虏忽寇兰州，西郭被掠，秦陇之间戒严。敕使朱君曰："兰西郭故城也，然兰之人不下万，藩卫之人错居者倍于州，曷筑西郭城。"乃并秦西郭，白之当路，曰："凡县之郭、之城，不可无筑也。凡州之郭、之城，不可无筑也"。诸当路咸以为宜城，乃檄下吾郡。郡大夫李侯曰："是吾之责也，尤吾今日所宜急也。"乃下令：西郭之居民量其力而筑之。西郭之民久不见兵革也，曰："郭何必城，久不闻夷虏也。"曰："郭何为城，始则哗，继犹疑，已将从，终乃定。夫修若墉，卫若垠，何为哗！外虏吾当备，内寇吾当御，何为疑！因民之力而力乎民，何弗从。虽为国，实为民也，何弗定。"乃兴工于壬寅（嘉靖二十一年）之夏，讫工于今岁之春。[1]

此处碑文所记有两点值得关注。

第一，碑文记录了明代陕西都司兰州卫的城池与人口数字。据此碑所记，其时兰州与秦州在城池管理上有类似的情形，属州卫同城的城镇，人口规模大于秦州。就民户与军户的比例来看，州卫人口数量上有一个畸轻畸重的现象。州城所居民户在万人左右，与秦州大体相当。但就藩卫人口规模来看，兰州卫人口却明显多于秦州，其时错居于兰州的藩卫之人"倍于州"，也就是说，藩卫之人当在两万人左右，比秦州卫多出一倍，这与当时兰州卫军事与政治地位是相当的。明代中后期的兰州为陕西都司的军事

---

[1] 胡缵宗：《修秦州西郭城记》，乾隆《直隶秦州新志》卷——《艺文中》，《中国方志丛书·华北地方》第563号，第1390页。

重镇，明王府也驻于此地，军事、政治地位十分重要，防卫力量是河西走廊各卫中最为强盛的。

第二，前面我们说过，明代府（州）卫同城的城镇，一般城池修葺的任务归卫所指挥负责，卫所军户也主要居住在主城城池之内，州县民户散居于城池与外郭之间，这是一般府（州）卫同城户口类型分布的基本模式，那么卫所指挥对城池的管理与维护也明显只涵盖主城城池。郭城居民以民户为主，对其管理由州县令长直接负责，因此，一旦郭城有修葺任务，即会落到州县令长的头上，经费负担、工程施工自然也就全部由民户自行承担。从秦州修城与修郭的过程中，我们可以明显看到，卫所有修城任务，属其一般职责范围内的工作，且经费充裕，可以做到"工不烦于郡财，不藉于帑"[1]。而州县筑郭则要民户自己承担，有时还会引起民众的骚动，"始则哗，继犹疑，已将从，终乃定"[2]。可见，对于西北地区州县民众来讲，修城是一项较沉重的经济负担。

总之，明清是秦州城池发展最重要的历史时期，碑记记载了城池变迁的整个过程，为我们研究秦州城市发展提供了重要依据。

---

[1] 胡缵宗：《重修秦州卫城楼记》，乾隆《直隶秦州新志》卷一一《艺文中》，《中国方志丛书·华北地方》第563号，第1389页。

[2] 胡缵宗：《修秦州西郭城记》，乾隆《直隶秦州新志》卷一一《艺文中》，《中国方志丛书·华北地方》第563号，第1390页。

明代宣府镇城空间结构研究

王洪波*

摘　要： 宣化是塞北地区重要的军事、政治、商贸、文化活动中心，尤其在明代作为北方长城防御体系"九边十三镇"中的宣府镇镇城所在，其建置、空间形态和内部结构等显示了独特的政治、军事、文化特征，具有很高的历史价值。本文利用历史文献、考古调查、古地图、航片、遥感影像等资料，对明代宣府镇城的城市形态进行复原与分析，以了解宣府镇城的空间结构，把握古城总体形态特征，为城市规划与古城保护提供参考。

关键词： 明代　宣府镇城　空间结构

一　地理区位与宣府镇建置

宣化地处内蒙古高原向华北平原的过渡地带，居沟通南北之要冲，历来是农耕民族和游牧民族的交汇地带。明王朝建立后，宣化战略价值更加突出。洪武元年（1368）徐达攻占大都，元灭亡。但顺帝北逃后，北元仍保持了相当强大的军事力量，《明史》称："元人北归，屡谋兴复。永乐迁都北平，三面近塞，正统

---

* 王洪波，北京市社会科学院历史研究所。

以后，敌患日多。故终明之世，边防甚重。"[1] 为边境安宁，明政府开始在北方建立稳固的边防，"东起鸭绿，西抵嘉峪，绵亘万里，分地守御。初设辽东、宣府、大同、延绥四镇，继设宁夏、甘肃、蓟州三镇，而太原总兵治偏头，三边制府驻固原，亦称二镇，是为九边"。宣府作为"九镇"之一、北部边防的关键环节受到重视。

洪武四年，随着军事机构改变，宣府被立为万全都指挥使司治所。永乐七年（1490）改置宣府镇；永乐以后明政府将长城外三卫之一的大宁卫（内蒙古宁城西）让给兀良哈部，将兴和（张北）守御所内迁至宣化城，弃地二百余里；正统年间，开平卫内移到独石口，又失去了三百里的疆土。这三大卫所的内迁不仅使明政府失去了蒙古高原南部大片的疆土，更重要的是失去了北御"胡虏"的第一道防线。这样，离京师不足四百里的宣府镇"前望京都，后控沙漠，左挹居庸之险，右拥云中之固"[2]，成为"锁钥所寄"的要害之地，护卫京师的门户。《宣郡修城碑记》云："京师北出居庸二百余里为宣郡，郡西联云朔，东抗山海。以通道之要言之，为关塞之咽喉。以拥卫之势言之，为神京之项背"，"郡当神京之肩背，为边檄之藩篱……古今中外之防莫要于此"。[3]

明廷对宣府镇的建设非常重视，洪武二十五年设宣府前、左、右三卫，随后又以谷王坐镇，宣府一时成为王城所在。永乐以后谷王改封长沙，宣府改总兵镇守，到宣德年间宣府镇已经"统摄宣府、万全、怀来、蔚州、保安、怀安、永宁、龙门、开平等

---

1 张廷玉：《明史》卷九一《兵志》，乾隆武英殿刻本。
2 孙世芳：嘉靖《宣府镇志》卷九《形势考》，明嘉靖四十年刻本。
3 王者辅：乾隆《宣化府志》，台北：成文出版社，1968。

图1　明代宣府镇区位及防御体系
资料来源:《九边图说·宣府镇图说》。

一十九卫所,控地东西千余里"[1],成为北方边塞的军事中枢(见图1)。

入清以后,蒙古高原被纳入版图,宣府镇战略价值下降。"国朝移明祚,边患日疏,镇城官军二千人耳"[2]。康熙七年(1668),裁撤万全都指挥使司;康熙三十二年,撤宣府镇改置宣化府,府县同治,这意味着宣府已经由边镇转型成为一般的地方政府。与此同时,随着张家口商贸的勃兴,张家口城市地位日渐提高,逐渐成为塞北的政治经济中心。民国元年(1912),废宣化府,宣化城市地位再次降低,成为普通县城。

1　孙世芳:嘉靖《宣府镇志》卷——《城堡考》。
2　陈坦:《宣化乡土志》,台北:成文出版社,1968。

二 明代宣府镇城空间结构

1. 宣府镇城的形制

明初宣府城在元代宣德府城基础上展筑扩建而来。洪武二十四年，谷王朱橞受封宣府，洪武二十五年，立宣府前、左、右三卫，遣将率兵镇守。《宣大山西三镇图说》记载："始设宣府左右前三卫，续移兴和一所……总计各营卫见在官军二万三百四十八员名，马、骡、驼一万三千三百一十八匹头只。"因旧城狭隘，不足以居士卒，于是对旧城进行扩展，扩展后宣府城的规模，大多数文献记载为"方二十有四里有奇"，正德《宣府镇志》记载最为详细，城池规模为"二十四里一百二十五步"。

谷王展筑的宣府城，全城开辟七门，东面一门，称定安门；西城门称泰新门；南面开三门，自东向西依次称为昌平、宣德、承安；北面开两门，自东向西依次为广灵、高远。同时在南面展筑关厢，方四里，高宽均为二丈四尺，开辟有四小门。靖难之役，朱棣带兵赴京师护卫，为防不测，令守城官兵将宣化城的宣德、承安、高远三门封堵，只留东门定安门、西门泰新门、南门昌平门、北门广灵门，以图固守。

宣德年间永宁伯谭广以中军都督府左都督资格佩镇朔将军印，出任镇守宣府总兵官。为增强宣府镇城的防御能力，谭广命人对东南西北四门进行了包砖，创建城楼、角楼各四座。为加强巡逻，又创建铺宇一百七十二间。

正统五年（1440），随着北方边疆形势的日趋严峻，宣府城进行了一次较大规模的重修，"伐石陶甓，炼石为灰，以包砌之"，对宣府城进行了包砌。对此罗亨信《宣府镇城记》中有较为详细的记载：

自辛酉夏启工，时则有参将都督朱公谦、都指挥纪公广、参谋户部侍郎刘公琏同寅协恭，左右赞理。己丑秋，又得今总戎武定侯郭公玹以戚里世勋之重来代谭公，委心自任，夙夜孜孜。督同都指挥董斌暨诸官属，严励士卒，殚力竭诚，至丙寅秋九月工始完。

其城厚四丈五尺址，甃石三层余，用砖砌，至垛口高二丈八尺，雉堞崇七尺，通高三丈有五尺，面阔则减基之一丈七尺。四门之行各环以瓮城，甃砌如正城之法。瓮城之外又筑墙作门，设钓桥，遇警则起，以绝奸路。隍堑浅狭，尚有待于浚涤。复即城东偏之中筑重台，建高楼七间，崇四丈七尺余五寸，深四丈五尺，广则加深二丈五尺五寸焉。上置鼓角漏刻以司晓昏昼夜十二时之节，俾人知儆动而不懈于经理。其檐二级，南扁曰镇朔，北扁曰丽谯，盖取镇静高华之义，其规制可谓宏丽周密矣。[1]

根据罗亨信记载，重修后城墙厚四丈五尺，基址部分甃石三层，以上用砖砌至垛口，高二丈八尺。城墙之上雉堞高七尺，通高三丈有五尺。四门之外各环以瓮城，甃砌如正城之法。瓮城之外又筑墙作门，设吊桥。并疏浚护城河，以疏浚之土在城东偏之中"筑重台，建高楼七间，崇四丈七尺余五寸，深四丈五尺，广则加深二丈五尺五寸焉"，即今宣化镇朔楼（鼓楼）所在，"直昌平、广灵门通衢，上置鼓角漏箭，司十二时刻。楼观翚飞，台级岩耸，制甚壮丽"[2]。此次大规模重修，奠定了宣化古城的基本形态（见图2）。

---

[1] 罗亨信：《宣府镇城记》，乾隆《宣化府志》卷三六《艺文志》，乾隆八年修、二十二年订补重刊本。

[2] 孙世芳：嘉靖《宣府镇志》卷一二《宫宇考》。

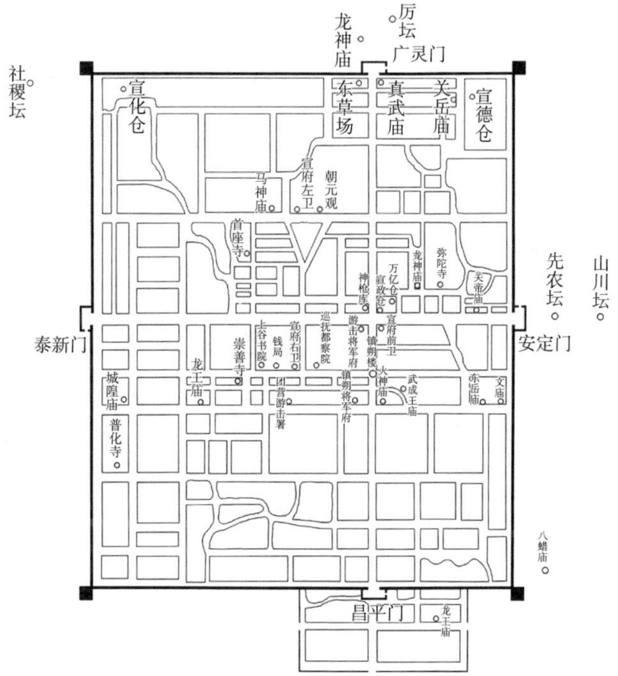

图 2 明代宣府镇城空间结构复原

　　成化十八年（1482），御史秦纮在全城中心位置建清远楼（钟楼），"直昌平、广灵、定安、泰新四门通衢，制极精致完固，上置钟以司昏晓"。隆庆二年（1568），宣府城又进行了加修，具体工程不详。崇祯六年（1633），为增强宣府防御能力，在宣府城外筑四围土垣，次年又修四瓮城楼，建四面垛口（见表1）。

表 1　明代宣府镇城历次修筑过程

时间	主要人物	主要工程
洪武二十三年	永平卫指挥金事赵彝	从颍国公征沙漠，城宣化、万全、怀来
洪武二十七年	谷王朱橞	展筑土城方二十四里，辟七门
宣德年间	永宁伯谭广	甃围城门，建城楼、角楼各四座，创建铺宇一百七十二间
正统五年	都御史罗亨信	城墙包砖，建瓮城、设吊桥，建镇朔楼

续表

时间	主要人物	主要工程
成化十八年	秦紘	建清远楼
隆庆二年		加修，不详
崇祯六、七年		筑四围土垣，修四瓮城楼，建四面垛口

资料来源：乾隆《宣化府志》卷八《城堡考》、卷九《宫宇考》。

2. 军政机构设置与分布

作为明王朝北部边防系统中的重中之重，宣府全镇隆庆年间额设马步官兵151452人，[1] 而宣府镇城为全镇中枢所在，集中了大量军政衙署机构，包括"各路卫所统摄之抚、镇、部、道暨副、游、管粮、理刑同知，各卫所儒学等官"。相应衙署机构如下所列。

总兵官署，在四牌楼东街。正统九年武定侯郭玹建为总兵听政所，名帅府，后改镇朔将军府，嘉靖三十年（1551）重修。东有龙泉祠并雅乐轩。

巡抚都察院，成化十九年都御史秦紘以旧院卑隘改建。民国《宣化县新志》记载："县署，在兵衙街东，旧为巡抚都察院，明成化十九年建，清初裁巡抚署废，康熙三十二年重修改为府署，署东南旧有来紫阁，崇祯年建，署内有具美堂，万历年建。水鉴亭，成化年建，今俱废。民国二年裁府留县改为县署。"

巡按察院，宣德五年（1430）建，嘉靖二年重修，在澄清坊。有题名碑、观风堂、清永堂、得月轩、深静堂、惜阳轩。自公堂后乐轩东圃有知味堂及环清、移秀二亭，有山、有池、有林、有榭，总名曰射圃。

---

1 孙应元：《九边图说·宣府镇图说》，明隆庆刻本。

户部行司，在总储坊，明宣德年建。初为山东参政管粮道治，后改户部郎中行司。

刑部行司，明制凡畿内岁遣刑部司一员，会同巡按审录外囚，弘治八年（1495）建行司于察按之东。

户部官厅，弘治八年建官厅于行司之东。

分守藩司，本总兵署，景泰三年（1452）建。

分巡臬司，弘治五年建。

河间行府，原为理刑厅行署，后改为县署，即民国旧县署所在。

副总兵官署，与神枪库对，明监枪中官所居，景泰五年（1454）建，嘉靖初罢监枪改建。

旧游击将军府，明成化间设于钟楼西，嘉靖年重修。

新游击将军府，明正德五年（1510）增游兵一营，设游击，作署于儒学南。

团营游击署，清初改为药王庙，民国改天主教堂。

万全都指挥使司，成化十九年建。

宣府前卫指挥使司，钟楼东，明洪武二十五年建。

宣府左卫指挥使司，朝元观西，明宣德三年建。

宣府右卫指挥使司，上谷书院东，宣德三年建。

兴和守御所，儒学后，永乐元年建，制如卫。

分守口北道署，在四牌楼西米市街，署后有省恩楼。

真定行司，在四牌楼西米市街。

万亿库，明正统六年建于钟楼东，弘治十三年郎中姚珩重修。

在城厅库，在真定分司内，后为巡按察院署。

宣府前卫库，旧京卫署内。

神枪库，明永乐二年建，钟楼西北。

府库，在府署大堂侧。

县库，在县署。

养济院，在城北隅，明弘治八年建。

宣德仓，城东北隅，明洪武二十六年建。

宣化仓，城西北隅，明宣德二年建。

宣政仓，在钟楼东，永乐二年建，康熙四十年知县周德荣重修，共有廒一十九座。

东草场，在广灵门内，明永乐元年建，内有场大使。

西草场，在宣府右卫，明永乐三年建。

钱局，在书院东。

兵车厂，河南营北，成化年建。

军器局，一在都司内，一在褒忠祠后，明永乐年间建。

造作军器局，前、左、右卫，兴和所各一，明成化年建。

造作火药局，明成化年建，在兵车厂旁，后移神枪库内。

上谷书院，嘉靖七年建。本为正德年间所建行宫之西的安乐堂，嘉靖初行宫拆除，而安乐堂被保留，巡抚刘源清、巡按李宗枢于是上疏请作书院，育人才。此后宣大武举乡试及科岁考试于此举行，清改为学院行署。

3. 坛壝与祠庙建筑

坛壝与祠庙建筑是与中国古代礼制规范和祠祀制度密切相关的建筑类型。这类建筑以将儒家传统与民间信仰综合在一起的方式，在明清城市信仰体系中居于重要与不可或缺的地位，从而在明代城市的空间布局中也有一席之地。其中一些坛壝与祠庙，还有其在城市中确定的位向与位置，成为明代城市空间中必不可少的组成部分。

（1）坛壝建筑

定鼎天下之初，明太祖倾注巨大心力重建了国家祭祀和礼仪制度，包括社稷、先农、太岁、风云雷雨、山川等坛。明代祭祀制度是复杂政治文化体系的缩影，其中的相关规制具体是经由地方各级在任官员对"祭祀"的关注，由上至下扩展到百姓当中："国之大事，所以为民祈福。各府州县、每岁春祈秋报、二次祭祀、有社稷、山川、风云、雷雨、城隍诸祠。及境内旧有功德于民、应在祀典之神。郡厉、邑厉等坛。到任之初、必首先报知祭祀诸神日期、坛场几所、坐落地方，周围坛垣、祭器什物，见在有无完缺。如遇损坏、随即修理。"在宣府坛壝建设中，谭广发挥了极为关键的作用："宣德三年，（谭广）请军卫如郡县例，立风云雷雨山川社稷坛。"

社稷坛　社稷坛是祭祀土谷之神的场所，土地祭祀的核心，反映了中国古代农业社会关注农耕的特点。社稷坛祭祀是中国古代最为传统和最广泛开展的祭祀之一。自宋代以来社稷坛的方位已有明确的制度。宋代朱熹"考周礼左祖右社，则社稷合在城西"。宣府社稷坛遵循了这一制度，位于宣府城西北，为洪武二十七年谷王命所司建，宣德初总兵谭广重修。社稷坛东西长三丈五尺，南北宽二丈五尺，高三尺，四出陛各三级，坛下前十二丈，东、西、南各五丈。

风云雷雨山川城隍坛　风云雷雨山川城隍坛是祭祀风、云、雷、雨、山、川和城隍的地方。风师、雨师之祀见于周官，后世皆有祭。唐代祀风师于城东，祀雨师于城南。洪武二年，"以太岁、风云、雷雨、及岳镇、海渎、山川、城隍诸神止合祀于城南"。还规定了风云雷雨（山川）坛的基本形制，"坛据高阜，南向，四面垣围，坛高二尺五寸，方阔二丈五尺，四出陛，南向陛五级，东西北向陛三级"。宣府风云雷雨山川城隍坛，据嘉靖《宣府镇志》记载始创于洪武二十八年，为谷王命所司建，总兵谭广重修。其位置在镇城南门外，这一方位也是与明代礼制相符的，但《九边图说》将风云雷雨山川城隍坛绘制在城东，原因尚有待考证。

先农坛　中国是典型的农业国家，对农业神的祭祀居于重要地位。唐之后有了帝王至先农坛祭祀的记录。宋代将京城先农坛设在汴京东门外七里的地方，南宋先农坛在临安城东南嘉会门外。元代于大都东南郊设坛祭先农。明太祖则将先农坛设在京城的南郊。在地方城市中设立先农坛应是自明代才开始的，而且延续了明代之前的做法，一般将先农坛设在城东："汉旧仪曰：春始东耕于藉田，官祠先农。先农即神农炎帝也。"宣府先农坛也在东门外，每岁仲春致祭之后行耕耤礼。

厉坛　厉者，鬼魂也。《明史》解释"泰厉坛祭无祀鬼神"并引《春秋传》："鬼有所归，乃不为厉。"明以前没有明确设置厉坛的记录。明代"王国祭国厉，府州祭郡厉，县祭邑厉，皆设坛城北，一年二祭祀如京师。里社则祭乡厉"。宣府镇厉坛永乐八年置，宣德五年总兵谭广修。初置于城北广灵门外，与礼制要求相符，弘治八年徙置旧址东北义冢前，崇祯十一年重修。到清代时已经"溷于乱冢，片瓦无存"。

旗纛庙　旗纛祭祀是重要的军中专祭之礼。春秋时这一礼仪被称为"衅鼓"，即在征战前以敌军俘虏的血来浇洒战鼓。虽然衅鼓祭祀的仪式古已有之，但从史料上看旗纛庙的设置主要见于明代。《五礼通考》载："凡各处守御官，俱于公廨后筑台，立旗纛庙，设军牙六旗纛神位。春祭用惊蛰日，秋祭用霜降日……若出师，则取旗纛以祭；班师则仍置于庙。"[1]特别是在卫所之地，更重视旗纛庙的祭祀礼仪。宣府旗纛庙明永乐十七年建，宣德中总兵官谭广重修。

（2）官祀祠庙

文庙　文庙最重要的功能是奉祀孔子以及其他儒家先哲，"尊道有祠，为道统设也"。洪武年间侍郎程徐有言："孔子以道设教，天下祀之。非祀其人，祀其教也，祀其道也。"宣府镇文庙在镇署东，始建于宣德七年三月，成于八年九月，总兵谭广奏建。后因规模简陋，万历二十三年（1595）巡抚王象乾捐俸倡修，辟而广之。除文庙外，宣德年间在文庙附近还建有文昌祠。在中国古代城市空间中，文庙的设置是教化的象征。对宣府镇而言，更有

---

[1]《五礼通考》卷二三七《军礼》，文渊阁《四库全书》本。

特殊意义。一方面以儒家忠君思想教化军民："人皆明于诗书之旨，勉于仁义道德之行。事亲为孝子，事君为忠臣，而高城深池不足为固，甲胄干橹不足为威，人心之坚踰于金石矣。"另一方面希望以此来感化北方游牧民族："感慕德教而革心归化于阴山瀚海之外，如有苗之至者。"因此宣府文庙修筑异常宏丽："规制之宏壮，仪物之完具，盖自大江以北名邦会府鲜有及之。"[1]

城隍庙　城隍信仰是中国民间信仰体系中的重要组成部分。城隍神即《礼记》天子八蜡中的水墉神，"水则隍，墉则城也"，水墉之神逐渐演化为城隍之神，具有保护城池的职能。明代，城隍神的职能进一步扩大，城隍神的神格地位与官方信仰达到极盛。洪武二年朝廷大封各地城隍神，府城隍封为威灵公，秩正二品；州城隍封显佑侯，秩正三品。洪武三年又定庙制，府州县城隍庙与各地官署正衙等级规格相当，这样各地城市就形成了阴阳两座衙门并置的建筑格局。宣府城隍庙在城内甘霖桥西，明洪武二十八年建，宣德元年重建，正统十四年都御史罗亨信修，弘治四年复修加以封爵。按明制规定，府城城隍所封皆公以下，唯宣化城隍特晋王爵号，曰镇朔王。

关王庙　关王祭祀是明代国家礼制体系的重要组成部分，关王庙也是明代地方城市中重要的祭祀建筑。明代，关羽祭祀被列入国家祭典。朝廷大力崇拜关羽的同时，明代地方城市修建了大量关王庙，进行祭祀。明代宣府镇城见于记载的关王庙有五处，分别位于：（1）东门大街，明正统四年建；（2）定安门瓮城，弘治年间建；（3）大市南，成化年建；（4）城内乾隅（并城隍庙），正德年间建；（5）泰新门瓮城，嘉靖年间建。

火神庙　火神庙在四牌楼东，明永乐初建，正统五年重修。

---

[1] 杨士奇：《万全都司学记》，乾隆《宣化府志》卷三六《艺文志》。

《宣府镇志》记载明代火神庙形制:"于神枪库内择高爽之地、平治之中为正殿,东西为厢房,前为门三,后为库二十有一,总为屋三十有四间。正殿以奉天威神机火雷无敌大将军之神,库以贮火器火药炮铳等物。"

马神庙 明代建立马政制度,马政负责军马的牧养、征调、采办与使用等。将马神祭祀纳入国家礼制体系,并在地方城市建立马神庙,供奉司马之神,以神力荫护军马的畜养。宣府马神庙建于正统六年,在宣府左卫东,祀马祖之神、先牧之神、马社之神、马步之神。

八蜡庙 蜡祭是古代年终时大祭万物的一种礼仪,在周代就已是一种很重要的祭祀礼仪,《周礼》中有"国祭蜡,则龡《豳颂》,击土鼓,以息老物"的记载。宣府八蜡庙在东关门外,成化二年都御史叶盛改古寺为之。《宣府镇志》记载其位置:"宣府子城之震隅,直大柔远馆之西,石桥下不远数十步有古庙一间,盖里人祈岁者所为。"

真武庙 真武崇拜起源于古代的星辰崇拜。古人把二十八星宿分为青龙、白虎、朱雀与玄武四象。玄武七宿位于北方,被奉为北方之神。宋真宗时改称真武。明代明成祖登基之后,为了酬谢真武的保佑,加封真武神为"北极玄天上帝真武之神",真武大帝的宗教地位达到了顶峰,全国各地也随之建立真武庙,祭祀真武大帝。宣府真武庙在城北门广灵门内,以发挥其北方之神的宗教职能。明正统四年都督朱谦建。《宣府镇志》记载:"正统四年作北极玄武庙镇城广灵门内,正殿六楹,抟土塑神于正中殿……翼以长廊,外辟山门,墉垣周缭,制甚宏备。"

东岳庙 汉代以来祠祀五岳四渎已经成为常例,西汉就已经认为泰山为五岳之长:"泰山,岱岳五岳之长,王者易姓告代之处也。"明清时期东岳神已经是深涉世俗事务的判官,常常为冥界判案,有专治扰人之妖孽的法力。宣府东岳庙于明正统五年建,在文庙西,靠近东门,与东岳方位相符合,规制宏备。

北岳庙 北岳庙在广灵门外北山上，明弘治三年建，万历三十八年僧人明珠募修，巡抚薛三才又为功德主，规制益增壮丽。

武成王庙 武成王庙在镇署西北偏，古庙之一，武庙不知始于何时。旧志明正德时改建，清康熙十七年镇帅阎可权捐募加修，又置庙西园畦以资香火，光绪年间总兵王可升复修理之。

龙神庙 龙神庙在弥陀寺街西，明正统年间建，景泰三年重修。此外在广灵门外里许者，天顺年建。在城隍庙东者，成化年建。在南关者，弘治年建。

乡贤名宦祠 弘治十七年巡按御史臧凤建，以祀名宦谭广、叶盛及乡贤诸人。

昭德祠 嘉靖二年作。

襃忠祠 嘉靖七年作，祀有功烈节义诸武臣。

（3）寺观等建筑

宗教的功能在于灭除苦恼不安，获得希望与安心。由于战事多发，大量的宗教建筑是宣化古城建筑的一大特色。明代宣府镇城内较为有名的寺观主要有首座寺、弥陀寺、朝元观等。

首座寺 首座寺在五虎街北，为镇城第一古刹，故名首座。

弥陀寺 弥陀寺在城内虎溪桥，为镇城古刹之一，元丞相安童建，宣德八年重修，杨士奇记载："左都督谭公佩镇朔将军印总兵于此，城墉益壮，兵甲益修，士马益强而边境肃然晏安。乃以余力从众志，修城之弥陀寺，为国祝厘，为众祈佑。"

大悲寺 大悲寺在县城草厂里，寺有都督阎可权祠。

普化寺 普化寺在县城西南隅，创始何年不可考，查阅碑记正德六年重修，清乾隆三十八年（1773）有大彻和尚由京西潭柘山岫云寺来宣化开设十方丛林，为此寺开山第一代方丈。

崇善寺 崇善寺在郝都司街东，明万历二年建。

莲池寺 城内东南隅，本观音寺，因地势洼下，昔尝种莲故名，旧亦名水潆沱。

普济寺 城南广惠桥内，有总督王象乾祠。

朝元观　朝元观在甘霖桥东，明宣德九年修。原为朝玄观，毁于元末。宣德年间镇朔将军谭广"即观之故址中建三清殿，左右翼以廊庑，而龙虎台、玉皇阁居其后。缭以周垣，树以重门，高卑位次各得其所。金碧辉煌，规度伟壮"。

三　影响因素讨论

1. 明蒙对峙的军事形势

洪武北伐之后，元顺帝"旋舆大漠，整复故都，不失旧物"，北元仍然保持了相当强的实力："引弓之士，不下百万众也，归附之部落，不下数千里也，资装铠仗，尚赖而用也，驼马牛羊，尚全而有也。"[1]因此终明之世，边防甚重。作为九边边防体系中的关键环节，宣府距离京师不足四百里，是拱卫京师的战略要地："宣镇之盛衰，与边事相终始。明代慎重边防，镇城官军不下二万余名，带甲荷戈几无宁岁。"在这种形势下，宣府城市建设表现出强烈的军事色彩。

在城市防御能力上，宣府镇城周长约12.3公里，主体墙内为夯土，夯土层厚度一般为22厘米左右，夯窝密集，夯层坚硬，上下夯层咬合紧密，增强了城墙防御攻城的能力；其外加包砖，厚度为1—1.5米，城墙内侧为加筑的宽约1米的三合土层，加强了城墙内侧的坚固程度。外侧设有垛口，供战时掩护、瞭望、射击等之用。在各城门一侧和各城角内侧有登城马道，高与墙齐，战时军队车马可由城下直奔马道登城，迅速布防，扼守城池。同时在城门及城墙转角处建城楼、角楼各四。四城门各环瓮城，瓮城外又筑墙作门，设吊桥，外又有隍堑。

1　谷应泰：《明史纪事本末》卷一〇《故元遗兵》，文渊阁《四库全书》本。

作为宣府全镇指挥中枢，城内衙署机构也呈现强烈的军事色彩，如镇朔将军府、副总兵官署、游击将军府、万全都指挥使司、宣府前卫指挥使司、宣府左卫指挥使司、宣府右卫指挥使司、兴和守御所。相应辅助机构如神枪库、草场、兵车厂、造作军器局、造作火药局等。

在坛壝的设置上也表现出边疆军镇的特点。明永乐十七年建旗纛庙，祭祀"旗头大将、六纛大将、五方旗神、主宰战船正神、金鼓角铳炮之神、弓弩飞枪飞石之神、阵前阵后神祇五昌神众"，皆为军伍的保护神和专有神祇。此外，在城北广灵门外设厉坛，祭无祀鬼神，希望"鬼有所归，乃不为厉"。

2. 传统礼法制度

作为明代边疆城市，宣府镇城在城市规划布局上反而更加注重传统礼制思想，以此来宣扬其文化的正统性。如在城门的设置上，谷王受封之城，是"辟七门，以通耕牧"，古代礼制中以九为大，朱橞封谷王，在礼制上的规格仅次于皇帝，故展筑旧城时，门制取七，这在很大程度上也体现了明代严格的封建等级制度。

在坛壝的设置上，宣德三年四月，总兵谭广奏："天下郡县设风云、雷雨、山川、社稷坛，春秋祭祀，为民祈福。宣府久置军卫，请如郡县立坛致祭。"建立了完善的祭祀制度，包括社稷坛、风云雷雨山川城隍坛、先农坛、真武庙、东岳庙等。这些坛庙的分布也基本符合礼制要求，如社稷坛位于宣府城西北，符合"周礼左祖右社，社稷合在城西"的要求。先农坛在东门外，与汉旧仪"春始东耕于藉田，官祠先农"的要求相符。真武庙在宣府北门广灵门内，与北方之神的方位相合。

3. 军民辐辏的生活需求

明代宣府镇"虽曰战争地，亦称繁盛区，人才之荟萃者此时，财政之富饶者亦此时也"。镇城中集中了大量的军民人口："镇城人烟辐辏，虽僻街小巷亦似通衢。盖驻防官军不下二万，而附郭前左右三卫兴和一所之指挥千百户镇抚又八百余员，合计官军户口殆三万有奇。于是官有第宅，军有房屋，又绅衿商民与四方工役杂处其中，气象郁葱，真名区也。"为满足大量军民的基本生活需求，宣府镇城南部为主要商业区，设有米市、肉市、菜市、油市等。隆庆和议以后，明蒙之间商业贸易日趋活跃，出现了专门负责商业贸易的官店。宣府官店有五，分别以仁、义、礼、智、信命名，"区各有屋百十间……盖为客商居货之所"。同时也是收税之所："岁取其课，备官用也。"弘治时都御史马中锡奏准"立石起课"，正德年间记载："仁字店及南关厢米粟等房者，往巡抚马中锡所创，民间赁店，岁入租以备公费者也。"

宣化战事频繁，人员伤亡是常事，为了取得精神慰藉，宣府城内出现了大量的宗教建筑，如首座寺、弥陀寺、普济寺、朝元观等。这些宗教建筑与城墙、护城河等物质防御相对应，在给予居城士兵以心理安慰、强化其心理安全层面上发挥着积极作用，如朝元观的修筑，总兵谭广认为："内地郡邑皆有浮屠老子之宫，为祝厘之所，以致臣僚岁时之恭，以备群庶水旱疾疫之祷，而兹境乃阙焉。"于是"因农暇以士卒余力，具群材，即观之故址中建三清殿"。大量寺庙道观等宗教建筑的修筑，给予了宣府驻军与民众心理抚慰，从精神层面完善了古城的防御体系。

结　语

作为明代九边重镇的关键环节，宣府镇左挹居庸关之险，右结云中之固，足以拱卫京师而弹压蒙古，是明代北方边疆防御的战略支撑点。宣府镇城内部空间结构，既有鲜明的军事色彩，也深受传统礼制的影响。为增强城市防御能力，历代官员不断加高加固城墙，并修筑了城楼、角楼、瓮城等防御设施，城内集中了大量军事相关类衙署，如镇朔将军府、神枪库、造作军器局等，并设置有与军事相关的厉坛、旗纛庙、马神庙。为了强调文化上的正统性，宣镇在城市建设时也尤其注重对传统礼制思想的遵循，如城内的文庙、城西的社稷坛、城东的先农坛、城北的真武庙。为满足军民生活需要，镇城南部集中了米市、肉市等商业街道，设有负责对外贸易的众多官店。在精神层次上，大量寺庙道观等宗教建筑也是宣府镇城内一大景观，给予了宣镇军民心理慰藉。

八国联军分区占领与北京城市管理的变革

李　诚[*]

摘　要：借口义和团事件发动侵华战争的八国联军，在占领北京这座千年古都后开始实行分区占领。联军的占领区域调整，既是各国在华势力博弈的结果，对北京城市管理也有重要影响。在已有的步军统领衙门、五城察院等机构失去控制的情况下，西方的安民公所被强加于辇毂之下，借助士绅的力量发挥了暂时维持地面治安的作用。

关键词：八国联军　分区占领　城市治安　安民公所

1900 年 8 月 12 日，英、美、日、俄组成的联军借口义和团事件进占通州，并于 14 日晨向北京发起总攻。最初进入北京城的分别是英、美、日、俄四国。随后，其他国家纷纷进京，并开始对北京实行分区占领。分区占领既是调解各国势力的结果，也间接开启了北京这座古都近代化的脚步。本文拟基于八国联军分区占领北京城[1]的过程及对北京城市治理的措施，探讨其对北京城市向近代化开启转变的影响。

---

[*] 李诚，北京市社会科学院历史研究所。
[1] 本文的北京城指北京的内城与外城，大体相当于今北京二环以内地域，不包含城市郊区。

一 联军进城后北京城市秩序的崩坏

联军入城后的局面，在英国的记录中是"皇室和高官们都像人间蒸发了一样消失得无影无踪"[1]。在城破不久，荣禄笔下的北京城景象已是"各官兵眷属纷纷避难，城门拥塞，极其扰乱"[2]。由于曾特许军队劫掠三日，日本参谋本部文件中将北京的混乱情况描述为：

> 城门守备被攻破，负责守卫的八旗兵坚持抵抗到最后，阵亡者甚众，尸体堆积于城内的东城墙不下五百具。北面城墙亦有二百具以上，南面城墙也有若干尸体。此外皇城周围及街上散落的尸体不下七八百，其总数应超过二千具。至于伤者，虽难于判断，但据此推测亦不在少数。
> 文武官员自杀者、举家自行灭门者甚众。贵族、官吏、绅商几乎都逃走，所到之处皆为空房。
> 朝廷逃难急剧杂乱情形已如前所述，由此其大小官员狼狈逃窜之相可想而知。皆无暇顾及家财，能只身逃走，已经是不幸中之万幸。留下的下等人、不良之徒入室恣意劫掠，其景不可名状。加上皇城周围发生巷战，各处兵火四起，败兵到处出没，枪炮声连续数日，北京城内的混乱达到极致。八旗兵残部随着根据地的陷落，或逃于西北，或是脱掉兵服扮作良民，支离破碎溃不成军。其他士兵同皇室逃走，董福祥、宋庆之辈率败兵逃至保定府，北京附近几乎没有可以称

---

1 《僵局》，《义和团运动文献资料汇编·英译文卷下》，山东大学出版社，2012，第157页。
2 国家档案局明清档案馆编《义和团档案史料》，中华书局，1959，第484页。

为军队的敌兵。[1]

经过义和团、清军、八国联军的多重影响，原本由步军统领、五城御史和顺天府尹构建起来的北京城市管理的"三驾马车"早已矛盾重重，旧的城市管理已难以跟上变化的时代步伐了。

二 联军分区占领的过程与区域调整

由于日、英、美、俄先头部队是从东面攻击北京城的，对占领区的划分呈现了自东向西、由内而外的趋势。

在占领京城的次日（8月15日）召开的第一次联军指挥官会议上，即确定了四国的占领区范围。对这次划分，日本外交文书的记录为：

> 日各国军队指挥官举行会议，认为为组织北京城内外国士兵及乱民抢劫，有必要施行军事警察制度，将北京内城大致分为南北两部分，其北部之一半由我负责，另南部一半分为英、俄、美等负责部分。今后德、法之兵络绎不绝进京，将再议分配此等负责区域。[2]

日本参谋本部的文件与此相类似，只是更为具体：

---

[1] 《明治三十三年清国事变战史》卷四，第五篇（下）自第五师团动员起至一半部队凯旋期间之事迹，第十九章进攻北京以及公使馆解围，北京之混乱，《义和团运动文献资料汇编·日译文卷（日本参谋本部文件）》，第312页。

[2] 8月29日，驻清国西公使致青木外务大臣函《援军抵达后之概况报告》，机密第四九号，9月15日收，《义和团运动文献资料汇编·日译文卷（日本外交文书）》，第450页。

由此占领区的分配异论百出，难以定论。最终决定日本军队因兵力多且有城北宿营地，故占领内城的北半部，俄军占领内城的东南部，英、美军占领西南部（美军是与俄军相接的部分），各守各区内的城门。[1]

　　日本之所以占有内城北部主要是由于兵力的强大。明清北京城遵循"左祖右庙，前朝后市"的城市规划方案，因此日本占领区的阜成门—朝阳门一线以北向来是商肆繁盛之地，而其他三国占领区则多为前朝的王府、衙署所在地。此后，无论日占区进行了怎样的分割，以钟鼓楼、后海西海为主的经济区始终在日占区的统辖之下。这也可以说明日占区市场迅速长期繁荣的原因。需要指出的是，这次分区仅涉及北京内城，目前尚未见到此次分区涉及外城的记载。

　　8月18日，法、德二军入京后，第二次联军会议讨论了此二军的占领区问题，据日本参谋本部文件，这次分区的过程是：

　　继而，法军指挥官索要宿营地，对各国宿营地的变更更是异论百出，最终决定将日军占领区的西南部和英军占领区北部的若干地方让与法军。另外确定将德军宿营地设于外城北部，外城其余地方平分给英、美两军。[2]

　　这次分区首先涉及外城，决定将其分予德国、英国和美国。俄国、日本并未占领外城，其后，直至两国撤军，也并未占领。

---

[1]《明治三十三年清国事变战史》卷四《北京第一次会议》，《义和团运动文献资料汇编·日译文卷（日本参谋本部文件）》，第313页。

[2]《明治三十三年清国事变战史》卷四《第二次会议》，《义和团运动文献资料汇编·日译文卷（日本参谋本部文件）》，第313页。

法占区割自英占区与日占区，也不涉及外城。这次会议还讨论了宫城各城门的守卫问题：

> 另外，此会议还讨论了北京守卫的问题。有人提议北京城之攻陷乃日、英、美、俄四国之功，最适当之法为一国守一门。福岛少将反驳称"紫禁城四门乃为日、美军以鲜血所占领，其目的不单纯是保护皇宫，守卫城门；我军同各国军队同样亦严禁入内，其他占领之意完全不同，因此断不可将此分与他国军队"。由此议论再起。最终不得已遵照本国政府之指挥，依然由日、美两军守卫四门。[1]

此处的北京守卫问题及四门主要是紫禁城的四门——午门、神武门、东华门及西华门。日军强烈反对四国各守一门主要还是因其有兵力为后盾。第二次会议虽未明言但涉及的划界还有日、俄的界线划定，其中涉及一个重要地物即总理各国事务衙门。

> 此前总理各国事务衙门被我军控制。商定各国负责之警备区域的结果，总理衙门在俄国负责区域内。昨日（18日），我从该处撤出警备，将之交给俄国官兵。然总理衙门乃各国外交场所，决定翌日（20日）各国公使馆翻译在总理衙门会同，共同封存全部文件。[2]

---

[1]《明治三十三年清国事变战史》卷四《第二次会议》，《义和团运动文献资料汇编·日译文卷（日本参谋本部文件）》，第314页。

[2] 8月29日，驻清国西公使致青木外务大臣函《援军抵达后之概况报告》，机密第四九号，9月15日收，《义和团运动文献资料汇编·日译文卷（日本外交文书）》，第451页。

8月23日的第四次会议上,占领区的划界纠纷初次开始:

美军指挥官称"在美法边界线上的房屋藏有大量银币,但此房屋为法军所占领,希望将此银币分与美军一半"。法军指挥官称"该房屋于16日攻破北堂之际,据天主教徒所告知而被占领,这与日本军队占领俄军区内缴获户部马蹄银为同一做法"。福岛少将称"日军占领户部为15日上午之事,即在规定占领区之前,且日军击退抵抗之敌,以武力夺取之,日军缴获户部之物理所当然"。俄军指挥官询问法军所获金额,法军指挥官告知约三十万两。于是,利涅维奇中将说"此等数额即便为法军单独占有尤为不足,故此法军单独占有亦无不可"。(福岛少将坐在利涅维奇中将左边,中将在纸上画出一个椭圆形,以线画出三分之一,示与少将称"此为银块,其大的部分给日本,小的部分给俄国";少将亦在纸上画出一条蛇形线,划出三分之一,示与中将称"此为铁路线,长的部分给俄国,短的部分给日本",左右之人皆微笑之。中将此后不再言及占领物资之事。)[1]

法占区与美占区涉及的房屋银钱纠纷,法国将其比为日在俄占区内缴获户部马蹄银,却被日方反驳,日占领户部在8月15日划定占领区前,因此无可非议。最终美国的要求没有得到列强支持,而日、俄两军首领的纸上分割颇似正在修建的"东清铁路"权利让渡。关于占领区的纠纷可视为列强在华矛盾的体现。

此次划界后日本先后于8月31日和9月12日向法国、意大利划出了部分地域,这次划界涉及的主要是两个城门——阜成门

---

[1] 《明治三十三年清国事变战史》卷四《第四次会议》,《义和团运动文献资料汇编·日译文卷(日本参谋本部文件)》,第315页。

与西直门。阜成门以南地域由日本划给法国，这次划界也带来了平民的迁移——法占区向日占区迁移。西直门大街以南则由日本转给意大利。但同时规定了西直门由日、意两国共同把守。[1] 由阜成门、西直门作为划界依据可知城门的重要标志作用及城门大街的交通地位。以城门内大街为划界依据在一定程度上继承了如清代内城八旗的分界原则，同时近代北京的城区划分也遵循这一准则。

联军成立北京行政委员会后，对占领区的划分仍在进行。在第九（1901年1月21日）至第十二次会议（2月18日）上，商定了"西华门、仪鸾殿东门间的地方由日军让给德军，但日军保有西华门卫兵所"[2]。随着议和将成，占领军陆续撤退，但权力的真空尚不能容忍。因此，在4月9日的第十八次会议上，决定了如下事项：

> 由于美军不日将撤退，该军的管区应由英、德两军分割。在与各国军队指挥官交涉后，在下次的会议（4月22日）上决定通过。但先农坛暂时由美军占领，东便门由代替德军的英军负责守备。右安门及广宁门由德军守备。[3]

除了内、外城，北京的皇城也被联军侵占，从日本人绘制的"冬营间北京城占领区域并宿营略图"来看，皇城主要被法、德、英、美、日五国分占，且邻近相应占领区域。

由于目前参阅的史料多是日本及英国的相关记录，联军占领

---

1 《明治三十三年清国事变战史》卷四《北京军事警察之实施概况》，《义和团运动文献资料汇编·日译文卷（日本参谋本部文件）》，第342页。

2 《明治三十三年清国事变战史》卷五《第九至第十二次会议》，《义和团运动文献资料汇编·日译文卷（日本参谋本部文件）》，第540页。

3 《明治三十三年清国事变战史》卷五《第十七至第二十一次会议》，《义和团运动文献资料汇编·日译文卷（日本参谋本部文件）》，第544页。

时期的占领区划分与纠纷当不止于此，更多的划界情况还有待进一步挖掘与研究。仅就目前来看，占领区的划分并非一蹴而就，且在划界的过程中列强多有矛盾抵牾之处。占领区的划分受初期各国侵占北京的影响，且受北京城原有的主要城门及干道影响。

三 分区占领下城市治安的比较

随着联军的不断涌入，联军进行了分区占领，不同占领区的社会治安截然不同，以下试分述之。

1. 英占区

在英国档案中，将英占区与日占区相提并论，指出这两个地区都很快恢复了正常。在李松龄披露的《八国联军分区占领北京与"靖民"布告》中，完整记录了英占区初期的靖民布告，其内容如下：

> 大英国统军大元帅嘎仕礼为晓谕事：照得现在城内西南自宣武门大街以西、阜成门大街以南一带及南城前门大街以东地方均暂归英国管辖。所有各界内华民人等咸宜各安生业，照常居住。凡出售食物之人，自必公平给价，决不勒捐。惟遇有执持枪械华人，定必即行正法。若由某房放枪，即将该房焚毁。嗣后英国武官来索兵器，有者即刻交出。如有隐匿，一经觉察，即将该房焚毁。倘华人有抢夺情事，亦必就地正法。各宜谨遵毋违。特示。一千九百年八月二十日 庚子年七月二十六日[1]

---

[1] 李松龄:《八国联军分区占领北京与"靖民"布告》,《档案工作》1992 年第 5 期，第 40—41 页。

布告公布时，联军占城仅仅十余日，这份布告首先认定了英占区的范围，规定了英占区内，平民有照常居住、不被勒捐的权利；接着是华人的各项义务：不许持枪、不许放枪、不许藏匿兵器、不许抢夺。布告在约束平民时，也实现了平民的一定愿望，因此也有积极意义。在英人自己的战争实录中，也认为英占区远不及日占区，一个突出的例子是当其想购买葡萄时，被告知"菜贩已经不再供货了，因为在他们进来的路上，货物会被士兵们抢走"[1]。

2. 美占区

在《庚子纪事长札》中，赵声伯比较了美占区与德占区的情况：

> 洋兵入城以后，即分兵划分地界，派兵入人家搜查军器，翻箱倒箧，遇银钱、时辰表及贵重之物皆攫之而去。德兵后至，所分地界骚扰殊甚，有搬取一空者，又捉人充当苦工，不分官民，一律捉拿，稍不如意，鞭挞流血。其在德界内者，多移至美界。美界内则自中秋后即不入人家，市肆渐渐开张，居民避出者，稍稍归城，近来不觉其有兵象矣。[2]

在9月2日召开的第六次各国军队指挥官会议上，针对已在日、英、法租界实行已久的禁枪令，美军指挥官对美占区仍有枪声的陈述为：

---

[1]〔英〕乔治·林奇：《文明的交锋——一个"洋鬼子"的八国联军侵华实录》，〔美〕王铮、李国庆译，国家图书馆出版社，2011，第95页。

[2] 赵声伯：《庚子纪事长札》，《近代史资料专刊·义和团史料》（下），中国社会科学出版社，1982，第658—659页。

美军指挥官曰:"美军占领区内允许白昼开枪,此因为很多丧家犬因撕咬人马之尸体而成狂犬,咬伤路人,极为危险,因而有必要将其消灭。"日、英、法军官称,自始便有严禁开枪之令,美军指挥官称原本对此十分注意,希望没有危险,但是狂犬消灭前不能禁止开枪。[1]

同样是英人的记录,常将英占区与美占区对比,称其"比法国和俄国的占领区强些,但比日本占领区差远了"[2]。

3. 俄占区

就目前查阅到的资料看,对俄占区社会治理评价普遍不高,甚至在9月11日召开的第七次联军会议上,针对英军指挥官的指控"英军指挥官现在妨碍市内人民营业者主要是俄军之暴行,有必要首先加以制止",俄军指挥官表示歉意,并称"今后会更加注意"。[3]

英国人乔治·林奇在经过俄占区时,看到的景象为:

这是一片房屋密集、看上去荒无人烟的区域。没有任何恢复生意的迹象。大部分房屋紧闭,各处有些衣不遮体的中国人和光屁股的孩子无所事事的站着,看上去惶恐而饥饿。一队队干苦力的当地人被雇来在工头的严密监视下拖运粮食、草料和成包的劫掠品。劫掠和肆意破坏的痕迹随处可见,正

---

[1] 《明治三十三年清国事变战史》卷四《第六次北京会议》,《义和团运动文献资料汇编·日译文卷(日本参谋本部文件)》,第348页。
[2] 〔英〕乔治·林奇:《文明的交锋——一个"洋鬼子"的八国联军侵华实录》,第95页。
[3] 《明治三十三年清国事变战史》卷四《第七次北京会议》,《义和团运动文献资料汇编·日译文卷(日本参谋本部文件)》,第349页。

片区域看起来一切都随着这个北方游牧部落的到来而毁灭瘫痪了。[1]

将俄国比为"北方游牧部落",自然有自诩为文明国家的英国的视角优越感。但英国人的实录当是俄占区的事实。俄占区位于日占区的南侧,俄占区内平民向日占区的迁移也说明了这一点。迁移的平民宁愿舍弃财物也要到日占区生活:

> 随着人们从俄国占领区的迁移,日本占领区的人口急增。因此俄国人禁止那些迁移的人携带物品离开,但是中国人仍旧向外迁移,宁愿放弃所有财产也不愿忍受在俄国占领地的悲惨生活。
>
> 在煤山附近俄国占领地与日本占领地交接的一块地方没有俄国岗哨,大批穷人扛着包裹,顶着桌椅和床板,步履蹒跚的涌入日本占领区。[2]

4. 日占区

对日占区的评价,几与俄占区完全相反,赵声伯认为"城内则日本界内最为安谧"。英人乔治·林奇在刚看过俄占区的荒废后,也惊讶于日占区的繁荣:

> 接着我去了日本人的占领区——那里完全不同。骑马沿崇文门而行,随处都有明显的商业和恢复自信的迹象。这是一条形状奇特的街道,车道的中心高出人行道四到五英尺。大约一半的商铺在营业或半营业。……在日本占领区的一条

---

1 〔英〕乔治·林奇:《文明的交锋——一个"洋鬼子"的八国联军侵华实录》,第92页。
2 〔英〕乔治·林奇:《文明的交锋——一个"洋鬼子"的八国联军侵华实录》,第94页。

街上你能看到的试图重新恢复生意的中国人比在其他所有占领区加起来能看到的都要多。[1]

日本为恢复占领区安定而设置的安民公所在后文会有详尽叙述。这里要探讨的主要是日本采取的其他措施。这类措施有：（1）阻止其他国家军队在日占区寻衅滋事；（2）劝导平民开店营业；（3）对店铺发放保护证；（4）军队必需品由日方统一购买。正如日本参谋本部文件所云：

> 继而，为制止到我区寻衅滋事的外国士兵，追查其踪迹，使其承认不良行径，将其扭送警务衙门，移交给外国军队处理。继而，派人挨家挨户登门劝导店铺开门营业，决定一方面禁止军队随意购买，必需品由警务衙门代军队购买，制定购买账本。
>
> ……同日（8月26日）张贴告示，劝导米店及汇兑行开业，并分发给各店保护证。自此时起各商贾开店者急剧增加，申请保护证者每日达数百人，甚至达二千人之多。[2]

日占区相较他国占领区稳定的重要体现是市场的繁荣。前述英占区内市场萧条，而法占区、俄占区更是难以听到叫卖声、见到开门商铺。因此，联军希望设立市场。9月11日的联军第七次会议上，俄军提议设立市场时，日军对此进行了回应：

---

1 〔英〕乔治·林奇：《文明的交锋——一个"洋鬼子"的八国联军侵华实录》，第93—94页。

2 《明治三十三年清国事变战史》卷四《北京军事警察之实施概况》，《义和团运动文献资料汇编·日译文卷（日本参谋本部文件）》，第342页。

为从其他地方购买物资，俄军指挥官提议设立市场。为此有各种说法，有说各国在各自区域内设立以避免混淆；有说设立共同市场；还有说应设在各国守备的城门外等；但最终任何提议都未成立。柴中佐曰："日本占领区内各户已经开始营业，没有必要再特别设立市场，但因眼下区域内物资缺乏，即便是我军队如非官员也不得随意购买，故暂时谢绝他国人到我区域内大量购物，但过些时日将许可之，届时会通知各国。另外有两三外国士兵开设商店或店铺，以正当价格买卖固亦无妨"，诸将表示同意。[1]

针对他国想共享日占区繁荣市场的提议，日本予以干脆拒绝，其背后则是他国市场萧条及日占区的繁荣。

5. 德占区、法占区

德国与法国并不在最初进入北京的联军队伍中，因此对其占领区的划分在8月18日第二次联军会议上才确认。英国档案将法国与德国并列，认为其"到处烧杀"：

> 英国和日本军队控制的地区逐渐恢复了正常，然而法国部队却到处烧杀。德国人则更加荒谬，当人们问他们是否收回了俄国军队暂时占领的区域时，他们回答道："哦，是的。我们昨天射死了七十个人。"[2]

如同平民由俄占区涌向日占区一样，德占区内的平民也有向

---

[1]《明治三十三年清国事变战史》卷四《第七次会议》，《义和团运动文献资料汇编·日译文卷（日本参谋本部文件）》，第351页。

[2]《冲向北京》，《义和团运动文献资料汇编·英译文卷下》，第158页。

美占区迁移的行为，对此前已有引文。而位于皇城北部的法国占领区，在英国人的笔下是：

> 法国占领区起始于煤山另一侧。他们的区域，一块被恐怖笼罩着的地方，向城西北地区延伸。火势在这个地方尤其凶猛，幸免于难的房屋里看不到人们返回居住的迹象；也没有任何试图恢复生意的征兆，我甚至没听到一个菜贩的叫卖声。[1]

意占区的情况目前尚未查阅到相关资料。就目前掌握的资料来看，各占领区内的社会治安大略如下。联军各占领区中，以日占区最为良好，英、美次之，法、德又次之，俄占区最差。

四　安民公所的创设与巡警制度的萌芽

下面主要以日本为例研究安民公所的产生演变历程及对近代北京巡警制度的影响。

日本进入京城后不久，即进占了内城北部的顺天府衙门，作为军事警务衙门。[2] 对于军事警务衙门的建立过程，日本参谋本部文件的记录为：

> 各国军队指挥官认为有必要恢复北京城内的秩序，保持稳

---

[1]〔英〕乔治·林奇：《文明的交锋———个"洋鬼子"的八国联军侵华实录》，第94—95页。
[2] 8月29日，驻清国西公使致青木外务大臣函《援军抵达后之概况报告》，机密第四九号，9月15日收，《义和团运动文献资料汇编·日译文卷（日本外交文书）》，第450页。

定，于8月15日划定各国军队占领区，在当日召集的会议中决定各国军队各自任命其占领区的警察，执行简单的行政事务。我军以柴中佐担任整顿委员长，将办事处设在原顺天府，定名为"军事警务衙门"。步兵大尉桥口勇马、守田利远为委员，并配有若干助手。柴中佐直接调动的部队有一个步兵大队、一个骑兵小队及二十名宪兵，另外在朝阳门、东直门、安定门、德胜门及西直门诸门的各一个步兵中队亦归其指挥。

由此柴军事警务衙门长于18日开始处理事务，将日本占领区进一步划分为各城门及顺天府直属的步兵队区域，各区军队负责恢复各区秩序，保护良民，到处张贴针对清国人的安抚良民告示。[1]

在军事警务衙门建立之初，日占区即已有分区的萌芽，只不过这种分区尚不是以街道来划分。鉴于城门对维护地方治安的重要性，军事警务衙门实际上的划分标准是"城门"和"非城门"。因此，其划分的目的还是维持地方治安。不过，这种划分持续的时间并不长，8月26日，占领区又有了新一步的划分：

由于已上措施的实施，百姓返回开店者逐渐增加。鉴于此，为进一步加强保护和管理，于8月26日将日军占领区划分为东西两区，设置人民自治的总办事务公所，选拔地方名门望族担任总办及其以下之职，各派三名宪兵作为事务监督，后随着职员增加改称"安民公所"。[2]

---

[1]《明治三十三年清国事变战史》卷四《组织北京军事警察》，《义和团运动文献资料汇编·日译文卷（日本参谋本部文件）》，第342页。
[2]《明治三十三年清国事变战史》卷四《北京军事警察之实施概况》，《义和团运动文献资料汇编·日译文卷（日本参谋本部文件）》，第342页。

用东、西分区的建置取代城门和非城门的标准，其前提是市场的恢复。因此，这种划分更多的带有民事的色彩。9月14日，军事警务衙门长将日军占领区划分为三区。在划区的过程中，该部门的建置也在不断扩充与完善。改革编制后的军事警务衙门东、西分厅职员为总办东城分厅1人，西城分厅1人；副办各1人；帮办东城分厅4人，西城分厅3人；警巡各1人；书写人东城10人，西城7人；巡捕长东城分厅4人，西城分厅2人；巡捕东城分厅35人，西城分厅20人；差役各5人；总计东城分厅职员61人，西城分厅职员40人。

5月22日，第二十二次行政委员会召开，在会上，确定了清朝官吏的任职警察行政名单：

> 5月22日，第二十二次行政委员会。当清朝官衙他日自行管理行政时，为给予研究方便，告知军官荫昌，应报告他日清朝官吏担任行政警察等负责者之姓名，意在要求这些官吏接近各国军队的行政事务，而各国军队将其行政归还清政府时交由各自的指挥官。当时，清朝官吏应担任警察行政者的姓名如下：
>
> 内城　庆亲王、陈夔龙
>
> 外城　陈璧、许佑身、阎锡龄、谢希铨、唐椿森[1]

值得注意的是陈夔龙在庚子事变时期担任顺天府尹，陈璧、许佑身是北京的外城巡查御史。以原北京城市管理机构的管理者为新的机构参与者，是北京城市治理传统的另一种延续。此后不久的6月1日，各国行政委员会解散。7月1日，日军向清政府移交了地方行政权。

---

[1]《明治三十三年清国事变战史》卷五《清朝官吏参观行政事务》，《义和团运动文献资料汇编·日译文卷（日本参谋本部文件）》，第544页。

结语　城市管理机构新旧交替下的平民生活

经过义和团、甘军及八国联军初期的京城，已是穷困至极，甚至在联军进城前，时人已有"洋兵纵不再来，已不能支"的感慨。在联军进城当日，五城御史陈璧曾令人张贴安民告示曰："洋兵入城，和好在即；居民官宅，各安生业。匪徒抢掠，格杀勿论；拿送到城，立即正法。"[1] 联军侵占京城初期亦有安民告示，如英国等。其中，要求平民各安生业的提法无疑是困顿已极的百姓最需要的。如果说这种带有官方性质的告示尚不免流于纸面，那么比较义和团进京后的步军统领衙门等机构和联军占领后的如日本军事警务衙门，则可更加明确地看出不同措施对平民生活的影响。

相关研究已经指出，乱世之下的普通百姓，其基本的生存需要是最为重要的。在义和团进京后，事权不一的步军统领、五城御史、顺天府尹等，一面上奏折提出查禁"拳匪"章程，一面又指出自己兵力不堪任用，弹压地方不力的事实。联军侵占北京后，在传统权威荡然无存的同时，民众更寄望于能有强力弹压地方且对百姓温和的权力体系，而联军通过得宜的手段恰好填补了权力的真空，且满足了民众的基本需求。如时任留京的吏部尚书徐郙所言："臣等所鳃鳃过虑者，洋兵初至，民视之如虎狼如蛇蝎；而俄美日诸国方且为粥以赈之，散钱以周之；久与之处，则渐与相昵。"[2] 除日本的安民公所外，德国的普安公所也发挥了类

---

[1] 中国社会科学院近代史研究所近代史资料编辑室编《庚子记事》，中华书局，1978，第69页。

[2] 中国第一历史档案馆编《庚子事变清宫档案汇编》第8册，中国人民大学出版社，2003，第391页。

似的功能，如仲芳氏《庚子记事》所记：

> （九月二十三日）兹由程少棠并在京城坊各官劝邀绅士，在德界之北城地面设立七局，名曰华捕局。挨户按上中下三等，每月捐资，招募连勇巡街下夜。四段分局即在前巷朱觐文家，与吾院中相通，甚可藉以壮胆，予亦在局聊充绅士，分班带勇查夜。闻前门以东德界内，亦设立普安公所。从此或土匪稍可敛迹，亦保民保家之一道也。[1]

联军的举措及其所依赖的士绅力量即使在联军撤走后仍然存在。如《拳乱纪闻》所记，北京南城的美占区一直依靠士绅的力量维持治安，五城御史虽然仍在京城，却并不到署视事。当五城御史欲在联军撤退前夕接管地面管辖权时，结果却是"颇为识者所笑"。[2] 以历经多次浩劫的民众视角观察，团民杀人放火，甘军大发洋财，洋人真来了，朝廷不见了，当这种无所归依的感觉面对"为粥散钱"的联军时，自然是"渐与相昵"。自然，联军的烧杀抢掠不可忽视，但站在当时的民众角度来看，联军进来后生活有保障，还能继续过下去，其基本需求得到满足的同时，甚至出现向联军送万民伞的行为。这也提醒着世人，民脂民膏不能挥霍，民情民瘼无法忽视。

---

1 仲芳氏：《庚子记事》，中国社会科学院近代史研究所近代史资料编辑室编《庚子记事》，第 58—59 页。
2 《拳乱纪闻》，翦伯赞等编《义和团》第 1 册，上海人民出版社，1960，第 227—228 页。

近现代北京城市文献及研究资料概要

王 均[*]

摘 要：本文结合对近代北京城市史研究的实际查阅，以传统志书体裁文献，实物遗存，近代市政文献，口碑资料、回忆录与摄影集，近代报刊及文人描述，近代社会调查等学术研究中的资料等六个类别，举例说明城市文献要点和线索，以利于城市史文献检索利用及多方参引印证。

关键词：近现代时期　城市史　文献资料　地形图　市政统计　社会调查

　　在一百多年来的社会变革的背景下，近现代城市的实际情况明显有别于古代时期的城市，对应着历史资料即有这个时代的特色。在传统的描述性文献之外，开始出现大量规范化的城市建筑、土地、人口、教育、社会经济等方面的调查统计数据和市政报告。延续至今，城市中又保留着大量当时的实物遗存，还有一些健在的近现代人物，向社会介绍他们当时亲身经历的情况。因而有关北京近现代时期的城市资料的丰富与精确程度都优于古代以文字描述为主的资料，有条件采用定量与定性相结合的方法，推进并深入城市史研究，取得更为准确的科学认识。

---

[*] 王均，中国测绘科学研究院。

一 传统志书体裁的城市文献

在1840年至1949年之间,针对北京城市与区域出现大量描述性文献。依年代顺序主要有官修《光绪顺天府志》(1886)、林传甲的《大中华京师地理志》(1919)、陈宗藩的《燕都丛考》(1931)、余綮昌的《故都变迁纪略》(1940)、日伪政权编修的《北京市志稿》等传统体裁的方志类文献;民间出版的邱钟麟的《新北京指南》(1914)、北京民社的《北平指南》(1920)、田蕴瑾的《最新北京指南》(1935)等近代体裁的城市描述文献;以及张江裁、瞿宣颖、李家瑞等地方史家著述的掌故笔记类文献。这类文献是城市定性研究的基本素材,但其表述方式与封建时代的史料文献类似,"大都是笼统的、模糊的概念。着重质量分析,忽视数量分析,忽视质量与数量的辩证统一关系"[1]。

近代学者瞿宣颖曾站在新史学立场上指出传统地方文献的七大缺陷,如:(1)详于特殊事物而略于普遍事物,对与人们的生计、健康有极其密切关系的气候、土壤等事毫无记述;(2)故都历史以皇帝为中心,其他现象全如波纹,离他越远越模糊;(3)偏重成文的记载而忽略实际的社会调查;等等。[2] 显然,传统描述性资料提供了历史的枝叶而不是历史的脉络,对于准确认识复杂的近代城市,定量分析城市结构是远远不够的,"不足为社会科学作基础"。另外有当时许多外国人著述的描述性文献,例如瑞典学者喜仁龙的《北京的城墙与城门》、美国学者L. C. Arlington的著述等。[3]

---

[1] 唐传泗:《关于中国近代经济史研究的计量问题》,《中国近代经济史研究资料》(3),上海社会科学院出版社,1985,第1—28页。

[2] 瞿宣颖:《发刊词》,《北平》1932年第1期,国立北平研究院史学研究会。

[3] L. C. Arlington, *In Search of Old Peking*, Hong Kong: Oxford University Press, 1991. W. E. Geil, *Peking: Captial of Capitals, Eighteen Capitals of China*, London: Constable & Co., 1911. G. N. Kates, *The Years That Were Fat: Peking, 1933-1940*, Hong Kong: Oxford University Press, 1988.

二 实物遗存及整理统计文献

近现代城市的建筑、市政设施、土地利用方式与城市平面布局状况距离现在还只有数十年时间，既是当代城市发展的基础，又在现实中具有一定规模的实物保留。甚至当时的一些建筑物、商业区、学校、公园、铁路车站、道路、给水排水设施等地理事物和市政设施沿用至今，发挥着实际的作用，其中燕园、清华园等一些遗存被分门别类地评定为文物保护单位。市区县文物普查统计都有系统的记录。诸如外交部街、内务部街等近代地名和街道沿用至今，在市县地名录和地名掌故中多有记载。北京城内的"老北京"的住房至今仍然大部分保留着，在20世纪90年代初，清华大学建筑学院张复合老师组织建筑系师生对北京城中现存近代建筑进行了详细的普查和初步的总结[1]，取得了对近代城市建筑及保存延续情况相当完整的认识。

三 近代市政文献

（1）官方统计报告

在经典的清宫档案及《清实录》之外，近代城市的官方记录逐渐转变为市政公文和统计报告。在清末全面推行新政的过程中，首先在京师组建了民政机构和近代警察机构，取代之前的八旗组织，主管近代市政和城市统计。自1907年，京师警察机构

---

1 王世仁、张复合等：《中国近代建筑总览·北京篇》，中国建筑工业出版社，1991。

开始仿照西方模式进行规范的城市调查和人口调查，调查结果以政府公报或书刊形式发布。代表性的资料是清光绪三十三年（1907）、光绪三十四年的《民政部统计表》，该统计表对城市警政、人口、捐税等近代城市现象开始进行详细的调查统计。

在民国建立以后，特别是1914年京都市政公所建立以后，警察机构和市政公所分工合作，引进西方市政管理模式进行城市管理和调查统计。代表性官方文献有《内务统计·京师人口之部》（1912—1920）、《京都市政汇览》（1919）、《市政公报》、《市政季刊》等。在1928年北平特别市政府成立后，市政机构相对健全，对土地、市政设施、社会经济、卫生等城市事物都有规格化的统计和图表，编辑发行了《土地特刊》（1928）、《社会月刊》（1928）、娄学熙的《北平工商业概况》（1932）、李文漪的《北平学术机关指南》（1933）、《北平市政府统计月刊》（1934）、《北平市统计汇览》（1936）、《冀察调查统计丛刊》（1936—1937）、《北平都市规划资料汇编》（第一集）（1947）等。市府编制政类文献的目的即在于"以科学方法，将本市农工商及社会之一般调查统计详实报告于社会"[1]。在北平沦陷时期，日伪政权也进行了连续的城市统计，编制了市政文献。综观1907年以来的近现代城市统计，其中如1908年、1912年至1918年及1928年后的城市人口统计，1935年的城市商业家数与资本统计等资料既是如实反映当时城市状况的第一手史料，又是进行近现代城市定量研究的关键性资料。

在政府主管部门的统计报告之外，分散的相关市政文献亦包含重要的信息。如清末1911年及以后的电话局资料，记录了当时市区内数千户电话用户，即机关、学校、商店、工厂、上等

---

[1] 北平市政府社会局：《社会调查汇刊》第一集，1930。

住宅、会馆等地物的地址，[1]这无疑是反映城市地物位置和地域结构的信实资料。其他如清末民政部档案、自来水公司档案、电车公司档案、铁路档案等文献都具有重要的史料价值。在近代北京《益世报》《晨报》《东方杂志》等报刊上也有大量资料。市属档案部门对此已逐渐整理发表了很多相关专题的资料汇编和研究。

（2）近代城市测绘与地图

在清末推行新政、组建新型军事组织和市政组织的过程中，逐步引进了近代测绘设备，培训测绘人员。首先是在京师范围应用西方近代测绘技术进行了区域和城市测量，编制了相当精确的城市地图。同时，德、法等国军事机构也曾在北京等地进行了实地测量，绘制了城区地图和城郊地形图。进入民国，测绘建制成形，测绘技术即普遍军用和民用（如城市建设和土地丈量登记）。在北京，在1912年，北京政府内务部职方司"以详细地图实为发展市政之依据，爰派专门人员分途测绘"，编制发行了《北京城新图》（1∶8500营造尺）。[2]至1915年，又编制了《京都市内外城地图》。在此基础上，京都市政公所编制了《京都市内外城重要街市及水平标石地点图》，[3]调查并实测了市区（内外城）新旧沟渠和街道房基线，编制了"内外城暗沟一览表（图）""内外城房基线一览表（图）"等市政基础资料。

在上述精确并公开使用的城市测量、制图、调查的基础保障下，近代道路、沟渠等市政建设，房地产交易与管理，城区规划及征收房捐地税等社会经济行动得以有效地进行。到20世纪30年代，官方与民间编制的城市地图、旅游地图大量出现。代表性的地图是北平建设图书馆编制发行的《最新北平全市详图》

---

1 《宣统年间北京电话号码表》，《历史档案》1994年第2期至1995年第3期。
2 京都市政公所:《京都市政汇览》，1919。
3 京都市政公所:《京都市政汇览》，第506页。

（1∶8000），在 1934 年时已发行第四版，并附有电车线路、会馆、旅馆、游览景点等城市事物的一览图、表。这些近代城市地图的出现既是城市进步的结果，又是表现当时城市状况及变迁的全面、直观、准确的资料。

（3）近现代城市规划资料

在封建时代帝都城市规划是为帝王的统治和生活服务的。近代城市规划则是以城市管理、建设及社会经济发展为目标，手段和过程也具有近代特色。在 1914 年，京都市政公所首次以外城香厂新市区为示范，开始"市区改正"计划。这项规划实际分市政建设、房地丈量、招标、投资、编订地名等几方面进行，在目前理解的狭义城市建筑规划基础上还有招商计划。1914—1937 年，北京市政建设基本是"枝节零碎"地进行，市政管理法规在逐步地建立实行。如 1920 年开始实行"承租公地及房基线余地规则"，明确了分区土地基准地价。[1] 从 1927 年开始实行"公共场所建筑审查细则"。[2] 在市长袁良主政时期，曾经进行"故都文物整理事业"，对北平旧城区建设实行了有效的管理和街道、文物建筑的改建。[3]

近代北京城第一次明确的城市规划（草案）是在沦陷初期由日伪北京市都市计划委员会制定的。规划草案包含了北京都市计划的原则、意义、地域计划、分区计划、市政建设、社会服务、土地管理、地图、表格等全面的内容。[4] 在沦陷后期，日本侵略军在旧城区之外的东郊西郊进行了城市规划，不同程度地实施了西郊新市区的建设。在 1946 年，北平市公务局在上述工作的基

---

1 京都市政公所：《市政季刊》1925 年第 1 期，第 7 页。
2 京都市政公所：《市政月刊》1927 年第 13—14 期，第 1—9 页。
3 北平市政府秘书处：《旧都文物略》，北平，1935。
4 （伪）北京市都市计划委员会：《北京市都市计划草案》，油印稿，中国社会科学院近代史研究所藏。

础上再次制定了"北平市都市计划",主要内容是推行西方式分区制(zone)和市政管理,而不是具体的城市建筑设计。这些规划资料客观地记录着大量诸如土地、政区面积、人口数量与分布、城市园林、市政等城市事物的信息,同时也反映了当时市政机构和社会对近代城市的认识的逐步深化。

四 口碑资料、回忆录与摄影集

近现代与当代相距未远,许多经历过那个时代的老人有很多直接的记录和绘图摄影,如梁思成、林徽因的《平郊建筑杂录》,侯仁之先生的《我从燕京大学来》等,是了解当时城市状况的重要信息来源。邓云乡等"老北京"陆续写作了《文化古城旧事》等回忆性著作,这些文献文笔优美,记述真实,都相当于第一手史料。[1] 政治协商会议等机构组织编写了大量历史性文集。[2] 此外,近代摄影与制印技术的传播也使得近代研究拥有古代题材不可能拥有的照片资料和珍贵影像[3],它们对城市景观等方面的专题研究极有帮助。

五 近代报刊及文人描述

作为中国文化教育的"故都",近现代北京曾经产生过极富魅力的地方文学,出现过以老舍、鲁迅、林语堂为代表的文学大

---

[1] 邓云乡:《文化古城旧事》,中华书局,1995。
[2] 中国人民政治协商会议北京市文史资料研究委员会编《日伪统治下的北平》,北京出版社,1987。
[3] 北平市政府秘书处:《旧都文物略》,北平,1935;傅公钺等编著《旧京大观》,人民中国出版社,1992;《帝京旧影》,紫禁城出版社,1994。

师。他们对当时北京的城市社会文化生活进行了多方面的描述，提出过深刻的见解。"自清末到抗战，北京地区的社会文化生活是特别值得城市史专注研究的。这是一个由旧向新的城市蜕变的重要历史时期，许多社会形态都处于方兴未艾的转换期，其种种蜕嬗的痕迹较之上海、天津、南京、济南、武汉等其它城市都更有代表性。就普通市民与士大夫辈的情感生活来说，迹象尤为显著。这许多都得从日常生活现象找到痕迹与脉络。"[1]

在20世纪30年代，上海《宇宙风》杂志曾出版"北平专辑"和《北平一顾》（1935），约请数十位散文名家描绘北平社会、经济、民生的方方面面。近代文学大师基于亲身经历对当时"乡风市声"与故都民俗的描述无疑是认识近代城市的重要资料，也是城市历史的宝贵财富。[2] 但文人笔下的北京不一定是真实的北京，因而这里需要提到的是由于当时尚在连载而未被收入《北平一顾》的铢庵（瞿兑之）的《北游录话》。该文分为十篇，较为客观地介绍了北平多方面的情况。

六　学术研究中的资料

在近现代时期，自美国社会学者甘博在北京进行的社会调查，以及在燕京大学推进社会学教学过程中进行的学生实习活动开始，李景汉、林颂河、陶孟和、吴景超、张其昀、魏树东等有不同学术背景的学者在当时都曾对北京的城市社会、经济、地价地租与税收等方面进行过实际的调查和专题或综合的研究。如林颂河即明确地

---

[1] 黄裳：《燕城杂记序》，浙江文艺出版社，1987。
[2] 姜德明编《北京乎：现代作家笔下的北京》，三联书店，1992；味橄（钱歌川）：《北平夜话》，上海中华书局，1935。

提出:"把北平社会最近状况和近年的变迁用数目字表示出来。"[1] 李景汉也提出:"社会调查是要实现以科学的程序改造未来的社会,是为建设新中国的一个重要工具,是为中华民族找出路的前部先锋。"[2] 这些学者的著述之大部分刊印流传至今,成为具有重要历史价值的资料积累和学术积累,是后人开展进一步研究的必备的基础。他们的研究结果都包含客观资料和分析研究两方面内容,其中资料部分又可分为官方文献和学者自己的调查结果。

在依据这些文献开展城市史研究之后,笔者逐渐体会到,进行近现代城市研究在资料方面既有优势又有困难。首先,突出的一点困难是各时期官方文献状况随政权更替而变化不定,统计项目和统计口径的前后可比性较弱,项目定义不尽精确,缺项现象普遍存在。比如对于人口统计和土地统计,需要多方对比排序,确定当时的统计概念、针对的地理范围、前后对比合理性。其次,在社会动荡的背景下,资料分散到大陆、中国台湾以及日本、欧美各地,以致各地学者都难以完整而系统地查阅史料。例如在美国的章英华博士在论文中提到的几份文献在北京难以查对[3],而他似乎也没有查到在北京(如北京大学图书馆)可以查到的文献。最后,就史学界而言,尽管已经在整理政治史料、经济史料等方面做出成绩,但大量有价值的城市资料依然有待根据新的专题进行校勘、整理和汇编,很多信息线索仍旧分散在档案、刊物、报纸、文集、地图、影集等多种载体上,使研究者不得不自己查询。此外,城市资料可信度问题需要在多方印证之后逐渐解决。

---

1 林颂河:《统计数字下的北平》,《社会科学杂志》1931年第3期,第376—419页;林颂河:《北平社会概况统计图》,北平社会调查所,1931。
2 李景汉:《实地社会调查方法》,北京星云堂书店,1933,第10页。
3 章英华:《二十世纪初北京的内部结构:社会区位的分析》,台北《新史学》创刊号,1990,第29—77页。

史迹考索

潭柘寺史事略考

王 岗[*]

摘 要： 潭柘寺是北京地区的著名寺庙，关于这座寺庙的历史文献并不多，故而以往人们对该寺建造于何时有不同的说法。笔者把目前所掌握的相关资料加以梳理，得出该寺建于金代的结论。

关键词： 潭柘寺 华严和尚 马鞍山

在北京地区的佛教发展史上，有一座寺庙的名声很大，即人们俗称的潭柘寺。寺旁有龙潭，又称青龙潭；有柘树千枝，后皆枯萎。而寺名却由此传播开来。较早、记载较全又影响较大的历史文献当属明人刘侗、于奕正所著《帝京景物略》一书。该书在讲到潭柘寺时称："谚曰：先有潭柘，后有幽州。夫潭先柘，柘先寺，寺奚遽幽州论先，潭柘则先焉矣。"[1] 该书又称："寺，晋、梁、唐、宋，代有尊宿，而唐华严为著。元至正间，顺帝赐雪䃸酒，皇姊致膳。我明永乐间，则姚少师道衍；万历间，则达观大师真可。……寺先名嘉福，后名龙泉，独潭柘名，传久不衰。"此后的许多相关论述，皆以此为依据。

刘、于二人通过该书表述的这些观点，有的是正确的，有的

---

[*] 王岗，北京市社会科学院历史研究所。
[1] 《帝京景物略》卷七《西山下》。

则值得探讨。首先，是潭、柘和寺的关系，是先有水潭，再有柘树，最后有寺，不必与幽州比先后。这个观点是正确的。其次，是各朝代寺中所曾经有过的高僧。书中所举朝代，即有不妥之处，晋代，北京地区在其辖区内是没有问题的。梁朝，在唐朝之前的当指南朝的萧梁政权，北京地区显然不在其辖区内。而后梁则在唐朝之后。书中如果列举的是这个朝代，则时间排序是不对的。唐代，是没有问题的，北京地区当时称幽州，在其辖区内。宋代，又有问题了。早在宋朝建立之前，北京地区就已经让石敬瑭割让给了辽朝。宋朝建立之后，曾经发动几次大规模的北伐战争，想要收复幽州，却一直也没有能够收复这里。及金朝崛起，更是把宋朝赶到了长江以南。因此，在二人所列举的"晋、梁、唐、宋"四朝中，只有晋朝和唐朝才与北京地区有关系。

而在书中所列举的历代高僧之中，元代的雪礀、明代的道衍与达观皆没有问题，而在元代之前的晋、梁、唐、宋四个朝代中，该书却只列出了唐代的华严和尚，其他三个朝代皆未能列出高僧之名。而华严和尚又被潭柘寺列为开山之祖，所谓"画祖者，水墨画华严祖也，坐蕉竹下，骑老龙，画蕉若雨，竹若烟，龙若雾，出其甲，祖若定未出"[1]。如果唐代的华严和尚是该寺的开山祖师，那么，此前的晋代和梁代，潭柘山上显然不曾建造有寺庙。再加上二人没有列举出晋代和梁代的高僧人名，又怎么能够证明这里建造有寺庙呢？

刘、于二人在书中又提到了一些与该寺有关的物证，即当时寺庙中存有七座寺碑。其中，金碑两座：一座是金世宗时所立，另一座是金章宗时所刻。元碑两座：皆为元顺帝至正年间所立。明碑三座：据该书记载分别为明英宗正统年间、明孝宗弘治年间

---

[1]《帝京景物略》卷七《西山下》。

及明神宗万历年间所立。寺中又有佛塔,《帝京景物略》中没有详说。刘、于二人当时所见到的金、元、明三代的七座碑刻,今天大多数已废毁不存,给我们了解潭柘寺的历史带来很大的遗憾。

关于潭柘寺的名称,刘、于二人在书中称"寺先名嘉福,后名龙泉",由此而导致许多人进一步加以解释,如清初著名学者孙承泽称:"晋嘉福寺,唐改龙泉寺,即今潭柘寺也。……燕谚谓'先有潭柘,后有幽州',此寺之最古者也。"[1] 这一观点,得到清代官方的承认。如《大清一统志》卷七有"岫云寺"条,称:"在宛平县潭柘山,旧名潭柘寺。……晋为嘉福寺,唐为龙泉寺,后更名潭柘。本朝康熙二十七年重修,赐今额。"文中的"今额"即指岫云寺。清代官修《畿辅通志》亦称:潭柘寺"即晋之嘉福、唐之龙泉寺也"。这种以讹传讹的事情在官修的方志中屡见不鲜。

关于潭柘寺的寺名,必是与建造寺庙的历史密切相关的。如果该寺真是在晋代建造的,称为嘉福寺也是有可能的,沿袭到唐代改称龙泉寺也是没有问题的。但是,事实并非如此。明代历史文献的相关记载,为我们认识这座寺庙名称变迁的历史真相提供了一些重要信息。在明英宗天顺年间纂修的《大明一统志》中,谈到了潭柘寺。志文称:"嘉福寺:在房山县东北五十里,金建,旧名潭柘寺。本朝正统间改建。"这条记载提供了两条信息,其一,明人认为这座潭柘寺是在金朝建造的,称潭柘寺。其二,明朝正统年间加以改建,称嘉福寺。也就是说,嘉福寺的寺名不是晋代即有的,而是明代才有的。《大明一统志》的纂修要早于《帝京景物略》的撰写,其参考价值也就更大一些。

对于《大明一统志》的观点,至少有两条明代的史料可以佐证。佐证之一,是《明英宗实录》,据该实录称:在天顺二年

---

[1] (清)孙承泽:《春明梦余录》。

（1458）十月，"赐在京并浙江等处寺额曰：真庆、嘉福、圆林、观音、净觉、普寿、南泉、云间、庆宁、永庆、妙亨、常乐、显宁、惠明、昭灵、昭宁、碧峰、护国、景会、福严、灵云、报因、报国、大胜、清源、普利、英台、慈会、兴善、净业、广福、崇化、法空、广惠、延寿、龙泉、普济、静仁、崇庆、龙兴，凡四十寺"。[1]而在京城及江浙等处的四十座寺庙赐额中，嘉福寺位列第二，可见其在众多寺庙中是较为重要的。同时证明这座寺庙被称为嘉福寺的准确时间不是在晋代，而是在明代。

佐证之二，是寺中现存的《重修潭柘嘉福寺碑记》。这座碑在《帝京景物略》中是有记载的，即大学士谢迁所撰碑文。在该书中所记谢迁撰碑的时间是明孝宗弘治十年（1497），而实际上谢迁撰写碑文的时间，是在明武宗正德六年（1511）。碑文中明确记载了是明英宗赐寺额为嘉福寺的。既然嘉福寺的名称是由明朝的皇帝所赐，该寺在晋代称嘉福寺的观点没有史料的支撑，也就无法得到人们的认同了。

明代还有一部重要的历史文献《宛署杂记》也涉及了潭柘寺。这部书是由万历年间出任宛平县令的沈榜所著。潭柘寺正是在宛平县境内，归沈榜管辖，而《宛署杂记》的写作及出版时间也早于《帝京景物略》，因此，是有很高参考价值的。沈榜在该书中称："潭柘寺：在平园村，金大定十三年建。旧名龙泉寺，一曰嘉福寺。正统年太监王振重修，礼部尚书胡濙记。弘治十年太监戴义请于朝，赐金重建寺，有蛇异。大学士谢迁记。"[2]在这里，沈榜给了我们更多信息。

其一，他提出来，潭柘寺建于金大定十三年（1173），原来称龙泉寺，后来称嘉福寺。其二，他提到了明代的两座碑，这两

---

1 《明英宗实录》卷二八三、卷二八四。
2 《宛署杂记》卷一九《言字》。

座碑也见于《帝京景物略》，而现存的只有谢迁碑了。其三，他提出潭柘寺建于金世宗时，正与金朝刻立第一座寺碑（即所谓的"杨节度记"）的时间相合。因此，金世宗时对潭柘寺应该有较大规模的重建，才让沈榜认为是这一年才创建的该寺，而他没有提到在此前其他的相关碑刻。其四，他在此提到了龙泉寺的名称。这个寺名，清代各家皆认为始称于唐代，是先有了晋代的嘉福寺，此后才有了唐代的龙泉寺。而沈榜则指出，是先称龙泉寺，后称嘉福寺。其五，该寺在明代有了极大发展。明英宗时的大太监王振权倾朝野，由他来主持潭柘寺的修建自然规模不小。而明孝宗时"赐金"重建该寺，其规模也必十分可观。

明人所著又有《游业》一书，今已佚，幸得清人朱彝尊《日下旧闻》抄录其中一段文字："潭柘寺，山环无柘，惟殿左有枯株久仆，云是龙渊遗迹。寺碑，胡尚书濙文、夏太常昶书也。寺肇于唐，重饬于金大定间，元毁于兵，国朝宣德初更拓，赐名龙泉寺。"在这里，可以见到胡濙碑文的大致内容，讲到该寺的兴衰。其中"元毁于兵"一句较为费解，是元初毁于兵，还是元末毁于兵，没讲清楚，应该是元末毁于兵。但是，该书称潭柘寺之称龙泉寺，是明宣宗的赐名，而不是唐代的寺名，这又是一种说法。到清代中期纂修《钦定日下旧闻考》时，人们已经见不到胡濙的碑文了。

与潭柘寺建寺有极为重要关联的人物之一是华严和尚。这位和尚在唐代的佛教界虽然不算声名显赫，却仍然留下了一些零星的记载。其中的一部历史文献，即宋代僧人赞宁等人奉敕撰写的《宋高僧传》，因为是"奉敕"撰写的，也就有较大的权威性。在该书第二十五卷中，就撰写有《唐幽州华严和尚传》一文。这篇文章不长，录之如下，以便探讨。其文曰：

释华严和尚，不知名氏，居在幽州城北，恒持《华严经》以为净业，时号之全取经题呼召耳。其所诵时，一城皆闻之，如在庭庑之下。万岁通天年中，韩国公张仁愿之为幽州都督也，夜闻经声，品次历历然。及尔晨兴，谓夫人曰："昨宵城北道人讽诵，若在衙署前也。还闻已否？"夫人曰："是何地远，可得闻乎？"张君曰："如其不信，可各遣小竖走马往覆之。"果无差谬。

张君请召入城。及相见，谓张君曰："有愿胡不报乎？"答曰："现造袈裟五百缘，布施罗汉去。"华严曰："勿去余处，但送往州西马鞍山竹林寺内施僧。"及遣使赍香衣物登佛龛山，已去，觅竹林寺且无踪迹。如是深入，陟高山，见一翁，问之。曰："且随吾来。"倏睹云开寺现，景物非凡世所有。入寺，散袈裟毕，而少二人。彼老宿曰："可赍还二，分一与张仁愿，一与华严和尚。"自此方知，华严和尚是竹林圣寺中。来使留一宿，出已经年。行化既久，及终坐亡，肉身不萎败。范阳之人多往乞愿，时有征应。塔近因兵革而废矣。

这篇《唐幽州华严和尚传》虽然只有三百余字，却提供了较多珍贵信息。其一，华严和尚活动的地点在这里有两处，一处是幽州城北，另一处是幽州西面的马鞍山竹林寺。其二，华严和尚活动的时间是在万岁通天年中。这个年号是唐代女皇帝武则天所用年号，时间是696—697年。其三，华严和尚的得名系因为他不断念诵《华严经》作为功课，而且声音能够传得很远。其四，华严和尚曾经在竹林寺中弘传佛法，最后坐化寺中，"肉身不萎败"，使得很多佛教信徒到此"乞愿"。其五，这时竹林寺的规模已经十分可观，有僧众近五百人，这个僧人的数量在唐代幽州地区的寺庙中已经是非常多的了。其六，《宋高僧传》的作者对华严和尚的"出处"或者是"出身"并不了解，故而用了"不知名氏"四个字。

与这篇《唐幽州华严和尚传》的记载有较大差异的，是在宋代之前的五代时期，曾有僧人编写了另一部相关佛教的著述《祖堂集》，这部著作不是"奉敕"编写的，也就没有了官方色彩。

而在这部书的第八卷中，也载有一篇《华严和尚传》，阅读这篇文章，感觉是更多了一些真实性，而少了一些传奇性。在这篇华严和尚的传记中，开篇即讲到了华严和尚的"出身"及所属宗教派别，以及得名之缘由。"华严和尚嗣洞山，在洛京。师讳休静，大化东都，禅林独秀，住花严寺。"其一，他的名氏即释名为休静。其二，他信奉的是南派禅宗中的曹洞宗。其三，他弘传佛法的主要场所是在当时东都洛阳的华严寺（即文中的"花严寺"，在古代花与华常通用）。其四，因为在华严寺弘传佛法十分知名，故而他被称为华严和尚。当时的"和尚"是人们对僧人的尊称。

这篇《华严和尚传》的结尾又称其"后游河北，返锡平阳。迁化后，荼毗舍利四处起塔，敕谥宝智大师无为之塔"。这里讲到了华严和尚一生的结局。其一，他曾从唐代的东都洛阳出游河北，以弘传佛法。其二，他最后回到平阳（今山西临汾境内）而坐化。其三，在火化后曾建有四处佛塔，以安放其佛骨舍利。文中所讲到的"后游河北"，就很可能是到过幽州。因为幽州是河北重镇，在政治、军事、文化等各方面皆有重要的区域影响。《祖堂集》与《宋高僧传》中的"华严和尚"传记最主要的不同之处有两点，第一点，《祖堂集》称华严和尚信奉的是曹洞宗，得名不是因为念《华严经》，而是因为在东都洛阳华严寺宣讲佛法。第二点，《祖堂集》称华严和尚不是死在幽州的竹林寺，而是死在平阳，这里应该是他的故乡或是他早年出家的地方。

在宋代文人编纂的《太平广记》卷九四《异僧》中，也有一些关于华严和尚的记载，称："华严和尚学于神秀，禅宗谓之北祖，常在洛都天宫寺，弟子三百余人。每日堂食，和尚严整，瓶钵必须齐集。"这段文字，是对《祖堂集》的一些补充。但是在讲到华严和尚弘传佛法的地点时，该书作天宫寺，而不是华严寺。在这处记载中，提到的大多是神鬼报应之说，并注明是转引自《原化记》，显然不可信的内容居多。再往后明朝人纂修《神僧传》，也收录有华严和尚传，其则是全抄《太平广记》的记载，没有任何参考价值。

经过我们对唐代华严和尚的相关传记加以梳理可知，他的释名为休静，最初是在唐代东都洛阳的华严寺学习禅宗中曹洞宗一派的佛法，并因为在华严寺弘传佛法而得名为华严和尚。此后，他又到河北（包括幽州）弘传佛法，并一度在幽州西面的马鞍山竹林寺讲禅传道，并且得到幽州节度使张仁愿的布施。此后回到平阳而坐化。在这里，与潭柘寺有直接关系的是，以上文献中提到的马鞍山竹林寺是不是潭柘寺，如果是，那么该寺的创建年代至少是在唐代。如果不是，那么该寺在什么时候创建的只能另外考订。有些人认为，马鞍山竹林寺就是潭柘寺，而华严和尚就是该寺的开山祖师。

我们在查阅相关北京历史文献时，并没有见到唐代的幽州及其西郊群山中建有竹林寺的记载。在北京地区，最早建造的竹林寺始于辽代。相关史料称：辽道宗清宁八年（1062），楚国大长公主施舍她在燕京显忠坊的住宅，建造了一座寺庙，辽道宗赐名为竹林寺。这座寺庙历经辽、金、元三代，一直为北京地区的著名寺庙。到了明代，又曾加以重建，明代宗赐寺名为法林寺。而在北京城及近郊地区，并没有出现第二座竹林寺。因此，在《唐幽州华严和尚传》中所提到的竹林寺，不知何据。

在这部传记中，又提到了马鞍山，有人认为，潭柘寺就是在马鞍山上。但是，当我们查阅相关历史文献时，又很快将这种观点推翻了。在全国各地，有数百座山峰被叫作马鞍山，系因山峰形状如马鞍而得名。而在这些马鞍山上，又往往建造有大小不等的寺庙。在北京城的西郊，确实有一座山名叫马鞍山。山上也有一处著名的寺庙，称慧聚寺，而不是竹林寺。自辽金以来的一些文献也都对这座山和山上的寺庙加以描写，使我们有了更加明确的认识。

在潭柘寺所在地区，有两座山峰相近，一座名叫马鞍山，另一座名叫潭柘山。顾名思义，潭柘山就是潭柘寺的所在之地。在

《大明一统志》中对这两座山描述道:"马鞍山:在房山县北六十里,以形似名。上有庞涓洞。"又称:"潭柘山:在府西八十里,山磅礴,连拥三峰。傍有二潭,潭上有古柘一株,形曲如蚪,因名。金建寺于上,亦以山名。寺周围多修竹,东有九峰环抱,其南潭水绕峰而出。"在该书的记载中,叙述马鞍山时没有提到曾有寺庙,而在叙述潭柘山时则提到了潭柘寺。

在清前期纂修的《畿辅通志》中,两次对潭柘山加以描述。第一次是在"山川"类中,称:"潭柘山:宛平县西八十里,西山诸峰连绵而西,潭柘为尤胜。山有潭柘寺,相传本青龙潭,开山时,潭平为寺。晋曰嘉福,唐曰龙泉。"第二次是在"寺观"类中,称:"潭柘寺:在宛平县潭柘山,相传本青龙潭,开山时青龙避去,潭平为寺。"在这里,讲得已经非常清楚了,是先有山,因山而建寺。先有山名,因山名而有寺名。据此可知,不论是潭柘山还是山上的潭柘寺,皆与华严和尚曾经住锡及弘传佛法的马鞍山竹林寺无关。

距潭柘山不远的马鞍山上,却也有一座古寺,即戒坛寺。明人蒋一葵在《长安客话》中记载:"马鞍山半属宛平,半属房山。山属房山县境,然戒坛属宛平,京师人但呼戒坛山。"在这里,情景似乎倒了过来。不是因为有了马鞍山,山上的寺庙也被称为马鞍寺,反而是因为有了戒坛寺,山峰才被称为戒坛山。当然,这座戒坛寺因为历年久远,也会有一些"官方"的寺名。

如《畿辅通志》中的"顺天府寺观"类称:"戒坛寺:在府西西山最深处,唐武德中建,旧名慧聚。明正统间易名万寿,本朝康熙十七年圣祖御书'清戒'二字赐焉。"也即是说,这座戒坛寺有两个官称,一个是唐代的慧聚寺,另一个是明代的万寿寺。而到了清代,并没有再改变寺名,仍然称为万寿寺。清圣祖曾专门在康熙五十二年(1713)御制有《万寿寺戒坛碑记》,称:"西山地接神京,岭岫绵亘,林壑深美,中多精蓝古刹。考其历年久远,建置自唐以来者,则万寿寺戒坛为最古。寺在唐曰慧聚,明正统时，始易今名。"

这一观点，是承袭的明代嘉靖年间宰臣高拱所撰写的《重修万寿禅寺碑略》一文。该文称："马鞍山有万寿禅寺者，旧名慧聚，唐武德五年建也。时有智周禅师隐迹于此，以戒行称。辽清宁间，有僧法均，同马鸣、龙树咸称普贤大士，建戒坛一座，四方僧众，登以受戒，至今因之。宣德间修葺，又建塔四、碑四，而请如幻大士名道孚者主其教。"在这里，高拱叙述了从唐代初年到明代初年戒坛寺的变迁情况。他认为，戒坛寺始建于唐高祖武德五年（622），而寺中的高僧为智周禅师。其后的传承，则有辽代的法均（又作法钧）和明代的道孚。

我们对相关历史文献加以梳理，查到在南朝时确有高僧智周，也确曾一度"晦迹"于马鞍山慧聚寺。但是，这座马鞍山慧聚寺不是幽州西郊的马鞍山慧聚寺，而是江南昆山的马鞍山慧聚寺。这位高僧智周是在武德五年七月病故的。如果说，历史上山峰同名、寺庙同名是奇迹，那么，这个奇迹是存在的，南北两座马鞍山慧聚寺确实相隔数千里，先后并存。但是，寺中的僧人之名称也完全相同，就不可能了。而南方慧聚寺高僧智周病故的这一年又是北方慧聚寺智周创建寺庙的同一年，更是不可能的事情。

由于高僧智周的事迹不见于北方，故而高拱的智周隐迹于幽州马鞍山慧聚寺的说法是不能成立的，该寺建于武德五年的说法也就不能成立了。至于高拱所说辽代法均与明代道孚之事，则是有相关证据的。据清代乾隆年间纂修《钦定日下旧闻考》的文臣们记载，在当时的戒坛寺，辽、金、元、明、清五朝皆留有一些石刻碑幢，记录了寺中之相关史事。其中，在戒坛前，有辽碑两座，一为大安七年（1091）王鼎撰文，一为建福元年虞仲文撰文。金碑两座，一为天德四年（1152）韩昉撰文，一为贞元三年（1155）施宜生撰文。其中，虞仲文撰文之碑的年号有误，是时辽、金皆无建福年号，当是清朝文臣的笔误。此外，又有明朝成化九年（1473）胡濙撰文之碑一座。

在戒坛寺内，又有明碑三座，一为正统七年（1442）无名氏撰文，一为成化五年敕谕碑，一为嘉靖三十五年（1556）高拱撰文。在明王殿前，又有辽代石幢二座，一为太康元年（1075）所刻，一为太康三年所刻。此外，今日又留存有辽咸雍八年（1072）段温恭撰写的幢记之文，该文称："是以去咸雍六禩四月八日，于马鞍山惠聚寺内开大乘菩萨戒坛，广度于四众，使之灭六根罪，增十善心。诸恶早除，余疾兼免。"[1] 文中的"惠聚寺"即慧聚寺。可知最迟到了辽代，马鞍山上的戒坛寺就已经称为慧聚寺了。

综上所述，在马鞍山上的古寺为戒坛寺，而非潭柘寺。至少到辽代，马鞍山上的慧聚寺（即戒坛寺）就已经存在了，并且建造了一座远近闻名的戒坛。到了明代，又几次重修，改名为万寿寺。这一名称，被沿用到清代。就连康熙帝也认为"建置自唐以来者，则万寿寺戒坛为最古"。这个评价是比较客观的。如果唐代的华严和尚真的曾经在京西弘传佛法，也是在马鞍山的慧聚寺，而不是潭柘山的潭柘寺。但是，潭柘寺却把华严和尚尊为开山祖师，显然是比万寿寺以明代道孚和尚为开山祖师要早了很多。

我们再来梳理一下潭柘寺的寺名。该寺最早的寺名当属龙泉寺。说是始于唐代也没有直接证据。而最早见于实物证据的，是金世宗大定二十八年（1188）由完颜祖敬撰文的《中都潭柘山龙泉寺言禅师塔铭》。其次，是金章宗明昌五年（1194）龙泉寺高僧重玉所作《从显宗皇帝幸龙泉寺应制诗》，这首诗刻在该寺延寿塔后的石摩崖上。其他的金代碑刻皆晚于完颜祖敬的撰文年代。这也证实了明人沈榜在《宛署杂记》中的描述是准确的。从相关文献的记载来看，潭柘寺迄今尚未发现有金代以前的物证存世。

---

1 《特建葬舍利幢记》，《辽代石刻文编·道宗编上》。

到了元代，该寺仍然称为龙泉寺。如元代中期，有高僧法洪从西北来到大都城，元仁宗赐其号为"释源宗主"，并命其主持"西山龙泉寺"的佛教事务。及元仁宗在大都城新建大永福寺，又命他作为住持，管理寺中事务。这里所说的西山龙泉寺，即指潭柘寺。由此可见，潭柘寺在元代中期的地位还是很重要的。到了明代初年，潭柘寺仍然使用龙泉寺的寺名。一直到明英宗时改称嘉福寺，到清圣祖时改称岫云寺。

在此还有一人值得关注，即明代的胡濙。他是建文帝朝的进士，此后历仕成祖、仁宗、宣宗、英宗、代宗（即景泰皇帝）、宪宗六朝，为官近六十年。明成祖时他即官至礼部尚书，受宠信无比。他在明英宗正统年间撰写有潭柘寺碑文，又在明宪宗成化九年撰写有戒坛寺碑文，这是与他长期执掌礼部政务有关。当时有关僧、道事务，皆是由礼部来具体处理的。胡濙撰写的潭柘寺碑文在清代乾隆年间已不得见，而他撰写的戒坛寺碑文，则流传至今，较为详细地叙述了道孚和尚的言行，有比较重要的参考价值。

关于潭柘寺的历史沿革，清代乾隆年间的神穆德曾经编写有《潭柘山岫云寺志》一书（以下简称《岫云寺志》），光绪年间又有僧人义庵续加清代寺中诸位高僧的传略。通过这部著作，我们可以对该寺的历史沿革有较为完整的了解。该书分为"主山基宇""梵刹原宗""中兴重建""历代法统""行幸颁赐""名胜古迹""龙潭柘木""大青二青"八个主要部分。其中，"历代法统"这部分列有华严和尚（标为晋代）、后唐从实（只有简介）、金僧四人（一人无传）、元僧二人（皆无传）、明僧六人（五人无传）、清僧五人（一人无传），是读者了解该寺传承脉络的主要依据。

这部《岫云寺志》本来应该是较为权威的著作，但是笔者阅后有颇多疑惑。首先，就潭柘寺史事而言，历代法统之始，即华严和尚，明明是唐代的僧人，却非要标为晋华严禅师，而又没有任何与晋代相关的内容，只是引用了《宋高僧传》中的"幽州华严和尚传"。因此，我们不得不认定，被广为传播的潭柘寺建于晋代的观点，只是一种虚构，在现实中是根本不存在的。在晋代，不仅北京的郊区尚没有建造寺庙，就连幽州城里，也没有建造寺庙的相关记载。而在北京地区建造寺庙最早的时间，是在北魏时期，这有相关史料和实物可以印证。

其次，是潭柘寺建于唐代的观点，也是不能成立的。就算是唐代的华严和尚曾经到过幽州来弘传佛法，但是，其一，他应该是在幽州城里，而不是在郊区。因为这时的幽州城里已经有了数座颇具规模的寺庙，可以为他提供较好的服务。十分奇怪的是，在这些唐代幽州的寺庙中，皆无华严和尚活动的痕迹。其二，即便华严和尚没有进城，是在城郊念经，相关史料所显示的，他的活动也是与马鞍山有关，而与潭柘山无关，也就是与潭柘寺无关。因此，以华严和尚的佛事活动为依据来证明唐代潭柘山已经建造有寺庙的观点是站不住脚的。若以此来论证唐代已经有了戒坛寺（即马鞍山慧聚寺）倒是有些说服力。

再次，是潭柘寺建于五代及辽代的观点，也是有问题的。《岫云寺志》在讲到从实禅师在潭柘寺弘传佛法时引用的是明人谢迁的《重修潭柘嘉福寺碑记》，称："师与其徒千人，讲法潭柘，宗风大振。后，示寂华严祖堂，建塔山中。"在当时，潭柘山上确实建有从实禅师塔，但是，建佛塔是不能等同于建寺庙的。如果当时的潭柘山上已经有了可以容纳僧徒千人的寺庙，那是了不得的事情。这座寺庙一定是皇帝敕建，或者是皇亲国戚助建的。而从实禅师只是一个从湖南北上的游方僧，吃了上顿没下顿，又哪有社会关系认识帝王或皇亲国戚，又哪有建造寺庙的万贯钱财呢？想要禅宗的"宗风大振"，在五代及辽代的社会环境下是根本不可能的，这也只是一个美丽的传说或者构想而已。

潭柘寺的建造，既不是在晋代，也不是在唐代，更不是在五代及辽代，因为在整个辽代，潭柘寺连一个类似于华严和尚或者从实禅师这样的高僧都列举不出来。甚至连一个传说故事也没有在诸多的历史文献中留下蛛丝马迹来，这也就是说，在辽代，潭柘寺完全消失了，或者说，是还没有建造出来更为准确。有寺庙，必有僧人的活动，特别是名气很大的寺庙，更应该有名气很大的僧人在这里展开佛教活动。如果没有，我们只能认为这座寺庙是不存在的。从唐代到辽代，北京地区的佛教有了进一步的发展，也就是说，那些建造于唐代的寺庙，绝大多数在辽代有了进一步发展，而很少有衰绝的例子。

从《岫云寺志》来看，金代的僧人数量明显比五代时期要多了（辽代没有），而且他们在北京地区的佛教界的地位有了极大提升，也有了更加广泛的社会影响。在该书中列举的广慧通理禅师、政言禅师、相了禅师等人，均可以查到比较准确，而且较为完备的历史记载。显然，这个时期，也正是在金代，潭柘寺的建造工程在金世宗的支持下，在广慧通理禅师的主持下，才得以完成，并初具规模。在这里，引用一段《岫云寺志》中广慧通理禅师的话："潭柘从古祖师道场，禅学扫地二百余年，吾将起废，正在兹时。"这段话给了我们一个完整的观念。广慧通理认为，从华严和尚开始，二百多年间，禅学毫无作为。而在我们看来，华严和尚本身就是一个神话，大青二青也是一个神话，潭平为寺还是一个神话，二百多年来，只是从神话到神话，其他的都是"扫地"。只有从广慧通理创建潭柘寺开始，才从神话走进现实。

因此，明人沈榜认为潭柘寺始建于大定十三年是完全正确的。在此之后，不论是文献中的相关僧人的传记，还是潭柘寺中存留的各朝代碑刻，都是客观存在的反映。《岫云寺志》中的《广慧通理禅师传》中认为潭柘寺的建造是在大定十一年完工的，也是一种说法，可能更准确一些。两年后，金世宗赐该寺的寺名为龙泉寺，杨节度据此撰写碑文是在大定十三年。再往后的元代、明代、清代，潭柘寺的发展脉络已经基本清晰了。

综上所述，潭柘寺建于晋代的传说影响极大，至今尚有人深信不疑。而从晋代到金代，潭柘寺一直处于传说状态，没有任何的传世物证。很奇怪的是，许多人把这些传说当成史实来加以认定，并且得到进一步的传播。一直到金代，潭柘寺真的建成之后，人们才开始从传说走入现实，只是还有许多人对传说念念不忘，把它当成真的历史。我们认为，一个寺庙的历史当然越古老越好。有些人把这种愿望用传说来加以实现，潭柘寺的历史就是最典型的事例。本文只是从一些侧面来探讨该寺的史事变迁情况，谬误之处，还望各位方家斧正。

燕筑黄金台和后世谏君的黄金台情节*

马保春**

摘　要： 有关燕昭王筑"黄金台"之事，历史上有一个史实流变和地点变迁的过程。据文献记载，战国时期燕昭王只是"筑宫"，东汉末年孔融在《论盛孝章书》中云"昭王筑台，以尊郭隗"。此后"筑宫"逐渐被误传为"筑台"，后进一步演变成筑"黄金台"，且其位置当在今河北省易水流域。至隋唐时期燕昭王筑黄金台的故事已经广为流传。金元时期，由于国家都城的变迁，故事中筑台的地点开始向燕蓟地区搬移，或许是燕昭王确有在燕都蓟城筑宫或筑台之举，或许是金元人崇敬之情的流露，今人无从知晓。清乾隆时期将自然景观的"金台夕照"与燕昭王筑黄金台的故事联系在一起，则在很大程度上是一个用字相近而讹的结果。虽然燕昭王筑黄金台的故事看似有一定的虚构性，但是千百年来流传至今，真实地寄托了世世代代文人贤才们无限的感慨和美好的愿望。

关键词： 燕国　黄金台　燕昭王　子之之乱　燕京八景　金台夕照

一　何为黄金台

黄金台，传世文献亦称贤士台、招贤台，是战国时期燕昭王

---

* 国家社科基金重点项目"分类断代与环境变迁背景下殷墟甲骨文地名遗产再研究"。
** 马保春，首都师范大学历史学院。

为他的贤臣郭隗所筑，目的是招揽更多的贤士良才来燕国辅佐他，来增强燕国的综合实力，富国强兵，以雪先王燕王哙时期燕国遭受的耻辱。台，繁体作"臺"，《说文》上说："臺，观，四方而高者。与室、屋同意。"所以，这个台就是高于周围而顶面平整的四方形建筑物，人可以驻足于此，故与室、屋同义。按照这个思路理解，恐怕"台"这类建筑物也不完全像后人所理解的那样，就是一个其上什么都没有的高台，或许有遮风挡雨的顶盖一类的建筑。"黄金台"者，就是置重金于台之上，故而称此台为黄金台。需要提醒大家的是，当时所谓的"黄金"可不是今天我们所说的作为国际货币的黄金，而是青铜，即纯铜（红铜）和铅、锡的一种合金。置黄金于台上的目的就是让众人亲眼看见，就如同秦国的商鞅为了取信于民，重金悬赏搬运木头之人的故事。燕昭王以此来吸引天下贤才良将和有识之士，也能感受到其当时的诚心诚意。另外需要指出的是，我们所谓的"燕都"，不唯独燕国的正式都城蓟城以及在蓟城的基础上发展起来的与之有关的历代都城，还包括燕下都武阳城。

那么燕昭王为什么要筑成这样一座建筑呢？这还要从战国时期燕国的一段屈辱史谈起。

二 黄金台出现的历史背景——子之之乱

燕王哙在位之时（公元前320—公元前316），燕国自西周得封以来已经延续了700多年了，经历了三十八世，至少三十八个国君或称侯，或称公，或称王。到燕哙的时候，也不知道是这位燕王作王作腻了，还是迫于当时的形势，于公元前316年，突然宣布：要让位于国相子之。君臣易位。当时燕太子平和将军市被坚决反对，因而爆发了燕国国内的大乱，南方的齐国和中山国乘机大举入侵，几乎灭亡了燕国。后燕王哙和子之均被杀死，燕昭王即位，为了报复齐国，他励精图治，发奋图强，这才筑"黄金台"以招揽天下英才，发展燕国，于公元前284年联合韩、赵、魏、楚，五国大举伐齐，又几乎灭亡了齐国，得以雪耻。

那么，子之是何许人也？燕王哙为什么会把王位让予他？话说当时历史的车轮已经行至战国后期，苏秦、张仪等人鼓吹的合纵连横正值游说的旺盛期，各国之间也都暗自较劲，互相攻伐，甚至各种离间计、间谍战等战术也都被轮番使用了，特别是相邻相近的各诸侯国之间，更是互相挖墙脚，明争暗斗，攻城略地，无所不用其极。

子之很可能是齐国有谋于燕国的一个棋子。燕王哙在位三年的时候，子之做了燕国的国相，《战国策·燕策一》说他"贵重主断"，意思就是受到燕王哙的赏识重用，因而专断独行，刚愎自用，一人之下，万人之上。《韩非子·内储说上》还讲了一个子之大权独揽、善于权术的故事。说是有一天，子之坐于大堂之上，猛然间佯言："刚才跑出大门的是东西？是一匹白马吗？"在座的官员都说没有看见啊！但是其中有一个人立刻追出大门，过了一会儿回来报告说："没错，是一匹白马。"子之以此来检验各位官员对其是否忠诚。

据《史记·燕世家》《史记·苏秦列传》《战国策·燕策一》等记载，子之和苏代（苏秦的弟弟）有联姻关系，当时苏代为齐国所用。子之想借助齐国夺取燕国的王位，就将自己的一个儿子通过苏代质押于齐国。齐国于是派遣苏代出使燕国，前去挑拨离间。到了燕国后，燕王哙问苏代："齐王能否完成统一天下的大业？"苏代回答说："齐王绝对不可能称霸天下。"燕王说："为什么呢？"苏代回答说："不信其臣。"意思是齐王不信任自己的大臣。苏代其实是想激燕王信赖子之，从而重用子之。于是燕王哙重用了子之，子之为此事送给苏代"百金"作为答谢。

在子之之乱这件事上，煽风点火的还有一个人，那就是游说之士鹿毛寿。鹿毛寿对燕王说:"大王您不如把国家让给国相子之。我想您也应该听说过,人们之所以称尧为圣贤之人,是因为他把天下让给了许由,可是许由没有接受,因此尧有了让天下的美名而实际上并没有失去天下。如果现在您把国家让给子之的话,子之一定也不敢接受,这就表明您和尧一样有高尚的品德。"燕王于是把部分管理国家的重任交给了子之,子之却并没有推辞,所以子之的地位就越发显赫。又有人对燕王说:"大禹在即将退位之时,举荐伯益继承天下,同时却让他儿子启的心腹之臣当伯益的官吏。等到大禹年老时,又认为启不足以担当治理天下的重任,把君位传给了伯益。不久,启就和他的心腹之臣里应外合打败了伯益,将君位夺了过来。天下人都说大禹名义上是把天下让给了伯益,而实际上暗地里又让启自己夺了回去。现在大王也可以表面上把国家托付给子之,但官吏没有一个不是太子的臣子,这正是名义上把国家托付给子之,实际上还是由太子执政啊。"公元前316年,听信了逸言的燕王哙将君位"禅让"给国相子之,并且三百石以上官吏的官印交由子之,重新任命官吏。于是子之面南而行王事,成为燕国的王,燕王哙反倒为臣。国家一切政务都由子之裁决。

　　据《史记·燕世家》载,燕王哙将王位让予国相子之这件事,引发了太子平极大的不满,太子平是燕王哙的长子,他心想,这燕国的王位本来是我的,你子之作为一个外姓人凭什么抢占?子之当国三年,把燕国政治搞得很乱,百姓恐惧,由此引发了燕国群臣及百姓的怨声载道,一场驱赶子之的运动迫在眉睫。于是在公元前315年,太子平联合齐宣王和将军市被发动了内乱,准备攻杀子之。将军市被围子之所居之"公宫",经过交战,不克。结果将军市被及百姓反而倒戈攻太子平。在战斗中市被战死。子之进而杀太子平。这次燕国内乱达数月之久,《史记·燕世家》这样描述这场燕国的内乱:"因构难数月,死者数万,众人恫恐,百姓离志。"

乘燕国内乱之机，齐国和中山国发动了入侵燕国的战争。齐宣王五年（公元前315），令匡章率"五都之兵"及"齐北丁壮"，向燕国进攻。由于燕国人民痛恨子之，对齐的进攻反而表示欢迎，所以仅五旬的时间齐军就攻下燕国的国都，活捉了子之，后子之被处以醢（剁成肉酱）刑而死。齐接着又杀了燕王哙。之后齐军在燕国大肆屠杀抢掠，"毁其宗庙，迁其重器"。

在燕国内乱的时候，偏居燕国的南部的中山国也借机夺得了燕国的大片土地，据新出土的中山王鼎铭文记载，在燕王哙让位子之的时候，中山国的相邦司马赒"率三军之众，以征不宜（义）之邦"为中山国"辟启疆土，方数百里，列城数十，破敌大邦"。可见，小小的中山国在齐军攻燕时，也乘机捞了一把。

齐军占领燕地达三年之久，其统治十分残暴，给燕国人民带来了极大的灾难，燕军民坚持反抗齐军。其他各诸侯国也从自己利益出发，"伐齐救燕"。公元前312年，齐军被迫撤出燕国，中山国也受到燕国军民和赵国的打击，被迫离开燕地。赵国想吞并中山国，不愿燕国就此破灭，因为如果燕国被齐国占领，则齐国就会继续打中山国的主意；或者中山国和齐国共同占领燕国，势必会壮大中山国的势力，增大了侵灭它的难度。于是赵武灵王把流亡在韩国的燕公子职请到赵，遥立为燕王，派将军乐池护送他回到燕国，这就是后来的燕昭王。子之之乱至此才得以结束。子之之乱实际上就是因让位于国相子之而引发的一次内外交困的政治事件。

子之之乱给曾经一度发展起来的燕国经济以沉重的打击，由此燕国的国力更加衰弱，但为后来燕昭王的励精图治铺平了道路。

因燕王哙让位于子之而引发的动乱，究竟是一场战国时期燕国先进的贵族阶层推行的政治改革，还是子之为其私人目的，借助"禅让"的外衣而操纵的一场政治斗争,学术界有不同的认识和评价,今归纳几种主要观点如下。

(1)郭沫若对此给予高度的评价。他说"我们站在历史唯物主义的立场,应该认为这是当时的一种进步的倾向……作为一国的国王,能把自己的位子心甘情愿地让给臣下,这不是一件容易的事情,燕王哙办到了,足见其不同寻常"。他还认为这个事件和秦、楚两国实行变法的性质相当,是自上而下的改革。

(2)杨宽认为燕王哙的让位"具有封建的政治改革性质","燕王哙和子之想要通过禅让的办法来确立地主政权和进行封建的政治改革"。

(3)金景芳认为这是"一幕滑稽剧"。"燕王哙急于图治求强的愿望无疑是好的。然而他生在战国之世,竟效法尧舜禅让的办法,把政权乖乖交给子之,终于演成国内大乱。"

(4)侯仁之、金涛认为燕王的禅让事件是一场"政治改革"。

北京大学历史系所编《北京史》也认为这是"一部分奴隶主,为了缓和阶级矛盾",所进行的"政治改革"。

(5)曹子西等认为这次禅让事件实际上是一场统治阶级内部的斗争。子之并不代表新兴势力,他是一个善于权术、觊觎国君地位并抱有篡夺之心的人,这可从《韩非子·内储说上》有关"走出门者何白马也"的事件得知。

禅让的做法并不是燕王哙在没有外力的作用下自己想出来的政治方案,而是经过苏代、鹿毛寿等人的劝说之后发生的,而苏代、鹿毛寿等人则是受指使于子之的。

燕王哙将君位让于子之,并不表明子之是改革家,也证明不了他是新兴地主阶级的代表人物,这个事件是子之夺权计划的实施。

1977年,河北省平山县发现战国时期中山国墓地,一号墓出土的青铜器铭文说燕王哙让位子之是"臣宗易位","上逆于天,下不顺于人","为人臣而反臣其宗,不祥莫大焉",二人"不用礼义,不辨逆顺,故邦亡身死"。说明当时的人对燕王哙让位于子之这件事情的看法也是这是统治阶级之间的政治斗争,而非政治改革。

三 燕昭王筑黄金台招贤的传说

燕昭王(？—公元前279),哙之子,公元前311年在赵国的帮助下即位。为了重振燕国,筑黄金台广揽人才。经过28年的努力,使燕国强盛起来。公元前284年,乐毅率兵打败齐国,燕国国势达到鼎盛。

经过子之之乱的燕国残破不堪。燕昭王励精图治,决心报复齐,复兴燕国。《史记·乐毅列传》记载:"燕昭王怨齐,未偿一日而忘报齐也。"战败的燕国百废待兴,急切需要贤臣良士的辅佐。于是,燕昭王以十分谦恭的态度去拜访贤士郭隗,郭隗献招贤纳士之策。这件事情最终产生了燕昭王筑黄金台的壮举。

据《战国策·燕策一》载,燕昭王是取得了残破的燕国之后即位的,他"卑身厚币,以招贤者,将欲以报仇"。于是就去问燕国当时的一个名叫郭隗的贤士说:"齐国乘我们燕国内乱而大举伐燕,并且彻底击垮了燕国。寡人深知燕国国小力弱,不足以打败强大的齐国。但是如果能够得到众多有才能的贤士的辅佐,能与寡人共同发展燕国,提高燕国的综合实力,以报先王之耻,是姬职(燕昭王的名字)最大的愿望。郭隗啊,你帮寡人出出主意,寡人怎么样才能实现伐齐复仇的愿望?"郭隗接过话题,就对燕昭王说:"古者,能称帝的人,总是和能做自己老师的人在一起谋事;能称王的人,总是和自己的好友共事;能称霸的人,总是和自己的大臣在一起论事。如果大王您能言听计从地侍奉贤者,让他面向南而坐尊高的位置,大王面向北而处于低下的位置听从他的教导,就会有才能百倍于陛下的圣贤之人来支持陛下。

如果大王一开始能用恭敬的快趋（小步快走）的礼节对待贤者，后来渐渐就不用这种礼节了，一开始问寒问暖、照顾有加，后来就平淡了，那就会有才能十倍于陛下的贤才来辅佐陛下。如果大王与贤者互相报以小步快趋的礼节来尊重对方，则会有才能与陛下您相当的贤士来帮助陛下。如果陛下坐堂而手持权杖，用斜视的眼神指使他们，就会有供陛下役使的人众到来。如果陛下动不动就发怒抽打他们，厉声呵斥他们，那么就会有奴隶一样的人来到大王身边供陛下差役。这就是古代推行道义、招揽人才以及对待人臣才子的五种境界。大王您如果确实想从国内遴选贤者，就应该亲自去他们的门前拜见。天下之人听说大王为了招揽贤才能够亲自拜见于贤者门下，天下的贤士就会争先恐后地来到燕国辅佐您。"

燕昭王听了郭隗这一席话，心领神会地说："那么，寡人应该先从拜见谁开始呢？"郭隗接着说："臣下听说古代有一位圣贤之君王，非常喜欢千里马，想拿千金购买，可是时间过去了三年，仍然没有买到。这时有一个叫涓人的就对他说请君王给我寻找千里马的使命，我替君王去买马。于是君王派遣他去寻找并购买千里马。涓人用了三个月的时间就找到了一匹千里马，可惜马已经死了，于是涓人就用五百金购买这匹千里马的头，回来向君王报告。君王大怒说，我要买的是活的千里马，怎么用五百金买了一匹死马的头回来？涓人镇定自若地说，能用五百金买一匹死了的千里马的头，何况活的千里马呢？这样天下的人就会知道君王您是真的爱千里马，确实想买千里马，过不了多久，有千里马的人就会自己送上门来的。此后，果真不到一年的时间，就有三匹千里马被送来了。大王您如果真的想招揽天下贤士，请从我郭隗开始，我这个才能一般的人都受到大王您的重用，何况才能在我之上十倍、百倍的良才呢？难道还用担心远在千里之外的贤士不来燕国辅佐大王您吗？"于是燕昭王就为郭隗修筑了新的宫殿，并把他作为老师来看待。由此也能看出郭隗毛遂自荐能力非凡。

于是乎，没过多久就出现了"士争凑燕"的局面，投奔到燕国来的有魏国的军事家乐毅，有齐国的阴阳家邹衍，还有赵国的游说家剧辛，等等。落后的燕国一下子便人才济济了。燕昭王还凭吊本国的死者，慰问生者，与百姓同甘苦。经过大约28年的努力，一个内乱外祸、满目疮痍的弱国，逐渐成为一个富裕兴旺的强国，燕国的国力空前强盛，于是联合韩、赵、魏、楚四国，于燕昭王二十八年（公元前284）派大将乐毅率五国之师大举伐齐，大败齐军于济西，其余四国军队皆解散而去。只有乐毅率领的燕国军队穷追不舍，至临淄，攻破临淄城。齐湣王逃走，保守莒城。乐毅将陈放在齐都临淄的珍宝重器、珠玉财宝、车甲珍器一扫而空，全部运往燕国。齐器设于宁台，大吕陈于元英，故鼎反于磿室，蓟丘之植植于汶篁。燕昭王大悦，亲至济上封乐毅为昌国君。接着，乐毅率领的燕国军队又攻下齐国七十余城，没有被攻下的只有莒和即墨两座城了。

四　筑台故事的演变及黄金台的迁移

除了《战国策·燕策一》之外，像《史记·燕世家》《鹖冠子·博选》《说苑·君道》《说苑·尊贤》《新序·杂事三》也都不同程度地记载了燕昭王与郭隗君臣之间为招揽贤士、振兴燕国的对话以及燕昭王为郭隗筑宫之事，但是没有明确言筑"黄金台"。然而燕昭王这种礼贤下士、广招天下贤士的贤君王道之德，受到了后来贤良之才的赞赏和宣扬。于是就在传世文献中出现了燕昭王为郭隗"筑台"或"筑黄金台"的记载，至东汉末年孔融在《论盛孝章书》中云："昭王筑台，以尊郭隗。"[1] 这是首提"筑台"

---

[1] 孔融：《论盛孝章书》，《文选》卷四一。

之说。南朝宋文学家鲍照的《放歌行》有"岂伊白璧赐，将起黄金台"，始见黄金台之名。此后如《述异记》、《水经注》、《太平御览》卷一七六和卷一七八、《玉海》、《太平寰宇记》卷六七等也都不同程度记载了燕昭王筑黄金台招揽天下贤士的事情。

南朝梁任昉所著的《述异记》云："燕昭王为郭隗筑台，今在幽州燕王故城中。土人呼之为贤士台，亦谓之招贤台。"这里所说的"燕王故城"应当是位于今河北易县北易水和中易水之间的燕下都武阳城。

北魏郦道元的《水经注·易水》也记载有"金台""金台陂"等与燕昭王筑黄金台有关的较为详细的地理位置信息，今抄录于下，以供参考。

> 易水迳范阳县故城南……易水又东与濡水（北易水。——引者注）合，水出故安县西北穷独山南谷。濡水又东南迳樊于期馆西……濡水又南流迳荆轲馆北……濡水又东迳武阳城西北。旧堨濡水枝流南入城，迳柏家西冢……其水故渎南出，屈而东转又分为二渎。一水经故安城西，侧城南注易水……其一水东出注金台陂，陂东西六七里，南北五里。侧陂西北有钓台，高十丈，方可四十步。陂北十余步有金台。台上东西八十许步，南北如减。北有小金台。台北有兰马台，台并悉高数丈，秀峙相对。翼台左右水流径通，长庑广宇，周旋被浦。栋堵咸沦，柱础尚存，是其基构可得而寻。访诸耆旧，咸言昭王礼宾，广延方士，至如郭隗、乐毅之徒，邹衍、剧辛之俦，宜游历说之民，自远而届者多矣。不欲令诸侯之客伺隙燕邦，故修建下都馆之南垂。言燕昭创之于前，子丹踵之于后。故雕墙败馆尚传镌刻之石。虽无《经》、《记》可凭，查其古迹，似符宿传矣。

由此可见，《水经注·易水》记载的"金台"还和附近的一座名为"金台"的湖泊有关，且这个金台位于燕下都武阳城东南、金台陂北，这也符合其他文献有关黄金台和武阳城位置关系的记载。或许此湖泊因金台得名。《太平御览》卷一七八亦引用了《水经注》的说法，但词句有些不同。北魏郦道元时期，在今河北易县一带有故安县而无易县的设置，其故安县就在今河北易县东南不远，所以，《水经注》所谓燕昭王所筑"黄金台"在故安县者，实际上是和在今易县燕下都武阳城的说法是一致的。后人有误"故安"为"固安"，于是又把"黄金台"和今河北固安县扯上关系，这是错误的。后来北宋时的《太平御览》还引用了《水经注·易水》的记载。

隋代的《上谷郡图经》亦说："黄金台，易水东南十八里，燕昭王置千金于台上，以延天下之士。"可见隋唐之前的所谓"黄金台"都在易水流域燕下都武阳城。在隋代今易县地区属于上谷郡，涿郡反而在其北的今北京及北京西北地区。

又《太平寰宇记》卷六七"河北·易州·易县"条下云：

金台在县东南三十里，燕昭王所造，置金于上以招贤士。又有西金台，俗呼此为东金台。西金台在县东南六十里，即燕王以金招贤士之所。小金台在县东南十五里，燕昭王所造，即郭隗台也。按：《春秋后语》云："郭隗谓燕王礼贤，先从隗始，乃为碣石馆于台前。"阑马台在县东南十五里，《水经》云："小金台北有阑马台。"

此处关于东、西金台的说法似乎不太切合实际。其所谓易县城东南六十里的西金台，从地理位置上判断，比位于易县东南三十里的东金台更为偏东的可能性很大。较为偏东反而称为西金台不大合适。但其后所谓"小金台"和"阑马台"的相对地理位置与《水经注·易水》所记相合。

关于易水流域燕下都的"黄金台"，明代的《长安客话》说：

"黄金台有二，故燕昭王为乐、郭而礼之者。其胜迹皆在定兴。"因此，有黄金台在河北定兴县之说。其实河北定兴说和易县东南说是同一个地点，即现在的河北省定兴县高里乡北章村，此地原属易县。金大定六年（1166）割易县、涞水、容城三县交界之地始置定兴县，取"大定兴盛"之意，治所在黄村，以前叫皇甫店，也就是今定兴县城所在地。元、明、清及民国大体上沿用这一设置。但在新中国成立后的1958年，定兴县并入易县、徐水二县。1961年，又恢复定兴县建制。1970年，属保定地区。1994年12月保定地区和保定市合并，成立了新的地级市保定，由此定兴县属保定市管辖至今。因此，不了解易县和定兴地理及历史沿革的人会以为河北定兴说和易县说是指两个不同的地方，这是错误的。

后人在定兴县高里乡北章村、银台村、南章村和金台陈村一带援引燕昭王筑黄金台的故事进行了修建，遗迹尚存。从现存遗迹看，所筑台略成方形，占地约40亩，高约20米，台顶平台约15亩。台顶后建昭王祠，有昭王殿，高约8米，两侧为招贤馆，东有钟鼓楼，钟高6尺，重约1吨。殿后为进院，内有观音殿；再后为三进院，内建药王庙、孙圣殿、露天石佛等。整个台上殿、堂、阁等建筑共25间，树木花卉盈庭。同时并建一寺，名隆兴，正殿前上嵌宝镜，内有僧侣数十人。殿前凿有一井，后人称金台古井，传说每值夕照，通过宝镜反射，井内呈现类松似柏的奇数影像，为定兴县八景之一。明正德二年（1507）寺僧本海重修，树有碑刻一通，名为重修金台寺记，迄今犹存，碑文主意为"古人筑台在拜将为国，今之修寺意是奉神祈福……"，惋惜久经战乱，建筑尽毁兵燹。明万历二十七年（1599）八月复建昭王祠，亦以年久失修倾圮，1947年后，土台被民建所用，台基全部变为村民住宅区，唯古井独存。1984年县将台址、古井、碑刻均列为文物保护单位。

一般史学界认为黄金台遗址主要有两处争议地点，一是河北易县东南北易水南，一是北京城东南。实际上这里有一个前后变迁的过程。明代蒋一葵的《长安客话》记载："（黄金台）今都城亦有二，是后人所筑。"

1153年，金代海陵王迁都燕京后，改燕京为中都，定为国都。或许金人慕燕昭王招贤爱才之德行，亦建台在中都城内。至此远在易水流域依托燕下都武阳城而建的"黄金台"，就被人为搬到中都燕京城了，抑或是当时燕昭王亦确实在燕都蓟城筑有黄金台，在燕国各个都城均设黄金台，更加彰显燕国招纳天下贤士的决心和诚意，后来金中都的黄金台是其延续。这只是据前文所引南朝梁任昉《述异记》所载的一种推测。但是不管它是在什么时候，以什么缘由出现或始建的，原金中都城地理范围内有黄金台，确有文献记载。那么，中都城内的"黄金台"位于何处？据明末清初人孙承泽的《天府广记》记载："燕城故迹……黄金台，大悲阁东南隗台坊内。"此隗台坊又在何处呢？据《宸垣识略》记载：（隗台坊）"其地约今白纸坊，殆金所筑也"。但也有学者指出，大悲阁旧址在今西城区长椿街南口路东，隗台在教子胡同一带，金台当在其地。其实白纸坊和教子胡同两地相去并不是很远，《宸垣识略》也说是"约今白纸坊"，并不是十分肯定。所以在教子胡同一带的可能性更大。今教子胡同应当在金中都拓展之前的原辽南京之内，由此可见金人所筑的"黄金台"也应当在原辽南京的东城墙以内。

1285年元代大都落成，都城所需各种设施随即在大都布置起来。此后明清一直沿用元大都的主体作为都城，变化不大。随着都城核心位置的迁移，一些文化设施或建筑可能亦被迁入大都，所以原来位于金中都宫城以东、皇城以内的"黄金台"在元代及其以后某个时期很有可能被迁至大都城城东。明刘侗等著《帝京景物略》说："黄金台名，后人拟名也。其地，后人拟地也。"足证元明以来北京城的黄金台乃是后人把燕下都，或燕都蓟城，或金中都的故事或黄金台移花接木到这里来的。封建皇族以此来时刻提醒自己尊重人才，重用人才；文人墨客、仁人志士和贤将良才也借此表达他们美好的愿望。《长安客话》中说："都城黄金台出朝阳门循濠而南，至东南角，岿然一土阜也。日薄崦嵫，茫茫落落，吊古之士，登斯台者，辄低眷顾，有千秋灵气之想。京师八景有曰'金台夕照'，即此。"现位于北京市朝阳区东三环中路附近。

由此看来，作为"燕京八景"的"金台夕照"源于"黄金台"的传说。至于其为什么位于明北京城的朝阳门外，即都城的东边，是不是沿用了自燕昭王以来的黄金台都筑于都城东或东南的传统？先秦时期燕国的黄金台被后世文献记载在燕下都的东南方位，金代中都的"黄金台"也在其拓展之前辽南京的东边，也就是原幽州城的东边，这只是一种推想而已。

明清以来所谓"金台夕照"一景的地理位置，反映了"黄金台"的位置，虽然这只是一种托古宣教的手法或文人墨客、贤士良才表达美好愿望的一种途径。一种说法认为"金台夕照"位于朝外关东店南的苗家地，在清代这里是清八旗兵镶白旗的练兵场。据说练兵场当中有个高台，称为金台。每年的春分日、秋分日前后，在日落西山平地上的人看不到太阳的情况下，由于金台地势较高，太阳仍然有一段时间照射在金台之上，在四周已经渐渐昏暗了的背景下，金台显得格外金黄灿烂。这一高台被称为黄金台的起因也许是落日余晖的金黄之色，而并非与燕昭王筑台招贤有关，但是名称的相近互讹，或许是后人联想到昭王金台的原因。传说有一次乾隆帝巡行到了此地，看到了这一景色，大为不快。于是就问四下随从，在得知这里名为"黄金台"后，担心苗姓会起事，不利于清王朝的统治，便命令在朝阳门外关东店苗家地教场立了一座"金台夕照"碑，以镇压苗家的气脉。1935年出版的《旧都文物略》尚可见到已经倒卧的金台夕照碑的形状。

20世纪50年代，苗家地、呼家楼、关东店一带大兴土木，陆续建起许多新式建筑，设立工厂、机关、学校，逐渐成了人才聚集之地。其中苗家地所在地是国有的3501工厂。后来，1959

年,北京市文物局考古工作者在苗家地北高地进行过勘察。当时,正值"农业大跃进"之时,这里是幸福湾人民公社第六农业生产队的场院,据老农说:这里的荒丘占地四五亩之多。早年有较高大的石碑一座,不知是何人所立。后来由于农田开垦的需要,加之当时的重视程度不够,石碑被推倒,并埋于地下,荒丘就变成了农田。还有一种说法,说那座石碑是被埋在一口枯井里。考古工作者在老农的指引下进行了勘探,或许是因为平整土地,地貌变化较大,这次考古勘探工作未能发现石碑,无功而回。但是这一带被泛指为"金台夕照"的所在地,似乎是大家相沿已久的说法。再后来,这一带在北京市市政建设的整理规划布局下,被纳入街区建设的范围,于是进行了一些土建工程,这期间虽然也曾出土过一些别的石碑、墓志铭等,但无"金台夕照"碑的踪迹,于是这件事情就被暂时搁置起来。因为这一带泛指为"金台夕照"所在地,所以新辟地域的街区、道路等就被命名为金台路、金台西路、金台北街、金台里等。

2002年,在东三环京广桥和光华桥一线以里施工建设北京商务区金融中心的财富中心大厦时,在京广大厦西南约500米、与中央电视台新址以东三环相隔的施工现场终于出土"金台夕照"石碑,此时碑长2.7米,正面刻有"金台夕照"四个大字。背面有"御笔"二字,并有题诗一首。这应该就是乾隆依据历代的诗词及有关记述,于乾隆十六年(1751)所作之诗,该诗概括了黄金台的历史情况。诗曰:"九龙妙笔写空蒙,疑是荒基西或东。要在好贤传以久,何妨存古托其中。豪词赋鹜谁过客,博辨方孟任小童。遗迹明昌重校检;睪然高望想流风。"

2006年,北京修建地铁十号线,其东部沿东三环南北展布。市政府将经过石碑出土地不远处东三环上的一个站点命名为"金台夕照站",彰显了北京厚重的历史文化底蕴。现在从"金台夕照"站D出口向西走不远,就能看见被安置在财富中心一个小广场中的"金台夕照"碑,给人们留下了一处借以凭吊历史文化的人文景观。

与燕昭王筑台有关的"金台夕照"之地点还有多种说法。如认为"金台夕照"一景是位于东郊的金台路人民日报社大院内，人民日报社还在原址处造一"金台夕照"。朝外小庄往北有金台路地名，当地人说，这里是古"金台夕照"的遗址。另外，据马芷庠《北平指南》的记载，在城内灯市口东口路北的二郎神庙为内城"金台夕照"处。《宸垣识略》载："永定门外三里有黄金台。"不知何据。又有广渠门内夕照寺、日坛路以东军事训练场内假山等说法。这些可能都是有高台和夕照景观的自然地貌之处，与燕昭王筑台就离得更远了。史树清先生《王绂北京八景图研究》认为金元人所传的金台，乃后人附会。清代乾隆时所定的黄金台在朝阳门外关东店南苗家地教场东半里土丘，但亦属随意指定，全无凭据。

除了易县（实际上在定兴）、北京地区有黄金台外，据《大清一统志》记载，像满城（今满城）、安肃（今徐水）等地均有黄金台之名。恐怕也都是因为这几个县历史时期行政规划分合变迁或都离易县不远而被讹传的。历史时期对黄金台史实及地理位置的考证已经展开，宋葛立方《韵语阳秋》、明张存绅《雅俗稽言》卷五《金台》均讨论过此问题。发现大致在东汉末年至隋朝，黄金台的故事基本形成，唐代已经广泛流传了。

五　寄托于黄金台故事的美好谏君祈愿

燕昭王筑台广招天下贤士的故事感染了各朝政治家，也被历代很多文人骚客称颂赞美，每每被用来比拟善于纳谏的明君。中国古代诗词鼎盛期的隋唐时期尤为突出，如李白、陈子昂、李贺、司马光、陈时昌等。明代的王绂、乐正和清代的蒋超也加入了赞美的行列。这些赞美一方面鞭挞和反映了当时朝廷在用人制度和官僚体制上的弊端，另一方面也抒发了文人骚客及有识之士希望能够得到重用的心声以及美好祈愿。以下几首古诗就是很好的代表。

燕昭延郭隗，遂筑黄金台。剧辛方赵至，邹衍复齐来。奈何青云士，弃我如尘埃。珠玉买歌笑，糟糠养贤才。方知黄鹤举，千里独徘徊。[1]

李白在这里一方面揭露了朝廷贪婪腐朽的奢靡生活，另一方面为有识之才得不到重用而无奈地叹息。

南登碣石馆，遥望黄金台。丘陵尽乔木，昭王安在哉。[2]

陈子昂也是感叹当时没有如同燕昭王重用人才的社会环境。

黑云压城城欲摧，甲光向日金鳞开。角声满天秋色里，塞上燕脂凝夜紫。半卷红旗临易水，霜重鼓寒声不起。报君黄金台上意，提携玉龙为君死。[3]

侍笔黄金台，传觞青玉案。不因秋风起，自有思归叹。[4]

万古苍茫空盛衰，燕台贤客姓名谁。君看碣石岩中草，宁似昭王拥彗时。黄金散尽余基没，易水萧条烽火飞。[5]

峨峨燕中台，悠悠易上水。怀哉燕昭王，招彼天下士。

---

[1] （唐）李白：《古风·五十九首》之十五《燕昭延郭隗》，（清）彭定求等辑《全唐诗》卷一六一，中华书局，1985。
[2] （唐）陈子昂：《蓟丘览古》，（清）彭定求等辑《全唐诗》卷八三。
[3] （唐）李贺：《雁门太守行》，（清）彭定求等辑《全唐诗》卷二〇。
[4] （唐）李白：《南奔书怀》，（清）彭定求等辑《全唐诗》卷一八三。
[5] （宋）司马光：《燕台歌》，《司马光集》，四川大学出版社，2010。

士贵相知深，岂为多黄金。筑台置黄金，自是君王心。[1]

黄金此地能延士，极目平川夕照斜。水绕易城流霸业，田连督亢属农家。苍茫暝色烟中树，飘渺晴光雨外霞。千古荒台遗旧址，西风残柳集寒鸦。[2]

督亢陂荒蔓草生，广阳宫废故城平。秋风易水人何在，午夜卢沟月自明。召伯封疆经几换，荆卿事业尚虚名。黄金不置高台上，似怪年来士价轻。[3]

鸡跖泉边草乱埋，荆高终不负燕台。不知马骨埋何处，风雨蛟龙夜夜哀。[4]

可见，有关燕昭王筑黄金台招揽天下贤士的历史记载，有一个情节的流变和地点变迁的过程。最初战国时期燕昭王是筑宫，到南北朝时期由筑宫误传为筑台，再而演变成筑黄金台。至隋唐时期燕昭王筑黄金台的故事已经广为流传，纳贤在文人墨客的笔下成为理想君王必备的一个条件。金元时期，由于王朝都城向北京迁徙，故事中筑台的地点开始向燕蓟地区搬移，这或许燕昭王确有在燕都蓟城筑宫或筑台之举，也有可能是金元人的崇敬之情的流露，现在却无从知晓。清乾隆时期将自然景观"金台夕照"与燕昭王筑黄金台的故事联系在一起，则在很大程度上是一个语言文字相近而讹的结果。虽然燕昭王筑黄金台的故事看似有一定的虚构性，但是千百年来流传至今，却真真切切寄托了世世代代文人贤才们无限的感慨和美好的愿望。

---

1 （宋）陈昌时：《黄金台》。
2 （明）王绂：《黄金台》。
3 （明）岳正：《燕途怀古》。
4 （清）蒋超：《黄金台》。

唐代幽州藩镇少数民族势力及其本土化

许　辉[*]

摘　要：唐代幽州藩镇容纳了大量少数民族势力，他们融入幽州社会的主要方式是经商或者从军。商业在古代社会并不受重视，因此在幽州未能形成庞大的商人阶层。但在军事上，幽州少数民族则大有用武之地。正是因为他们在军中势力的扩充，幽州节度使安禄山有了可依靠的军事力量来发动叛乱，继而维持了河北藩镇此后长达 160 年的割据局面。

关键词：唐代　幽州　少数民族　从军　军事势力

唐代幽州迁入了大量少数民族，实际上幽州一直是少数民族迁入中原王朝的重要路径。地处边疆，游牧民族一直频繁往来于幽州。大规模的人口迁入在历史上不乏记载，战争、灾荒或是政治依附，尤见人口迁徙频繁。长期以来，都是少数民族融入当地或者进一步迁入内地，散入汉民族群体，最终融为一体。但是，唐代迁入幽州的少数民族大量进入军队，并取得了坚实的地位，从而能够影响幽州的政局。通过军事这一途径，进入幽州的少数民族逐渐参与到幽州社会发展进程中。

---

[*] 许辉，北京市社会科学院历史研究所。

一 幽州少数民族人口迁入及其途径

唐代是边疆民族内迁的重要时期，幽州在安史之乱前是突厥、奚、契丹、同罗等人以及中亚胡人的重要迁入地，从幽州城坊（里）的名称如肃慎坊、宾坊、归仁里、归化里等亦可见幽州城各民族汇集聚居的情形。大量少数民族入居幽州，使幽州成为侨治蕃州最为集中的地区。

唐初对少数民族的政策以吸收和接纳为主导，尽量将少数民族引入内地，成为王朝的屏障。"初，突厥之降也，诏议安边之术。朝士多言：'突厥恃强，扰乱中国，为日久矣。今天实丧之，穷来归我，本非慕义之心也。因其归命，分其种落，俘之河南，散属州县，各使耕田，变其风俗。百万胡虏，可得化而为汉，则中国有加户之利，塞北常空矣。'惟彦博议曰：'汉建武时，置降匈奴于五原塞下，全其部落，得为捍蔽，又不离其土俗，因而抚之，一则实空虚之地，二则示无猜之心。若遣向西南，则乖物性，故非含育之道也。'太宗从之，遂处降人于朔方之地，其入居长安者近且万家，议者尤为不便，欲建突厥国于河外。彦博又执奏曰：'既已纳之，无故遣去，深为可惜。'与魏徵等争论，数年不决。"[1]实际上，唐前期对少数民族的安置基本遵循了这两种不同的论点。当少数民族归附时，首先是安置于边疆地带，保留其民族原有的生活模式，作为王朝藩屏，而后又进一步迁入内地，化为编户农民，从而实现了少数民族与汉民族的融合。

在这种民族政策导引下，唐前期地处边镇的幽州，大量少数民族迁入了周边郡县，进而入居幽州乃至内地。早在隋大业年

---

1 《旧唐书》卷六一《温彦博传》。

间,靺鞨酋长突地稽所率部落被安置在幽州东北的燕州(营州),"初,开皇中,粟末靺鞨与高丽战,不胜。有厥稽部渠长突地稽率忽使来部、窟突使部、悦稽蒙部、越羽部、步护赖部、破奚部、步步括利部凡八部。胜兵数千人,自扶余城西北举部落向关内迁附,处之柳城,乃燕郡之北。炀帝大业八年置为辽西郡,唐武德元年改为燕州总管府"[1]。武德四年(621)三月,"以靺鞨渠帅突地稽为燕州总管"[2]。随后在武德六年五月,"刘黑闼之叛也,突地稽引兵助唐,徙其部落于幽州之昌平城"[3]。突地稽部落是少数民族迁入的典型,顺应隋唐政权统治二十来年,其间积极发挥了军事上的捍蔽功能,相应地被唐王朝纳入羁縻体制之下,最终逐步内迁,定居幽州,完全脱离其部落的生活原型。除了主动要求内附迁入者,战争也会带来大量降服人口,太宗征辽时,"攻陷辽东城,其中抗拒王师,应没为奴婢者一万四千人,并遣先集幽州,将分赏将士。太宗愍其父母妻子一朝分散,令有司准其直,以布帛赎之,赦为百姓"[4]。幽州迁入的少数民族大致为这两种类型,此外还有较为零散的外籍人口来到幽州定居,如西域胡人。他们入迁幽州的路线也十分多样化,但大致经历了数代的辗转迁徙,随从羁縻州府的归附而进入幽州,最引人注目的安禄山和史思明就是其中的代表人物。

唐初主要在幽州及其周边郡县设立羁縻州府以容纳归附的少数民族。贞观初年"上(太宗)卒用(温)彦博策,处突厥降众,东自幽州,西至灵州;分突利故所统之地,置顺、祐、化、长四州都督府"[5],幽州境内迁入了不少突厥人。随着突厥败亡,

---

1 《太平寰宇记》卷七一《北蕃风俗记》。
2 《资治通鉴》卷一九一,唐高祖武德四年三月条。
3 《资治通鉴》卷一九二,唐高祖武德六年五月条。
4 《旧唐书》卷一九九上《东夷·高丽传》。
5 《资治通鉴》卷一九三,唐太宗贞观四年四月条。

大批东北民族来降,"初,突厥突利可汗建牙直幽州之北,主东偏,奚、霫等数十部多叛突厥来降"[1]。随即靺鞨也遣使入贡,太宗说:"靺鞨远来,盖突厥已服之故也。昔人谓御戎无上策,朕今治安中国,而四夷自服,岂非上策乎!"[2]这一时期幽州迁入的少数民族尚未深入幽州内地,主要处于幽州羁縻州府统治之下,对归附的各少数民族首领"并授官爵,同我百僚,所有部落,爱之如子,与我百姓不异"[3]。

这种以少数民族为边疆防御藩屏的需要不断加强了少数民族融入唐王朝的趋势,也带动了幽州周边羁縻州府少数民族向幽州的渗入。高宗至玄宗时期,幽州的民族迁移较之唐初更有所发展。唐初归附并迁徙到幽州的少数民族,已经发展成为幽州较为稳定的居住人口。随着幽州边防的发展,越来越多的少数民族被吸收加入幽州的地方部队。

唐高宗到唐玄宗时期,尤其是中宗神龙年间,是幽州少数民族进入幽州并逐渐定居的时期。唐初营州羁縻州府的突厥、靺鞨、契丹及奚、室韦等族最初内迁到河南道的青、淄、徐、宋等州,高宗、武则天时北返至幽州境内侨置,集中在良乡、潞县、范阳。武则天万岁通天元年(696)营州李尽忠、孙万荣叛乱,迫使唐王朝再次将营州大批少数民族迁徙至幽、徐、宋、淄、青等州,中宗神龙年间,又将后四州少数民族侨治于幽州,设立了顺州、归义州、归化州、凛州、沃州、青山州等多个蕃州予以安置。[4]在玄宗时期,东北少数民族迁入成为主流,开元二十年(732)唐王朝对两蕃进行了一次大规模用兵,"正月,乙卯,以

---

1 《资治通鉴》卷一九二,唐太宗贞观二年三月条。
2 《资治通鉴》卷一九三,唐太宗贞观三年十二月条。
3 《旧唐书》卷一九四上《突厥传》。
4 《新唐书》卷四三下《地理七下·羁縻州》;《旧唐书》卷三九《地理二·幽州都督府》。

朔方节度副大使信安王祎为河东、河北行军副大总管，将兵击奚、契丹……信安王祎帅裴耀卿及幽州节度使赵含章分道击奚、契丹……祎等大破奚、契丹，俘斩甚众，可突于帅麾下远遁，余党潜窜山谷。奚酋李诗琐高帅五千余帐来降。祎引兵还。赐李诗爵归义王，充归义州都督，徒其部落置幽州境内"[1]。除了不断依附的少数民族部落，还有大量被俘获的少数民族军民也被纳入幽州节度使统治下。尤其安禄山身兼幽州平卢节度使时期，利用其出身及语言优势，特别培养少数民族势力为己所用，"禄山专制河朔已来，七年余，蕴蓄奸谋，潜行恩惠，东至靺鞨，北及匈奴，其中契丹委任尤重，一国之柄，十得二三，行军用兵皆在掌握。蕃人归降者以恩煦之，不伏者以劲兵讨之，生得者皆释而待，锡以衣资，赏之妻妾。前后节度使招怀夷狄，皆重译告谕夷夏之意，因人而传，往往不孚。禄山悉解九夷之语，躬自抚慰，曲宣威惠，夷人朝为俘囚，暮为战士"[2]。直到安史之乱发生以前，幽州对少数民族的接纳一直保持着开放的态度，对少数民族的迁入积极接受。

二　幽州少数民族的本土化

幽州迁入较多的是突厥、契丹及奚族，此外东北的靺鞨、室韦、高丽及胡等少数民族，其人口总量估计达30万人之众。[3] 如此众多的少数民族人口，其中的精锐战士虽然参与了安史叛乱，助长了幽州的胡族风气，但是直到唐末五代，并未出现幽州少数民族长

1　《资治通鉴》卷二一三，唐玄宗开元二十年正月条。
2　姚汝能：《安禄山事迹》卷中，上海古籍出版社，1983。
3　马驰：《唐幽州境侨治羁縻州与河朔藩镇割据》，《唐研究》第4卷，北京大学出版社，1999。

期主政的局面，也未形成独特的民族文化群体，而是少数民族最终融入幽州乃至内地的汉民族群体中。这些少数民族融入幽州社会的途径则是通过在幽州发挥他们的种族特性，加入幽州军队，在长期的社会变迁中实现本土化，最终成为幽州社会的一分子。

少数民族内附时往往举族而至，虽然保持了部落原型，但是也加入了唐王朝的州府体制，以达到"变其土俗"的目的。贞观四年（630），突利可汗内附，被授右卫大将军，封北平郡王，食邑七百户，"以其下兵众置顺祐等州，帅部落还蕃。太宗谓曰：'……我所以不立尔为可汗者，正为启民前事故也。改变前法，欲中国久安，尔宗族永固，是以授尔都督。当须依我国法，整齐所部，不得妄相侵掠，如有所违，当获重罪。'"[1] 名义上降服的突厥纳入了唐的州府管理模式，但是只有真正改变少数民族的生产生活模式，才能实际上使其融入幽州本土的生活模式。而幽州的边镇特点，亦农亦牧的环境，是归附的少数民族较为理想的迁居环境。并且唐王朝"分其土地，析其部落，使其权弱势分，易为羁制，可使常为藩臣，永保边塞"[2]。在这样的策略下，幽州的少数民族移民通过战争与幽州社会逐渐紧密联系在一起。

突厥、契丹以及奚族是唐王朝东北战事的重要参与者，战争与羁縻手段同时进行，为加强幽州对外防御力量，羁縻州府番兵被唐王朝征发的情形十分普遍，尤其玄宗朝府兵颓败，以募兵方式组建边军的情况下，大量吸收善战的番兵，扩大兵源。况且番兵本身为部落兵，内迁之后以从军为职业是理所当然之事，《册府元龟》卷一二四《帝王部·修武备》载："（开元）八年八月诏：宜差使于两京及诸州且拣取十万人，务求灼然骁勇，不须限以蕃汉，皆放蕃（番）役差科，唯令围（团）伍教练。"到天宝年间

---

1 《旧唐书》卷一九四上《突厥传》。
2 《资治通鉴》卷一九三，唐太宗贞观四年四月条。

在幽州的防御军中，已经有了相当大的一批番将番兵势力。《左羽林大将军臧公神道碑》中载臧怀亮"以本官兼安东大都护府都护、摄御史中丞、平卢军节度使、支度营田海运大使、奚、霫诸蕃，西属匈奴，南寇幽蓟，公以武辟武，以夷攻夷"[1]，张守珪开元二十一年任幽州节度使并兼营州都督，这一政策体现得更为明显："张守珪表奏，突厥四万骑，前月二十五日至能讫离山，契丹泥礼等前后斩获俘馘，数逾十万，突厥可汗弃甲逃亡，奚王李归国及平卢军将等追奔逐北，计日歼灭，更闻奏者。伏以突厥新立，轻事用兵，彼之威众，在于一举。又两蕃与其结隙，交构未深，在于边隅，犹轸天算。陛下料其终始，指授规模，知其举种尽来，本自无策，劳师袭远，必合成擒；使蕃骑先锋，汉军坚壁，坐观成败，自战蛮夷。今契丹才交，突厥已破，计其奔北，必至丧亡，脱身获全，亦举众皆弃。北虏震慑，从此气衰，东胡保边，永不携贰，宽徭罢柝，自此可期。"[2]在张守珪任幽州节度使兼带平卢节度期间，麾下番兵势力更为普遍，安禄山与史思明均为加入张守珪麾下的营州胡兵，安史之余部骨干人物李宝臣、李怀仙等人物出身也类似。[3]张守珪任幽州节度使取得的胜利，与大批番兵势力加入不无关系。

幽州少数民族势力在张守珪时已经十分强大，"裨将赵堪、白真陀罗等强使平卢军使乌知义度湟水邀叛奚，且蹂其稼，知义辞不往，真陀罗矫诏胁之。知义与虏斗，不胜，还，守珪匿其败，但上克获状。事颇泄，帝遣谒者牛仙童按实，守珪逼真陀罗

---

1 李邕：《左羽林大将军臧公神道碑》，《文苑英华》卷二五六，第4776页。
2 张九龄：《贺破突厥状》，《全唐文》卷二八九，中华书局，1983，第2931页。
3 《新唐书》卷二一一《藩镇镇冀》："李宝臣，本范阳内属奚也。"《新唐书》卷二一二《藩镇卢龙》："李怀仙，柳城胡也。世事契丹，守营州。"

自杀,厚赂使者,还奏如状"[1]。白真陀罗当为番将,他以裨将身份胁迫平卢军使,事后张守珪出于迫不得已而除之,可见当时的番将已经难以控制。番将多因其部落势力而横行,如"北平军使乌承恩恃以蕃酋与中贵通,恣求货贿"[2]。幽州节度辖下番兵势力壮大,难免引起控制上的困难,因此寻求能够驾驭番兵的首领也成为一个关键问题,而后安禄山的得势正是借助了这一形势的缘故。

从安禄山发迹来看,他解九蕃语,为互市牙郎,并且"素习山川井泉"[3],偶然以灭两蕃之豪言壮语打动张守珪而获任用。幽州节度使兼领的平卢节度,为镇抚蕃族而置,安禄山因"性巧黠,人多誉之。授营州都督、平卢军使。厚赂往来者,乞为好言,玄宗益信响之。天宝元年,以平卢为节度,以禄山摄中丞为使。入朝奏事,玄宗益宠之"[4]。随着蕃族势力的发展,唐朝廷亟须加强对蕃族的控制。天宝元年(742)正月"分平卢别为节度,以安禄山为节度使"[5]。陈寅恪先生也对安禄山的得势做了分析:河朔地区在武后至玄宗开元年间已经胡化,居住于这一区域的是东北及西北的诸胡种,于是"唐代中央政府若欲羁縻统治而求一武力与权术兼具之人才,为此复杂胡族方隅之主将,则拓羯与突厥合种之安禄山者,实为适应当时环境之唯一上选也。玄宗以东北诸镇付之禄山,虽尚有他故,而禄山之种性与河朔之情势要必为其主因"[6]。据陈先生论述,幽州少数民族势力的强盛为安禄山攫取权力提供了良好契机。

1　《新唐书》卷一三三《张守珪传》。

2　《旧唐书》卷一〇〇《裴宽传》。

3　姚汝能:《安禄山事迹》卷上,上海古籍出版社,1983,第2页。

4　《旧唐书》卷二〇〇《安禄山传》。

5　《资治通鉴》卷二一五,唐玄宗天宝元年正月条。

6　陈寅恪:《唐代政治史述论稿》上篇,上海古籍出版社,1982,第47页。

安禄山任平卢节度使后，又在天宝三年兼领幽州节度使，而安禄山能以平卢兼幽州，有可能因以平卢节度使身份控制蕃族势力，乃至为幽州节度使所不及。"（天宝九载秋）召禄山男庆绪及女婿归义王李献诚、安禄山养儿王守忠、安忠臣等赴阙，到日并赐衣服、玉腰带、锦采等，仍令尚食供食。"[1] 其中安氏女婿李献诚为黑水靺鞨首领，"开元十三年，安东都护薛泰请于黑水靺鞨内置黑水军。续更以最大部落为黑水府，仍以其首领为都督，诸部刺史隶属焉。中国置长史，就其部落监领之。十六年，其都督赐姓李氏，名献诚，授云麾将军兼黑水经略使，仍以幽州都督为其押使，自此朝贡不绝"[2]。除了通过姻亲关系培植势力，安禄山"养同罗、奚、契丹降者八千余人，谓之'曳落河'。曳落河者，胡言壮士也。及家僮百余人，皆骁勇善战，一可当百。又畜战马数万匹，多聚兵仗，分遣商胡诣诸道贩鬻，岁输珍货数百万。私作绯紫袍、鱼袋、以百万计"。此外，在天宝十二年，"阿布思为回纥所破，安禄山诱其部落而降之，由是禄山精兵，天下莫及"[3]。在叛乱前"安禄山奏：'臣所部将士讨奚、契丹、九姓、同罗等，勋效甚多，乞不拘常格，超资加赏，仍好写告身付臣军授之。'于是除将军者五百余人，中郎将者二千余人。禄山欲反，故先以此收众心也"[4]。其军将数量达两千人之多，其统领的番兵数量之众就不难想象了。

众多少数民族势力主要集中在幽州军队，而在长期从军经历中，蕃汉混杂，胡汉交融，已经成为普遍的社会现象。这种少数民族雄武的风气在安史之乱前后达到鼎盛，但是随着河北藩镇割

---

[1] 姚汝能：《安禄山事迹》卷上，第10页。
[2] 《旧唐书》卷一九九下《靺鞨传》。
[3] 《资治通鉴》卷二一六，唐玄宗天宝十二载五月条。
[4] 《资治通鉴》卷二一六，唐玄宗天宝十载五月条。

据已成定局，幽州并未走上全面胡化的道路，其中最重要的原因是维持其民族特色的部落经历多次战争的洗刷逐渐消散，"自燕以下十七州，皆东北蕃降胡散诸处幽州、营州界内，以州名羁縻之，无所役属。安禄山之乱，一切驱之为寇，遂扰中原。至德之后，入据河朔，其部落之名无存者"[1]。安史之乱后割据藩镇的节度使均为安史旧将，多为少数民族出身，幽州节度使李怀仙"柳城胡也，世事契丹"[2]，承德节度使李宝臣为"范阳城旁奚族也"[3]，唯有魏博节度使田承嗣为汉族，但世代从军卢龙，父祖"以豪侠闻于辽、碣"，并模仿部落之制创立牙兵，属于胡化汉人[4]。在河北三镇中，承德节度使之位传承最为稳定，其节度使也以少数民族出身居多。幽州自李怀仙之后，基本转入汉人军将统治下，明确为非汉族出身仅有李茂勋、李可举（回纥阿布思后裔）。而且幽州藩镇节度使替代最为频繁和混乱，若按陈寅恪先生部落制的稳固性来加以比照，则可以想见幽州藩镇在战乱之后番兵番将势力的衰弱。安史之乱时，因番兵番将的战斗力强，多南下参与战争，因此幽州少数民族势力也得到了削弱，对幽州社会的影响力也相应减弱，这也促进了他们融入幽州社会的进程。

通过目前出土的唐代幽州少数民族墓志，也可以推测他们融入汉族社会的大致模式。《唐故巨鹿郡曹府君夫人清河郡张氏合祔墓志铭》记载粟特人曹氏的家史："祖讳秀，字成丞，轩辕之苗裔。"显然为少数民族出身，只能托身黄帝苗裔之语，而且其祖父"不乐荣禄"，没有任何功名，但是其父则从军为武职，"身充幽州先烽赴团史、游弈马军将、银青光禄大夫、检校太子

---

1 《旧唐书》卷三《地理二》。
2 《旧唐书》卷一四三《李怀仙传》。
3 《旧唐书》卷一四二《李宝臣传》。
4 《旧唐书》卷一四一《田承嗣传》。

宾客",而曹氏继承父业,也任职军中,"幼习典彰,久闲军振,傅剪信之规模,有蹇旗之计。为将则海内无尘,处文则决胜千里。君委腹心,士卒勇锐,权雄豪于帐下,处规模于凶爱。重镇万泉之抚,诧于夷敌之军"。但曹府君具体职位不详,从"幼习典彰"的溢美之词推测很可能从事军中文职。他终于疾病,年岁颇高,也似乎可以佐证这一点,"忠赤奉国,未展勤成,抱疾塞园,去大中元年二月七日,终于本镇雄军界万泉栅身亡,享年六十有七"。而其子仍然供职军中"身充堂前亲事将,银青光禄大夫、检校太子宾客"[1]。曹府君婚姻对象为清河张氏,属于胡汉联姻,鉴于清河张氏在唐代属于名门望族,可以说曹府君家族有不低的社会地位,并且汉化颇深,只有这样才有可能与汉族联姻。另粟特人曹朝宪也有类似经历,《唐卢龙征马游击将军守左武卫大将军赐紫金鱼袋曹朝宪故夫人太原陶氏墓志铭并序》载曹朝宪"力佐五主,四拜武官",也是从军为业,与汉族联姻。

结　语

唐后期藩镇割据以后,迁入幽州的少数民族流动性减弱,基本在幽州定居下来。他们的民族特性使他们通过参与军事活动在幽州获得一席之地,随着战事消弭和地域流动性的减弱,他们与幽州汉族社会的交往更加普遍,在人口占大多数的汉族群体影响下,他们的生活观念与生活模式也逐渐被同化,如此一来其民族特性不断被弱化。

---

[1] 赵超:《唐代墓志汇编续集》,大中〇〇八《唐故巨鹿郡曹府君夫人清河郡张氏合祔墓志铭》,上海古籍出版社,2001。

明北京营建烧造在京收贮厂地考

王毓蔺*

摘　要： 有明一代北京营建，曾征办巨量砖、瓦、琉璃等烧造物料，其规模之大，历代罕匹。本文依据现有文献及实物遗迹等资料，对明代北京营建烧造物料大规模输京后的收贮厂地进行了初步考证。

关键词： 明代　北京　营建　物料采办　烧造　在京收贮厂地

明代北京营建，自永乐朝营建北京宫殿始，有明一代在北京的内府、城垣、坛场、庙宇、公廨、仓厂、营房、山陵及京师沟渠、桥梁、堤防闸坝、运道等诸多官方及公共建筑设施的修造、维护上，其所征砖、瓦、琉璃等烧造建筑构件规模数量之大、烧造地域范围之广、持续时间之长、其间烧办方式变化之纷杂、经费征索之纷纭，不仅远超以前的历代王朝，甚至较明初洪武朝南京、凤阳中都营建之烧造，都是空前的。《明史·食货志》载：

> 采造之事，累朝侈俭不同。……其事目繁琐，征索纷纭。……岁造最大者……曰烧造。[1]

考察明代北京营建物料之来源，皇木采办之外，砖、瓦、琉璃之

---

* 王毓蔺，首都师范大学历史学院。
1 《明史》卷八二《食货六》，中华书局，1974，第 1989 页。

烧办当为其中重要之一项。

自20世纪初以来，中外学者相继有专著或专文涉及该问题，但绝大多数研究考察讨论的范围集中于烧造物料的来源地域变动、征用过程、烧造方式及窑作制度变迁等几个方面，[1]而巨量烧造物料输运至京后的收贮征用过程，迄今尚未引起重视，有待于进一步研究。因此，本文以上述研究为基础，进一步整理史料，并结合实地考察，尝试初步梳理和总结烧造物料输京后的各收贮厂地，考察其地望，征索其沿革，以期为进一步深化明代北京营建史研究提供有益材料，并为北京城市历史地理研究提供可用线索。

一　明代北京营建烧造的基本概况

自永乐四年（1406）议建北京以来，迄崇祯亡国，230余年，累朝营建烧造未息，其间，各朝烧造规模曾有调整，嘉靖中期以后逐渐稳定并延续至明亡。依据北京营建的发展过程和历朝烧造规模的波动，可初步将明北京营建所进行的烧造活动分为以下四个时期。永乐至天顺朝前期烧造时期，这一时期，从永乐朝开始，是北京的大规模营建时期，是明代北京营建烧造的第一个高峰，[2]随着多数营建工程的完工，至天顺朝，烧造

1　关于明代北京营建烧造的研究综述，可参考笔者专文《明北京营建烧造丛考之一：烧造地域的空间变化和烧办方式变迁》，《故宫博物院院刊》2012年第2期。

2　自永乐四年议建北京宫殿命泰宁侯陈珪、北京刑部侍郎张思恭督军民匠造砖瓦始，大规模的烧造活动持续不断，营天寿山，修城垣，建宫殿，拓南城，大规模的营建渐次推进，巨量砖瓦规模，军民输运不及，乃出罪囚输作为之。分见《明太宗实录》卷九二、一六二、一七九、二一八、二二三等，中研院历史语言研究所据国立北平图书馆红格钞本校印，1962。

规模逐渐稳定调整。[1] 成弘间小规模烧造时期，前期营建之宫苑渐备，较大规模之营造较少。成弘间屡有裁减烧造之举。[2] 正德至万历间大规模烧造时期，该期两宫、三殿屡遭火毁，又不时加派大工，是有明一代最大规模之烧造时期。[3] 天启崇祯之际小规模烧造时期，此期辽事日糜，国力衰微，朝廷无心亦无力营建，除年例烧造外，仅有零星之大工加派，故烧造规模当甚小。[4]

前期烧造，多由各烧造地方及各府军卫所于沿江沿运等水道便利输运地方设窑烧造；嘉靖中期以来，随着各地烧造劳役货币化趋势的发展，各地烧造砖料价银逐渐固定并定为年例，由工部在临清等地定砖价发诸窑召商烧办。这样，中后期以来的烧造基本上集中在以临清为中心的城砖烧造、以苏州为中心的金砖烧造、以京师琉璃厂为中心的琉璃烧造等数处烧造中心。上述烧造地方，将砖、瓦、琉璃等烧造料件烧造后，经勘验合格，即由水道或陆路运解至京，于京师近郊及内城地方，设有收贮砖瓦料之厂地若干，一俟营建之需，料件即从各收贮厂地运至工所使用。

---

1 申时行等修：《明会典》卷一九〇《工部十》，物料砖瓦条，万有文库本，商务印书馆，1936，第3850页。
2 分见王恕《乞暂停烧砖奏状》，《王端毅公奏议》卷五，《景印文渊阁四库全书》史部第427册，台湾商务印书馆，1986，第539页；《明会典》卷一九〇，第3849页；《明宪宗实录》卷二三〇、二四八，第3932—3935页，第4199页；《明孝宗实录》卷一二〇，弘治九年十二月乙未条，第2156—2158页；等等。
3 正德九年（1514），重建乾清、坤宁二宫；嘉靖以来，世宗屡兴大工，营建烧造不息。世庙、郊坛、寿陵、京师外城、三殿重建之筑，烧造规模数量庞大；万历间，寿陵、两宫三殿火毁后重建，其烧造规模不输嘉靖间，为明代后期烧造的又一个高峰。分见《明武宗实录》卷一一七，《明世宗实录》卷五四、一二〇、一八六、三九六、四四六，《明神宗实录》卷一五四、二九六、三一一，等等。
4 见《崇祯长编》卷四，天启七年十二月乙卯条，第189—190页。

营建烧造物料在京收贮厂地的考察

京师各收贮厂地，主要即实现整个烧办过程的贮用环节，将各地输京之砖料及在京烧造之砖、瓦、琉璃等料件收贮于在京诸砖厂并发运至营建工所使用之过程。

按外地输京之砖料，多经水道由舟船顺带至京，到京后多交卸于通州、张家湾等地砖厂暂贮，再由在京之车户、人夫、罪囚等转输京师近地之场所收贮，俟诸工营建需砖料之时即运至工所使用。略述在京之诸砖厂如下。

1. 通州附近砖厂

通州砖厂（石坝砖厂） 通州砖厂是弘治以前河路砖料自南方运道北输至京交卸的水次砖厂，盖因其时舟船至京，水路多止于通州，故砖料多在此交卸，工部乃于此附近设立砖厂以暂贮。该地系通惠河与北运河之汇流处，南来之漕粮与货物多在此停泊交卸，砖料亦因之。嘉靖七年（1528）以后，砖厂附近通惠河上又新创石坝一座，[1] 因之该砖厂后亦称"石坝砖厂"。康熙《通州志》载：

（通州）石坝砖厂，在（旧城）北门外稍东，今存墙垣。[2]

《日下旧闻考》载：

（臣等谨按）砖厂在今通州北门外，每年临清州附漕船解

---

1 （明）吴仲：《通惠河志》卷上，郑振铎辑《玄览堂丛书》初辑 8，台北：中正书局，1981，第 34 页。
2 康熙《通州志》卷二《建置志·公署·旧城公署》，《中国地方志集成·北京府县志辑》第 6 册，上海书店出版社，2002，第 454 页。

>运交厂，通永道掌之，工部有用则征之。[1]

考其地大约在今北京市通州区通州镇东北隅西海子公园石坝遗址附近。[2] 通州砖厂自弘治中张家湾新建料砖厂后已渐废，嘉靖《通州志略》载：

>料砖厂，在张家湾。（原料砖厂，即通州石坝砖厂）永乐间设，原置于新开路。弘治间改于广利桥西，属工部，管修仓主事监收砖料居之。[3]

可知嘉靖中期，时人已将料砖厂位置径归在张家湾，则其时通州石坝砖厂已渐废矣。

（张家湾）料砖厂 弘治以来，通州砖厂附近水道渐淤塞，砖厂距水次较远，舟船接卸砖料颇不便，而其南之张家湾乃卢沟河（浑河）与白河汇流处，[4] 水深流大，交卸方便，乃于张家湾附近设立料砖厂暂贮北输之砖料。按改建通州砖厂于张家湾之议，始自陈雍。《南京工部尚书简庵陈公雍墓志铭》载：

>弘治改元，（雍）授工部主事，辖修通州仓及砖厂。厂（即通州石坝砖厂）去河远，纳砖者不便，乃移置水次。又旧砖止随到报数，驵会（即经纪人）或私贸营利，莫之察也，

---

1 于敏中等编纂《日下旧闻考》卷一〇八《京畿·通州一》，瞿宣颖标点，北京古籍出版社，2001，第1805页。
2 北京市通县地名志编辑委员会：《北京市通县地名志》，北京出版社，1992，第380页。
3 杨行中：嘉靖《通州志略》卷二《建置志·公署》，《北京旧志丛刊》，刘宗永点校，中国书店，2007，第27页。
4 顾祖禹：《读史方舆纪要》卷一一，北直二浑河条，贺次君、施和金点校，中华书局，2005，第457页。

以是岁额常缺。公乃立例，两月一核实，又移取仪真、临清两厂报册与收簿对，缺者按原发数根究主名，责之偿，仍募令首纳。不一年，宿逋悉完，自是厂中政清，无负一砖者。[1]

《明孝宗实录》载：

> 弘治三年（1490）正月壬申，命改建料砖厂于张家湾浑河口，以工部主事陈雍言旧厂去水次颇远，军民船运纳料砖不便故也。[2]

可证《南京工部尚书简庵陈公雍墓志铭》所言陈雍议改砖厂之事基本可据。又继陈雍掌其事者工部主事刘汝靖终完其事。《奉议大夫工部虞衡清吏司郎中刘君汝靖墓志铭》载：

> 丙辰（弘治九年）冬十月，（汝靖）拜工部营缮司主事，督修通州仓厂兼收放张家湾砖厂料。而二厂皆有中贵，人兼辖十六卫，官又习近京畿，骄纵有素。君居三年，无敢梗者，此固处有其道云尔。予（即康海）旧见邃庵先生（即杨一清）《通州改建砖厂记》言："君（即汝靖）以旧厂去河五六里，舟不能达，砖至又顾车转般，每万计费八十两。天下财力取之不遗锱铢，而莅事者则每制于法比，牵于毁誉，安常习怠，以为通患，其有能深虑却顾，为斯人图便安者，盖寡矣。砖自始陶至输，所费已不赀，又至转般之苦，万砖所用，犹可

---

[1] 孙矿：《南京工部尚书简庵陈公雍墓志铭》，焦竑辑《国朝献征录》卷五二，影印上海图书馆藏明万历四十四年徐象橒曼山馆刻本，《续修四库全书》史部第527册，上海古籍出版社，1995，第706页。

[2] 《明孝宗实录》卷三四，弘治三年正月壬申条，第742页。

当中人之产，万万计之，当若何？以岁继、岁积而计之，当若何？"予固以为名言。夫士以牵于毁誉不为其当为者，何可胜道！君之所为，与邃庵之所道，安得使天下人人见之，庶几乎可以兴懦而起武，使民恒得锱铢之宽，岂不快耶！[1]

其时于通州交卸，砖料由船上卸下后，尚需雇车转运五六里始达厂，每万块额外费银八十两，转运不便且亏国病民，改建砖厂于张家湾后，运砖之苦弊，稍得除焉。

约自弘治间以来，砖厂遂移往张家湾，在"广利桥西"[2]。嘉靖《通州志略》载：

> 广利桥，在张家湾，旧名鸡鹅桥。[3]

万历《顺天府志》亦载：

> 料砖厂，在张家湾。[4]

康熙《通州志》又载：

> 料砖厂，在（张家）湾内，本属工部修仓主事监收砖料居之，今久虚。[5]

---

1 康海：《奉议大夫工部虞衡清史司郎中刘君汝靖墓志铭》，《国朝献征录》卷五一，第663页。
2 见前引嘉靖《通州志略》卷二《建置志·公署》。
3 嘉靖《通州志略》卷二《建置志·桥梁》，第33页。
4 万历《顺天府志》卷二《营建志·通州》，影印北京图书馆藏明万历刻本，《四库全书存目丛书》史部第208册，齐鲁书社，1996，第43页。
5 康熙《通州志》卷二《公署·新城公署》，第455页。

按张家湾料砖厂之位置，约在今北京市通州区梨园镇砖厂村附近，而村之得名，盖因砖厂而成村矣。[1]

以上是其时通州附近收贮砖料的两厂概况，而具体掌收砖料的工部营缮司主事，则居于通州新城内的工部修仓分司（即工部厂）居中调度，并不时赴料砖厂巡查。因之，通州新城内的工部修仓分司署，是有明一代掌收河路料砖的重要管理机构。以下即据现有资料略述之。

（通州）工部修仓分司（工部厂） 工部修仓分司约设立于正统间，嘉靖《通州志略》载：

> 工部修仓分司：在西察院前，内有侍郎馆。正统间建。工部侍郎居之，奉敕管理修仓。后侍郎锥常奉敕管，止在部遥制，不出巡，惟以主事专领其事，三年一代。又于馆西建主事衙。[2]

可知工部修仓分司在正统初创时期，仅"奉敕管理修（通）仓"，但至少弘治以来，工部修仓分司主事已"辖修通州仓及砖厂"，由之，工部修仓分司即成为其后监收通州附近砖厂的最重要的工部派出机构。按嘉靖初，工部在通州新设一分司，即工部都水分司，掌通惠河兼管天津一带漕运。时人为与工部都水分司相分别，遂将工部修仓分司简称为工部厂。[3]嘉靖间杨果[4]所撰《工部

---

1 《北京市通县地名志》，第89页。
2 嘉靖《通州志略》卷二《公署》，第25页。
3 杨行中：《工部都水分司题名记》，《通惠河志》卷下，第193页。
4 按杨果，字实夫，泰州兴化人，与当时请其撰写《工部修仓分司题名记》的工部营缮司主事华湘（字源楚，泰州人）同里，考之《明武宗实录》、《明世宗实录》、《通议大夫南京户部右侍郎欧溪杨公果传》（《国朝献征录》卷三二）、万历《兴化县新志》、嘉靖《惟扬志》、万历《扬州府志》均作"杨果"，而点校本嘉靖《通州志略》与《日下旧闻考》均作"杨菓"，实误，应为杨果。

修仓分司题名记》曾记其时工部厂厂署之情况，其载：

> 通州新城之西南隅为工部厂，厂以其属主事一人领之，所治不一其事，而惟修仓、掌收砖料为专职，所以重储营国也。厂之经始岁月，漫无文字可稽。廨屋寖老敝弗称。前任人名氏，远益沦没不闻。……正德戊寅（1518），海陵华君源楚来领厂事，慨然曰：厂敝弗治，废事之首也。题名无石，缺典之大也。……白其□□□部光说，有经营意。时转大内之本[1]（点校本作"本"，误，应作"木"。——引者注），缮南巡之舟方棘，而又董土桥、南溥二闸之役，职务浩殷，视旧为倍。君顾不自暇逸，用能殚力集事，得以隙工美材，有事是厂。外新坊厩，辟重门，内广厅事，饬公馆，以至食堂、寝室、吏廨、料舍，总之为百二十楹。架良壁坚，亢庾拓隘，莫不壮丽完好。始己卯春二月，迄庚辰冬十月而成。上不知费而下不言劳……既成，乃立石厅事之左，悉题前所榜名氏、爵里其上，而告其郡人杨杲（点校本作"杲"，误，应为"果"。——引者注）为记之。[2]

考估工部修仓分司之位置，大约在今北京市通州区北苑街道帅府街与西营房胡同交界处附近（见表1）。[3]

---

1 按正德九年（1514）乾清宫火毁，后议建乾清宫会计物料，采办大木。考正德戊寅，永顺宣慰使彭明辅父子献大木由天津至北京，到张家湾及通州，时天津河涸，沿途水道浅涩胶舟，淤塞难运，工部侍郎赵璜以剥船运木之法始得告成，即所谓"转大内之木"。故此处"本"字误，应为"木"字。事见《明武宗实录》卷一六○，正德十三年三月丙寅条，第3099页；赵璜《归闲述梦》，北京大学图书馆藏清末李氏木樨轩抄本，《四库全书存目丛书》史部第127册，第616—617页。

2 杨果：《工部修仓分司题名记》，嘉靖《通州志略》卷一三《艺文志》，第253—254页。《日下旧闻考》亦曾征引之，称引自《通州志》，则此《通州志》实即嘉靖《通州志略》，参见《日下旧闻考》卷一○八《京畿·通州一》，第1805页。

3 《北京市通县地名志》，第22页。

表 1　嘉靖中期前通州历任工部营缮分司（工部厂）修仓、督砖主事者名录

时代	姓名	籍贯	任职年限	备考
成化间	朱瑄	浙江鄞县	十二年任	
	诸观	浙江余姚	十四年任	
	刘定昌	四川兼江	十六年任	
	蔡敞	南直苏州	十七年任	
	胡超	浙江汤溪	十九年任	
	李綦	北直新城	二十二年任	
	李超	四川富顺	二十三年任	
	陈雍	浙江余姚	元年任	在任期间上书改建料砖厂于张家湾，见孙䥴撰《南京工部尚书简庵陈公雍墓志铭》《国朝献征录》卷五二）及《明孝宗实录》卷三四
	曾逸演	福建龙溪	四年任	
	李敖	宁远	六年任	
弘治间	刘汝靖	江西清南	九年任	康海撰《奉议大夫工部虞衡清吏司郎中刘君汝靖墓志铭》载"世为（陕西）渭南人"（《国朝献征录》卷五一），则可知题名各条"江西清南"误，应为陕西渭南
	扬玮	南直华亭	十二年任	
	屠奎	直隶［浙江］平湖	十五年任	字文奎，见杨昺撰《工部修仓分司题名记》（嘉靖《通州志略》卷一三《艺文志》），按平湖属浙江嘉兴府，非属南直
	何□	浙江山阴	十八年任	即何沼，弘治丙辰（1496）进士，乙丑（1505）由南京工部主事调工部营砖司主事督砖通州，有政声，正德丁卯（1506）转屯田员外郎。见张鏊撰《南京工部尚书赠太子少保何公沼墓志铭》（《国朝献征录》卷五二）；又见嘉庆《山阴县志》卷一〇《选举》，《中国方志丛书·华中地方》第 581 号，台北：成文出版社，1983，第 188 页

续表

时代	姓名	籍贯	任职年限	备考
	吴口	四川临川	二年任	即吴华,按四川无临川,临川属江西。华,临川人,登弘治乙丑(1505)进士,见同治《临川县志》卷三六《选举上》,国家图书馆藏
	顾可学	南直无锡	三年任	
	曾口	江西吉水	五年任	即曾首,罗洪先撰《太仆寺卿曾公直墓志》(《国朝献征录》卷七二)载"世居吉水","弘治壬戌(1502)进士","己巳(正德四年,1509)起复,朴保定之新城,未几,擢工部营缮司主事,分司通州,满考,调刑部山西司主事"。考之题名任职时间,皆合
正德间	叶宽	福建泉州	八年任	字栗夫,见《工部修仓分司题名记》
	口口龙	山东安丘	十一年任	即刘希龙,正德甲戌(1514)进士,见万历《安丘县志》卷一五《历代贡举表四》,《四库全书存目丛书》史部第 200 册,影印南开大学图书馆藏明万历刻本,第 282 页
	汪登	浙江仁和	十三年任	
	口灏	南直泰州	十二年任	按口灏,应为华湘,字源楚,正德丁丑(1517)进士,十三年任事,任职至少到正德十五年,在任期间整修工部厂,立题名碑,并请杨果撰《工部修仓分司题名记》。见《工部修仓分司题名记》,《四库全书存目丛书》史部第 210 册,影印泰州市图书馆藏崇祯刻本,并见崇祯《泰州志》卷五《选举志》进士条,《四库全书存目丛书》史部第 98 页

续表

时代	姓名	籍贯	任职年限	备考
嘉靖间	孙舟	南直常熟	元年任	
	张玩	山东历城	三年任	
	□朝著	山西和顺	五年任	即周朝著，嘉靖丙戌（1526）进士，官至工部郎中，见民国《和顺县志》卷七《选举》，《中国方志丛书·华北地方》第408号，台北：成文出版社，1976，第338页
	张集	北直晋州	八年任	
	□兑元	浙江仙居	九年任	查万历《仙居县志》无考
	路珠	河南新乡	十一年任	
	□□	河南杞县	□□年任	即陈乙，登嘉靖壬辰（1532）进士，初授工部主事，见乾隆《杞县志》卷十《选举志》，《中国方志丛书·华北地方》第485号，第616页
	徐泮	河南固始	十四年任	
	孙光代	北直安肃	十四年任	
	马铿	湖广南海	十九年任	按湖广无此县，应为广东南海。铿，广东南海人，登嘉靖戊戌（1538）进士，授工部主事，见万历《广东通志》卷二〇《郡县志七·广州府选举》，《四库全书存目丛书》史部第197册，第459页
	谭大初	广东始兴	二十二年任	
	王嵩	浙江余姚	二十三年任	

资料来源：据嘉靖《通州志略》卷七《官纪志·书使·工部厂题名》录出，并参考王毓铨《嘉靖〈通州志略〉点校本补正》(《首都师范大学学报》(社会科学版) 2014年第2期)。

2. 京城附近砖厂

大通桥砖厂　北输之砖料暂贮通、湾诸砖厂后，工部即令在京车户、人夫及罪囚人等接续转运至京城附近砖厂以备营建之需。大通桥砖厂即明中后期以来临清城砖输京后之最终贮放地，"河路砖料在于临清烧造，大通桥取用"[1]。估计其位置当在大通桥附近，约在今北京市朝阳区建外街道办事处辖内建国门外大街南之砖厂胡同附近。[2] 另《工部厂库须知》（以下简称《须知》）所载之营缮司诸分司中有"神木厂兼管砖厂"，此处之砖厂估计即大通桥砖厂，按神木厂即在广渠门外大通桥南，其地近大通桥砖厂，故神木厂置分司时则兼管砖厂为便。

万历初营建寿宫，即于大通桥砖厂设立"查发砖料司官一员"督之，并将"大通桥、张家湾砖厂""见积各项砖料查明呈报听候运用"[3]；万历末《须知》所载营缮司所理诸工如司礼监修理经厂、都重城（都城即京师内城，重城即外城）、见工灰石作及虞衡司街道厅修沟渠桥梁等项所需之白城、斧刃等砖料，皆取于大通桥砖厂。[4] 万历后期预建三殿所备之砖料皆积于该厂，《须知》载：

> 临清厂每年烧造年例砖一百万个，运至大通桥砖厂堆放。年年不问旧存多寡，循例而烧，且有十余年已烧之砖已领之价、至今砖不起运者。本司于（万历）四十二年（1614）查明：（大通桥）砖厂贮有三百余万个，厂无隙地，而外解砖价

1　何士晋纂辑《工部厂库须知》卷四，影印上海辞书藏明万历四十三年林如楚刻本，《续修四库全书》史部第878册，第503页。
2　北京市朝阳区地名志编辑委员会：《北京市朝阳区地名志》，北京出版社，1993，第248页。
3　葛昕：《寿宫营建事宜疏》，《集玉山房稿》卷一，《景印文渊阁四库全书》第1296册，第381页。
4　《工部厂库须知》卷三，第482页；卷四，第487、503页；卷六，第600页。

又不及半。业经题减原额四十万个，并止窑户雇运，即今再减十万个，未为不足，省至十年，可积银十数万两。倘大工肇举，或取用过多，厂存无几，又查原额补烧，而非执减数为定则云。[1]

可知其时大通桥砖厂所贮砖料规模之巨，至"厂无隙地"，而临清仍循例烧造不已，烧造之靡费，可见一斑。

有时大工紧急，通、湾河路料砖则直接运至工所附近取用。万历末，三殿门工陆续兴建，即将大量砖料直接运至三殿工地旁之社稷坛空地堆放，内监恣意取用，其弊甚大。《须知》载：

一、议关防砖料。查得本工所用黑城等砖及白城、斧刃砖，往皆运堆社稷坛空地验收成细，监督能查收时之数，不能预收后之防，祗缘内廷禁地，无人看守，各监肆意抬用，莫敢谁何。此亦贮非其地所为防闲疎也。合无知会皇城巡视科道，今后本工所取用砖料，车户运堆东、西翼房收贮，两边空房俱多，不妨红军守宿便处筑墙，出入封锁，责令委官置囗（簿？）收发，以便查阅。庶囗（本？）差之关防甚便，而出入之成数不少矣。[2]

可知为减少内监肆意抬用，又议将三殿工地见工所用之砖料转贮于皇城外东、西翼房等处，并酌派守卫皇城的军士关防。

方砖等厂　方砖等厂主要贮放苏州细料方砖（即金砖）。因苏州细料方砖成造艰辛，质地坚硬，价值颇昂，故多用于内府宫殿、天寿山诸陵殿庑及玄宫地面室内墁地，因之，苏州方砖"只

---

1 《工部厂库须知》卷三，第482页。
2 《工部厂库须知》卷四，第506页。

是雇船差官，押运到工"[1]，中途不交卸于沿河各砖厂，故北输至通、湾上岸后，即直接运至城内方砖等厂贮放备用。万历末期，内官监渐控制方砖等厂，工部无从监督，其弊甚大。《须知》载：

> 一、金砖派烧于苏松七府，花石采办于徐州等处，以供殿门之用。即一砖一石，所费不赀，彼时当事者□（过）为蚕计，兼题数太浮，其失已不可追；及□□□（至砖石）到京，止凭解官投文本部，而收贮之权听凭诸内监，故径运至鼓楼下之□□（备用）、铸钟二厂，有同一掷，部官不得过而问焉。……今查大通桥原系贮砖之所，仍以金砖另堆在内，花石改收近厂，不惟管理便、取用近，即脚价亦省，而内监于何恣其需索也。惩前饬后，可复以未来工程擅自题派，而已到美材坐视消耗耶。[2]

可知其时苏州方砖多贮于鼓楼下"□□（备用）、铸钟二厂"，由内监把持，后工部即有将方砖并贮于大通桥砖厂之议。

按备用厂，其具体位置无考，由《须知》知其在鼓楼附近，属明代掌收内府物料的厂库之一，[3] 清代厂地无存，在新辟的内官监胡同内（即明代内官监位置）大佛堂之碑记上，列有备用厂之

---

[1] 《明会典》卷一九〇，第3851页。

[2] 《工部厂库须知》卷三，第482—483页。括号内所补之阙文乃引自《皇明世法录》。按《皇明世法录》乃启祯间陈仁锡辑录明代典章文献而纂辑的经世之著，其裕国恤民目下的厂库卷，即删削抄录自《工部厂库须知》，因之，可用《皇明世法录》厂库卷来补校《工部厂库须知》的部分阙文。参见陈仁锡辑撰《皇明世法录》卷三八《厂库》，中国史学丛书影印明崇祯刻本，《四库全书存目丛书》史部第15册，第45页。

[3] 隆庆初年，云南道监察御史詹仰庇曾清查内府各监局厂库钱粮租税，曾涉及备用厂，时该厂尚有房、地租银，可知备用厂厂地颇多。详见其疏《财用十分缺乏乞赐清查欺冒以裨国计事》，康熙《安溪县志》卷一一，国家图书馆藏。另见《明穆宗实录》卷三二，隆庆三年五月甲寅条，第835—836页。

名，[1]可知其位置当在鼓楼至内官监一带。

铸钟厂在内城北城日中坊，[2]即今北京市西城区新街口街道办事处辖内之铸钟胡同附近。[3]

考方砖厂，《京师五城坊巷衚衕集》载内城北城昭回靖恭坊有"方砖厂"之名，[4]亦在鼓楼附近，从厂名看，应亦为堆放方砖和苏州细料方砖的收贮加工厂地，清代厂废后演化为大、小方砖厂及方砖厂胡同，[5]其地在今北京市东城区交道口街道办事处辖内之方砖厂胡同附近，[6]未知其地是否与前考之备用厂有联系。

琉璃、黑窑二厂　　琉璃厂和黑窑厂是明代设于京师烧制琉璃及砖瓦料的两大官窑厂，与上述专门收贮砖料的诸厂不同，琉、黑两厂因近在京城，运输贮用方便，故二厂所烧造之琉璃、砖、瓦等料，多在烧成后或暂贮二厂，或径运赴工所使用。二厂平时有年例修造烧造，大工之时则据工作所需临时题派烧造。万历末年，曾制定了若干条议以规范二厂料件之收贮与使用。《须知》载：

琉璃、黑窑厂条议：
一、增小票。凡运砖瓦于见工处，则给大票一张，书样、数若干，见工监督会巡视注"收迄"二字于票上，甚妙也。乃

1　《日下旧闻考》卷四一《皇城·内官监》，第637页。
2　张爵：《京师五城坊巷衚衕集》，北京古籍出版社，2001，第19页；另参见徐苹芳《明北京城复原图》及《明北京城复原图街巷胡同地名表》，《明清北京城》，地图出版社，1986，第10页。
3　北京市西城区地名志编辑委员会：《北京市西城区地名志》，北京出版社，1992，第54页。
4　《京师五城坊巷衚衕集》，第18页；另参见《明北京城复原图》及《明北京城复原图街巷胡同地名表》，《明清北京城》，第16页。
5　朱一新：《京师坊巷志稿》卷上，北京古籍出版社，2001，第170页。
6　北京市东城区地名志编辑委员会：《北京市东城区地名志》，北京出版社，1992，第59页。

车户延迟或中途盗卖，则以巡视不到不收藉口。今定于大票之外，加一小票，即照大票填注时日运数，令见工委官随到随查，到则书到迄，缺少则书缺少数目以便追比，限以二日去，一日缴，如期不缴，有责则不得复有他诿，而运必到矣。

一、勤收验。内监每收钱粮，必索铺垫，铺垫未足，内监必不肯收，必以此物为不好。夫好与不好，本差有目能辨，何须内监雌黄。可收即收，即有从旁挪揄，亦当置之不理一也。

一、禁花销。一工砖瓦，有一工之取用，必甲乙无移，乃可稽核。乃内监向以门殿、陵工正经砖瓦应付内宫不时之取。盖内工所取，原该内监自赔，不得取之于正额。如取正额则正额缺，正额缺则须再造以补正额，此从来通弊也。今必力持正额，如为门殿造者，必门殿用许发；为陵工造者，必陵工用许发；庶恶监不得花销，而本部亦大有节省矣。[1]

可知其时内监多次借口内工，恣意取用收贮于二厂的正额琉璃、砖、瓦等料，冒破甚多，工部乃有此条议整饬之。

琉、黑二厂在永乐时代均位于京师城外宛平县辖内，嘉靖中期建重城后，琉璃厂位于南城（外城）正西坊、宣北坊响闸桥南，[2] 即今北京市西城区（原宣武区）和平门外南新华街东西两侧；[3] 黑窑厂位于南城正南坊内，[4] 约在今北京市西城区（原宣武区）陶然亭街道办事处黑窑厂街附近。[5]

---

1 《工部厂库须知》卷五，第522页。
2 《京师五城坊巷衚衕集》，南城正西坊、宣北坊条，第15—16页；另参见《明北京城复原图》及《明北京城复原图建置资料表》，《明清北京城图》，第77页。
3 北京市宣武区地名志编辑委员会：《北京市宣武区地名志》，北京出版社，1993，第153、218页。
4 《京师五城坊巷衚衕集》，正南坊条，第15页；另参见《明北京城复原图》及《明北京城复原图街巷胡同地名表》，《明清北京城图》，第38页。
5 《北京市宣武区地名志》，第192—193页。

小 结

以上粗略列出有明一代北京营建烧造在京收贮厂地的概况（见图1）。大约京畿通、湾诸厂及京城大通桥砖厂主要收贮河路料砖，主要包括黑、白城砖，斧刃，券砖等墙面用砖；内城方砖、备用、铸钟等厂主要收贮苏州细料方砖等地面铺墁用砖；外城之琉璃、黑窑二官窑则主要烧造、贮用琉璃砖瓦等料，主要用于屋面、脊面及照壁、牌坊、门楼等建筑。在明代北京的确立、营建、展拓、巩固、维护过程中，上述诸厂是营建烧造物料在京的主要收贮地，在明代北京的营建烧造过程中，发挥了重要作用。上述收贮厂地，初期关防尚严，中后期以来，内官恣渔，厂夫占役，厂地侵敚，物料冒破，弊窦丛生，其间虽经整饬，过后多泄泄如故，本质上体现了皇权体系下营造制度的专制、腐朽和落后。

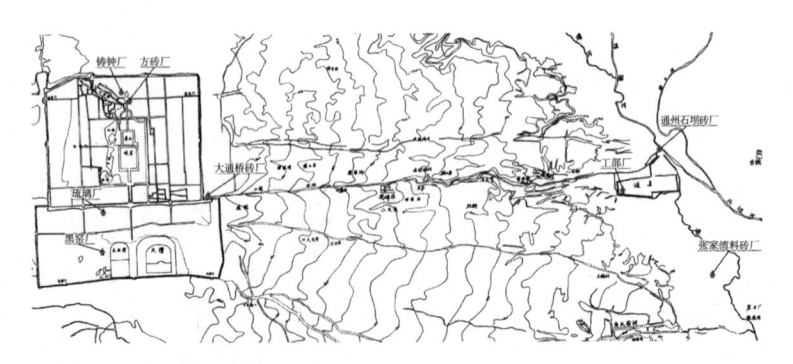

图1 明北京营建烧造物料在京收贮诸厂略
资料来源：据侯仁之藏《通惠河清绘图》改绘。

清代北京的典当

章永俊[*]

摘 要：有清一代，北京的典当业相当繁荣。同治、光绪之际（1875年前后），北京当铺多达300余家，为该业最为辉煌的时期。1900年以前，北京城内外还有当铺210余座。清代中后期，北京典当已不限于经营抵押放款，同时还经营信用放款、存款及经营货币兑换业务等，甚至还发行银票和钱票。清代北京的典当业可分为皇当、官当和民当三类。北京的皇当和官当在雍正、乾隆年间有较大发展，而在嘉庆、道光以后，北京的民当发展则极为兴盛。

关键词：清代 北京 典当 皇当 官当 民当

一 清代北京典当概况

典当，主要经营抵押放款，是传统的金融组织。早先被称为"质肆""解库"，后来通称当铺。典当可细分为典、当、质（按）[1]、押四种，但各地的情况和名称并不相同，"一省中有数种

---

[*] 章永俊，北京市社会科学院历史研究所。
[1] 山西、安徽称质，广东、福建称按。参见怓公干《典当论》，商务印书馆，1936，第69页。

并存者，亦有仅存一种者"[1]，一般以它们的资本大小、取利厚薄、满期长短、纳税多寡来加以区别。其中"典"的资本最大，期限最长，利息最轻；"当"次之；质（按）又次之，其规模视前两者为小；押犹小于质，期短利重。

有清一代，北京的典当业相当繁荣。从典当业的数目来看，主要集中在清代中后期。乾隆三年（1738），"京城大小当铺不下二百余座"[2]。乾隆九年，内阁大学士鄂尔泰等奏称："查京城内外，官民大小当铺共六七百家，钱文出入最多。"[3]咸丰三年（1853），京城有当铺159家，其中山西商人开设109家，占68.55%；顺天府商人开设42家，占26.41%；山东商人开设5家，占3.14%；安徽、浙江、陕西商人各开设1家，共占1.88%。[4]同治、光绪之际(1875年前后)，北京当铺"计达三百余家"[5]，为该业最为辉煌时期。光绪二十六年（1900）庚子事变后，"京城内外及大宛地面税当二百零二座多被抢夺，其未被抢及被抢未尽者只余十座"[6]。可知，1900年以前，北京城内外有当铺210余座。其中较殷实的总管(即总经理)号称常、刘、高、董、孟五号。这五号有的经营二三十家，有的经营一二十家，经营资本多来源于清廷内务府官员和宫中太监。[7]庚子年被抢的当铺，90%是山西商人开的，人称"山西屋子"。时有民谣云："西商妙算果神通，典当重开用现

---

1 宓公干：《典当论》，第69页。
2 《朱批奏折》（乾隆三年三月），引自户部尚书兼内务府总管大臣海望奏，见韦庆远《明清史辨析》，中国社会科学出版社，1989，第95页。
3 《清高宗实录》卷二二六，乾隆九年十月壬子条。
4 李莎：《典当业与明清社会发展关系探析》，硕士学位论文，郑州大学，2000，第7页。
5 池泽汇等：《北平市工商业概况》，北平市社会局，1932，第576页。
6 （清）陈璧：《望嵓堂奏稿》卷三，台北：文海出版社，1967，第237页。
7 北京政协文史资料委员会选编《北京文史资料精华风俗趣闻》，北京出版社，2000，第174页。

金，就便亲爹能出世，三分一律不饶人。"[1] 经过两年的恢复，光绪二十八年，当铺"复业者百数十家"[2]。至光绪三十三年，京师共有当铺165座，其中，顺天府商人开设152家，占92.12%；直隶深州商人开设5家，占3.03%；江苏、山西商人各开设4家，各占2.42%。[3] 在庚子年被洗劫后，北京当铺又遭壬子兵变，刚刚恢复起来的业务又遭到致命打击。经过两次劫难，整个行业（包括常、刘、高、董、孟五号）全部破产。继而兴起的是刘、娄、高、王四号。新兴的刘、高并非原来的刘、高。民国初年，新兴四号都经营10家以上的当铺，并把山西屋子挤出了北京。[4] 清末民初，北京有当铺200家左右。[5] 按著名明清史专家韦庆远的说法，清代的典当业，"就其东主的身份地位及其资金来源来说，可分为三大类，即：皇当、官当和民当"[6]。清代北京的典当业也不外乎这三类，只是三者的发展规模在不同时期有所不同。如北京的皇当和官当在雍正、乾隆年间有较大发展，而在嘉庆、道光以后，北京的民当的发展则极为兴盛。

北京早期的典当业，资本无定额。乾隆年间，每座官当资本一般均在白银万两以上。[7] 嘉庆八年（1803），清政府曾颁文规定，每家当铺的资本须在白银两万两以上。[8] 咸丰年间，北京开一座

---

1 刘建生等：《晋商研究》，山西人民出版社，2005，第200页。
2 池泽汇等：《北平市工商业概况》，第576页。
3 "光绪三十三年夏季缴纳报效银当铺数目表"，见《京师当业商会》，宣统年间刻本。
4 《中华文史资料文库》第14卷《经济工商编·金融财税洋行买办其他》，中国文史出版社，1996，第567页。
5 刘建生等：《晋商研究》，第200页。
6 韦庆远：《明清史辨析》，第73页。
7 中国第一历史档案馆藏《内务府奏销档》，见果鸿孝《清代典当业的发展及作用》，《贵州社会科学》1989年第2期。
8 北京市地方志编纂委员会编《北京志·综合经济管理卷·金融志》，北京出版社，2001，第74页。

小当铺，即需白银两万两以上，中等当铺三至四万两，大当铺四至五万两。[1]到光绪末年，北京当铺"每座成本约七八万两，至少亦约三四万两"[2]。此间，典当经营的资本在不断扩大。到清末，北京当铺虽号称200多家，但每户最多三五万银两，少的还不足一万银两。[3]

清代的典当税，创于顺治年间。顺治九年（1652），"定直省典铺税例：在外当铺每年定税银五两，其在京当铺并各铺，仍令顺天府查照铺面酌量征收"[4]。康熙三年（1664），"定当铺每年征银五两，大兴、宛平大行店铺同"[5]。规定在京当铺与外省当铺税例统一，取消了对京城当铺的优惠。康熙十五年，"定京城行铺税例，上等每年五两，余二两五钱"[6]。京城当铺又依照营业规模大小年纳银五两、二两五钱不等。雍正六年（1728），"设典当行帖"[7]。凡民间开设典当，均须请帖，按年纳税。总的来看，北京典当各铺每年所交税银，均未超过五两。光绪二十三年，"拟自本年起，无论何省，每座按年纳税银五十两"[8]。就在新税额颁布的第二年，即有当商禀称"京城地面瘠苦，当商恳请减半，按二十五两之数交纳"[9]。不久户部也就答应了这一请求。据此，京师典当铺户的税银，由原征五两，到清末光绪时已加征至二十五两。

---

1 程庸镐：《古老的典当业》，《金融圈史话》，安徽省农村金融研究所，第32页。
2 顺天府五城御史，光绪三十年五月二十四日奏折，引自黄鉴晖《中国典当业史》，山西经济出版社，2006，第75页。
3 《中华文史资料文库》第14卷《经济工商编·金融财税洋行买办其他》，第568页。
4 《清续文献通考》卷二六《征榷一·顺治九年》。
5 《清通典》卷八《食货八·赋税下·杂税附》。
6 《清通典》卷八《食货八·赋税下·杂税附》。
7 《清通典》卷八《食货八·赋税下·杂税附》。
8 《清续文献通考》卷四七《征榷考十九·杂征》。
9 引自黄鉴晖《中国典当业史》，第104页。

嘉庆八年，清政府规定当期以 30 个月为满。当本在白银 50 两以下者，利率三分；50 两以上者，二分五厘；百两以上者二分或一分七八厘。[1] 光绪二十六年以前，北京典当的利率多为月息 2 分或 2.5 分，以大宗货物入当更有仅取 2 分乃至 1 分的；但经变乱后，各当利率一律增至 3 分，3 分以下的利率已不多见。[2]

清代中后期，北京典当已不限于经营抵押放款，同时还经营信用放款、存款及经营货币兑换业务等，甚至还发行银票和钱票。据《北京典当业之概况》记载："逊清时代北京各典当，皆有官款存放，以资调济，且昔时绅商富户遇有现款，亦多交与典当存贮取息，其利率不过三四厘，因典当为金融机关，而保藏各种有价物品，较钱庄票庄为可靠，当时典当得运用低利资金，以从事业务，故获利甚丰。"[3] 清代北京当铺操纵钱价和清政府干预的情况比较突出。如乾隆时，"据御史明德奏称，京城大小当铺不下二百余座，每当积钱约三五百串，若统计之，不无十万余串，况当铺中人上市买钱，动以五、六百两，一遇当铺人多，则钱市惟见银多钱少，故致涨价。请嗣后当铺除银六钱以下，仍准当钱，六钱以上，惟许当银。如有违者，将管当人员责治，如此则各当既无多积之钱，而钱市可免昂贵之因矣"[4]。

北京典当业的发展，还可以从其自身组织的建立反映出来。北京典当业行会，始创于清嘉庆八年九月，初名"公合堂"，后改为当商会馆，以后又先后易名为当业商会、当业同业公会。庚子年间，又由典业名宿刘禹臣发起，集资筹建了"京师当业思预

---

1 北京市地方志编纂委员会编《北京志·综合经济管理卷·金融志》，第 75 页。
2 陆国香：《中国之典当》，《银行周报》第 20 卷第 3 期，1936 年 1 月 28 日。
3 曲彦斌：《中国典当手册副编典当研究文献选汇》，辽宁人民出版社，1998，第 751 页。
4 《朱批奏折》（乾隆三年三月），引自户部尚书兼内务府总管大臣海望奏，见韦庆远《明清史辨析》，第 95 页。

堂保火险公益会"（简称"思预堂"），交由当业同业公会管理，为投保的当铺保火险。北京当业同业公会是当初京城较早而且较大的行会之一。清光绪三十年，北京总商会即是由当、炉、绸缎等一些大行会倡议组建的。[1]

二 皇当

所谓皇当，系指内务府为了增收银两所经营的当铺，主要为皇帝和皇室成员服务。清代的皇当在康雍之间即已发展起来，而极盛于乾隆时期。

最早开当铺的皇室成员是康熙皇帝的儿子，如皇四子胤禛（即其后的雍正皇帝）、皇八子胤禩、皇九子胤禟等人。其中以皇九子最善于经营，他在北京开设几座当铺，很快就积累下20万两白银，在康熙诸子中称得上是首富。

雍正即位以后，皇当经营有了进一步的扩大。雍正七年三月，总管内务府从内库领得两万两银作为设当架本，并购买了土地。其中用于开当架本者即有一万两。[2] 雍正十一年，经额驸策凌奏明，交两万两银予内务府总管大臣海望作为架本开设当铺，以一分起息。[3]

乾隆时期，皇当开设达到了有清一代的最高峰。有准确名号记载的即有万成、丰和、春和、万春、吉庆、庆瑞、庆盛等

---

1 许小主：《典当》，中国社会出版社，2009，第74页。
2 中国第一历史档案馆藏内务府奏案档第5号卷，引自叶志如《乾隆时内府典当业概述》，《历史档案》1985年第2期。
3 中国第一历史档案馆藏内务府奏案档第69号卷，引自叶志如《乾隆时内府典当业概述》，《历史档案》1985年第2期。

二十多座，其相当一部分是通过查抄官员家产而纳入皇帝名下的。乾隆十二年初，经总管内务府大臣允禄奏准，从内库领出帑银10万两作为追加架奉，继续开办庆瑞、庆盛等当。到乾隆十三年时，仅亲王经办的官当就有八家，计有广盛、广信、广润、广得、宝聚、宝成、宝泉等。其中前四当共值银76400余两；后三当共值银61800余两。而直属于内务府的当铺（包括亲王所办者），在乾隆十三年十月有十三座，到翌年就增加为十五座，总共架本银393800余两。其中，雍正七年领内库银开设的丰和当，原成本银为4万两。乾隆五年接收入官当铺万成当，原成本银为33874两。乾隆十年领内库银开设的恩成、恩德、承恩、裕和四当，原成本银为10万两，恩吉当原成本银为2万两。乾隆十二年领内库银开设的庆裕、庆盛、庆瑞、庆泰四当原成本银为10万两，永成、永吉二当原成本银为10万两。加上后来交归内务府统一经营的恩丰、春和当架本银53000多两，总计皇室官当的架本银在乾隆年最兴旺时达百万两以上，足见其实力之雄厚和规模之大。[1]

乾隆时期的内府官当，论资金，有国库为后盾，是相当雄厚的；论经营方式，又常和房地产的典押相结合；论息银，高者二分，一般以一分起息，最低亦七八厘。[2] 不过，官当由于其内在体制的种种弊端，尤其是管当官员赊欠取用架本和息银，故时常亏本。为此，内务府经常被迫对内府官当进行清查和整顿。至乾隆十六年正月，经调整归并，内府保留的官当有十四座，即吉庆、永庆、恩德、广盛、广润、宝泉、宝聚、庆瑞、庆盛、恩丰、春和、恩吉、丰和、万成等。统由内务府派出庄亲王海望、和亲王

---

1 孙健等：《北京古代经济史》，北京燕山出版社，1996，第311页。
2 叶志如：《乾隆时内府典当业概述》，《历史档案》1985年第2期。

苏赫纳"督管办理"[1]。

至于清代内务府开设的当铺有多少，各朝不尽相同，因为皇帝随时可以将某当铺取消或将某当铺赏赐予人，所以官当数常有增减。根据内务府档册的记载，清代历朝当铺的数目虽然有增有减，但可以看出，清朝内务府在京的当铺保持在六七座到十七座之数。尽管当铺数目常有变动，而当铺每年都要按照规定向内务府交纳利钱，这在各朝都是一致的。[2]

乾隆时期，虽然内务府经营的当铺获利八厘，但这与当时清政府所规定的民当获利不得超过三分的情况已经悬殊。至嘉庆时期，内务府经营当铺的情况更是不堪。嘉庆六年，内务府经营当铺共十七座。其中旧有当铺七座，新入官当铺十座。旧有当铺得利均足八厘，而新入官当铺得利微薄，有的五六厘，有的仅有三四厘。根据乾隆年间的当铺经营制度，这些官当每年利息除伙食劳金及房屋修补等开支外，按成本八厘计利，如获利不足八厘则需管理当铺之官员如数赔补。[3]

清代皇家当铺除接受内务府直接拨给的款项外，各当铺也经常收存其他衙门的款项生息。如道光二十六年（1846）旧庆成当在呈报本利情况时说："旧庆成当原成本钱五万吊，获利钱一万五千吊，续领官房租库钱二万吊，共核钱八万五千吊。续领生息各款：道光四年三月，陆续领到太医院八厘生息银三千两，合钱六千七百二十吊；道光四年十月分领到侍卫长褂六厘生息银六千七百两，合钱一万五千四百十吊。"[4]

---

1 中国第一历史档案馆藏内务府奏案档第81号卷，引自叶志如《乾隆时内府典当业概述》，《历史档案》1985年第2期。
2 宋秀元：《从档案史料的记载看清代典当业》，《故宫博物院院刊》1985年第2期。
3 滕德永、刘甲良：《乾隆时期内务府的分府当铺与皇子分府》，《故宫学刊》2012年第1期。
4 道光二十六年闰五月十一日呈文内务府杂件财政二四六卷，引自宋秀元《从档案史料的记载看清代典当业》，《故宫博物院院刊》1985年第2期。

内务府皇当开设至光绪二年结束。到了光绪朝，由于经营不善，加上皇帝常将皇当赏赐给朝臣，因此至皇当停开时仅剩10家，且家家亏损严重。[1]

三　官当

所谓官当，系指官府衙门和官绅豪族所经营的当铺。因为经营典当业，上有皇帝的推动赞助，对于各级官府和它们的长官之流，又具有利和方便之处，所以自雍乾之际始，各级衙门开设当铺之风大盛。例如，雍正七年十二月十八日，"署理直隶古北口提督印务都统降二级调用，奴才魏经国谨奏，为奏明皇赏营运及动用公项各银两数目事。窃照古北提标领到皇赏银陆千两，经奴才奏明开设典当，止用银四千两，以贰千两买米存贮，来年照时价减粜接济兵民在案。今查自本年八月初三日开张起，至十二月十五日止，共当出本银一千八百六十两五钱四分，共收现利并长平银八十三两九钱三分"。"来年粜卖得价，将此二千两本利一并归入当铺营运，钦遵恩旨俟利息宽裕之日，酌量赏兵，以济吉礼等用。"[2]

当时京师各旗大多数经营数量不等的当铺。大体说来，每旗一般都同时保有三五座当铺，每座当铺的资本多为一万余两到两万余两，少数也有拥有四万两本钱的。例如乾隆十二、十三年，正黄旗即开有官当四座，其中广盛当拥有资金本利二万四百八十三两，广信当拥有资金本利一万五百八十四两，广

---

[1] 刘秋根、阴若天：《晚清典当业的几个问题》，《文化学刊》2011年第4期。
[2] 雍正七年十二月十八日署直隶古北口提督印务魏经国折宫中二〇八卷，引自宋秀元《从档案史料的记载看清代典当业》，《故宫博物院院刊》1985年第2期。

润当拥有资金本利一万八千五十八两，广得当拥有资金本利两万七千三百二十大两。其他各旗大体相同。[1]

清代官吏开当铺有一个逐渐发展的过程。大体说来，顺治及康熙前期，还仅是个别的现象，到康熙中叶，即渐成风气，雍正时期，有了进一步的恶性发展，自此便一发难收，蔓延至于清末。康熙中叶，备受宠信的重臣们率先较大规模兼营典当业。如曾秉国政的明珠，晚年虽受贬斥失势，但仍在北京城郊开设了多座当铺，其中最少有四座遗留下来给子孙。又如刑部尚书徐乾学一次即曾交白银十万两给贩布商人陈天石，由陈出面在北京大蒋家胡同开设了一座大当铺，其资金的雄厚甚至超过内务府经营的皇当，在当时，在典当行业中是较为罕见的。[2]

雍正和乾隆两帝通过内务府开设并经营了一系列的皇当，还拨付过许多笔"生息银两"给各级文武衙门开设并经营一系列的官当。如雍正对隆科多，乾隆对张廷玉、舒赫德等人。[3]在乾嘉时期发生的一系列抄家案中，有不少被查抄官员的家产中有当铺。如乾隆十三年，原任河东道的周绍儒因贪赃败露被逮捕抄家，开始时，周供称本人全部家产只值两千两，经一再查追，才发现他在北京、广东省城都开有当铺。乾隆三十三年，查获庄亲王府的亲信侍从六品典仪郭价，与内务府司官普福合股在京开设当铺，因普福另有赃贪被抄家而供出。嘉庆四年正月十五日的一则上谕，在罗列乾隆晚年头号宠臣和珅的罪行时，曾指斥他"通州、蓟州地方，均有当铺钱店，查计资本，又不下十余万。以首辅大臣，下与小民争利。其大罪十九"[4]。值得注意的是，不仅正印职

1　韦庆远：《明清史辨析》，第117—118页。
2　韦庆远：《明清史辨析》，第129—130页。
3　韦庆远：《明清史辨析》，第133页。
4　《清仁宗实录》卷三七，嘉庆四年正月甲戌条。

官敢于恃势开当，连一些佐贰杂职、书吏，甚至长随、门丁之类职位低微的人，也往往开设有当铺，甚至不止一座。例如，乾隆中叶，内务府营造司的拜唐阿三格，竟在北京的东四牌楼、正阳门、崇文门、海淀等繁荣要道、当时的工商业中心地区共开有当铺六座。[1]

到了晚清，在朝廷高官中，开当铺的也大有人在。如光绪二十三年，满洲贵族那桐在任户部郎中期间，在北京北新桥北大街路东"购买增裕当铺为己产……架本三万金，存项一万金，统计领去五万三千余金"[2]。又如，光绪朝有名的守旧派代表人物刚毅，长期当地方官，捞足了银子，于是在京城开设了三座当铺。[3]

官府经营当铺，也为腐败的滋生提供了温床。随着时间的推移，经办官当的官员层层克扣，挪用、侵吞利银，时有发生，不仅加速了吏治的腐败，也使得官府经营的当铺陷于亏损，以致在京各旗衙门的当铺，约有一半连续15年（雍正十二年至乾隆十四年）的利银落到经人的腰包里。[4]

四　民当

所谓民当，是指由一般民间商人出资开设的当铺。据《北平市工商业概况》记载，早期北京地区的典当业的经营形式，以私人开设的"小押"为主，规模比较小，"系临时短期押款性质，其资本无定额，期限利率，亦无标准，私立规约，盘剥重利，甚

1　韦庆远：《明清史辨析》，第146—148页。
2　孔祥吉：《晚清的北京当铺——以〈那桐日记〉为线索》，《博览群书》2009年第7期。
3　（清）陈夔龙：《梦蕉亭杂记》，北京古籍出版社，1985，第20页。
4　李景屏：《雍正时期的皇当与官当》，《百科知识》1999年第7期。

至酿成欺诈行为,深为地方之害"[1]。乾隆四十一年议准,"各省民间开设典当,呈明地方官,转详布政司请帖,按年纳税,于奏销时汇奏报部,其有无力停止者,缴帖免税"[2]。可见,民间开设典当,必须先向州县呈文,领取官帖之后才能开始营业输税;如果典当铺闭歇停业,还须当官退还原领帖子,才能免纳典税。嘉庆八年,清政府明文规定凡开设典当者,须领有户部发给的龙票(即当帖),上有直隶藩司,顺天府尹及大、宛两县的官印,并要求经营者照帖纳税。[3]此后,当商逐年增多,同治、光绪年间,北京当铺达到300多家。当时比较有名的当铺有同聚当,成立于光绪九年四月,主人徐泽如,当本五万元,地址在现广安门内491号;万成当,成立于光绪二十三年四月,主人孙辅臣,当本三万元,地址在现烂漫胡同51号;恒德当,成立于光绪二十三年十一月,主人张宝臣,当本两万八千元,地址在现宣外大街228号。[4]其当本皆在万元以上,资本雄厚,开设日久。

光绪二十六年庚子之变发生时,北京典当几近停歇。六月辛卯(7月17日),步军统领衙门、顺天府、五城出示晓谕"各当商,一律照常收当,以便穷民"[5]。光绪二十八年,北京当商"向官方呈请缩短满当期限(始而暂定为六个月,继复改为八个月、十二个月及二十个月,最后定为二十四个月),加高利率(一律三分),以资弥补"[6]。

---

1 池泽汇等:《北平市工商业概况》,第575页。
2 《清续文献通考》卷四七《征榷考十九·杂征》。
3 杜翔:《北京典当业考略》,首都博物馆编辑委员会编《首都博物馆丛刊》第8辑,地质出版社,1993,第84页。
4 中国联合准备银行调查室编《北京典当业之概况》,附录"北京全市典当业一览表",中国联合准备银行调查室,1940,第98—105页。
5 《清德宗实录》卷四六五,光绪二十六年六月辛卯条。
6 池泽汇等:《北平市工商业概况》,第576页。

京城民当放债取息常与房地产抵押相结合。邓拓同志所藏历史资料中，已公布的有一份京城著名字号万全堂药铺嘉庆二十二年的"典字"资料。兹录其文：

> 立典字人韩鑫，今因乏用，将自置东万全堂药铺铺面房壹所，共计叁拾陆间，坐落在崇文门外大街路西，铺内字号装修家伙在内。今同中人三面言明，典到祝名下，市平原来纹银肆千两整。言明每月按八厘起息，贰年为满，银到归赎，其银笔下交足，并无欠少。恐后无凭，立此典字存照。
>
> 再批：外有姜、乐、韩姓红契叁套计陆张。倒字壹张，家具单壹张，起利折壹个，祝姓收存。日后修理，不与祝姓相干。
>
> 嘉庆贰拾贰年六月初七日
>
>   立典字 韩 鑫 押
>   中保人 朱云龙 押
>   刘长兴 押
>
> 道光拾年叁月初七日，还银肆千两并利找清完，此字无用。[1]

这份"典字"说明，万全堂在借债时把整个药铺做了抵押。

北京地区的民间典当业的利率一律高达三分，有清代竹枝词为证，"典肆开张为便民，却将利息定三分。不论铜子或银币，票写京平十足银"[2]。典当实际上是高利贷剥削。嘉庆年间，满洲

---

[1] 中国社会科学院历史研究所清史研究室编《清史资料》第1辑，中华书局，1980，第175页。

[2] （清）杨米人著，路工编选：《清代北京竹枝词十三种》，北京古籍出版社，1982，第130页。

人得硕亭在竹枝词《草珠一串》中,将京城内民当商人盘剥百姓的情景描述得淋漓尽致:"利过三分怕犯科,巧将契券写多多,可怜剥到无锥地,忍气吞声可奈何。"[1]

---

[1] 雷梦水等编《中华竹枝词》,北京古籍出版社,1997,第153页。

地域文化

新中国 70 年北京早期文明研究

陈光鑫*

摘　要： 北京早期文明，是指自中华文明产生以来，在今北京及周边地区发生的历史。现代学术意义上的研究，可以王国维《北伯鼎跋》为开始。特别是新中国成立后，无论从通史、断代史角度，还是从传世文献、考古材料、古文字史料等角度看，北京早期文明研究都取得了丰硕的成果。

关键词： 北京　早期文明　学术史

"早期文明"一词是东方学研究中的常用词，大概指文明产生以后一段时期的历史。北京早期文明史，当然是指中华文明产生以后，在今天北京及周边发生的历史。

19 世纪末，金石学家们已经收集了许多与燕国有关的铜器，[1]可以视为对北京早期文明的研究了。王国维《北伯鼎跋》[2]一文通过对北伯鼎的研究，考察北伯之北与商周时期燕国的关系，标志着近代学术意义上的北京早期文明研究的开始。新中

---

* 陈光鑫，北京市社会科学院历史研究所。
1　1872 年潘祖荫编印的《攀古楼彝器款识》和 1917 年罗振玉编印的《梦郼草堂彝器款识》都有零星记载。吴式芬于 1895 年编印的《捃古录金文》中收录了道咸年间于山东寿张梁山出土的"梁山七器"，其中多为与"太保"有关的燕国铜器。
2　王国维：《观堂集林》卷一八《史林十》，中华书局，1959，第 884—886 页。

国成立以后，北京早期文明研究才逐渐规模化、系统化。特别是如琉璃河西周大墓这样的重大考古发现大大促进了研究的深入。

新中国成立后，北京重新成为首都，社会对北京的重视程度也不是之前所能比拟的，对北京历史文化的挖掘研究，受到了社会各界的关注，在这种历史背景下，北京早期文明研究取得了丰硕的成果。

2019年是新中国成立70周年，回顾新中国的北京早期文明研究的学术史，继往开来，继续推进这项研究向前发展。本文主要分三个层面进行回顾，分别是通史类、西周史和东周史。

一 通史类研究

1994年，北京市社会科学院主编的十卷本《北京通史》[1]出版，第一卷系统介绍了先秦时期的北京历史发展进程，得到了社会的广泛好评。其他通史类的著作还有：北京市社会科学研究所《北京史大事纪年》编写组《北京史大事纪年》[2]，常征《古燕国史探微》[3]，侯仁之、邓辉《北京城的起源与变迁》[4]，王彩梅《燕国简史》[5]，于德源《北京史通论》[6]，彭华《燕国史稿》（修订版）[7]，等等。

---

[1] 北京市社会科学院主编《北京通史》，中国书店，1994。
[2] 北京市社会科学研究所《北京史大事纪年》编写组：《北京史大事纪年》，1981。
[3] 常征：《古燕国史探微》，聊城地区新闻出版局，1992。
[4] 侯仁之、邓辉：《北京城的起源与变迁》，北京燕山出版社，1997。
[5] 王彩梅：《燕国简史》，紫禁城出版社，2001。
[6] 于德源：《北京史通论》，学苑出版社，2008。
[7] 彭华：《燕国史稿》（修订版），新北：花木兰文化出版社，2013。

在资料整理方面，陈平《燕史纪事编年会按》[1]系统整理了与燕有关的传世文献，为治燕国史的学者提供了极大方便。出土文献方面，王恩田《陶文图录》[2]、王爱民《燕文字编》[3]、李瑶《战国燕、齐、中山通假字考察》[4]等论著为以后的研究奠定基础。

随着专门史研究的深入，各专门领域的通史著作也广泛涌现。北京市社会科学院历史所组织专家编写《北京专史集成》系列丛书，以政治史、文化史、农业史等专门史视角对北京历史进行研究，目前已有15本专著出版，是这一领域的代表。

北京先秦史研究离不开考古资料的支持，所以考古学方面的通论成果也应该得到重视，代表作品有：李维明《北京地区夏、商、西周时期考古学文化浅议》[5]、陈平《燕秦文化研究》[6]、陈平《北方幽燕文化研究》[7]、陈平《燕文化》[8]、韩建业《试论北京地区夏商周时期的文化谱系》[9]、蒋刚《冀西北、京津唐地区夏商西周北方青铜文化的演进》[10]、韩建业《北京先秦考古》[11]等。

另外，先秦时期北京历史地理研究的成果也令人瞩目，侯仁之主编的《北京历史地图集》[12]从行政区划、自然地理、人文地理等三个方面对先秦时期的北京进行了系统研究。主要成果还有：尹钧科

---

1 陈平：《燕史纪事编年会按》，北京大学出版社，1995。
2 王恩田：《陶文图录》，齐鲁书社，2006。
3 王爱民：《燕文字编》，硕士学位论文，吉林大学，2010。
4 李瑶：《战国燕、齐、中山通假字考察》，硕士学位论文，吉林大学，2011。
5 李维明：《北京地区夏、商、西周时期考古学文化浅议》，《首都师范大学学报》（社会科学版）1999年第1期。
6 陈平：《燕秦文化研究》，燕山出版社，2003。
7 陈平：《北方幽燕文化研究》，群言出版社，2006。
8 陈平：《燕文化》，文物出版社，2006。
9 韩建业：《试论北京地区夏商周时期的文化谱系》，《华夏考古》2009年第4期。
10 蒋刚：《冀西北、京津唐地区夏商西周北方青铜文化的演进》，《考古学报》2010年第4期。
11 韩建业：《北京先秦考古》，文物出版社，2011。
12 侯仁之主编《北京历史地图集》，文津出版社，2013。

《北京历代建置沿革》[1]，郑伟祥《商代地理概论》[2]，侯仁之《北京城市历史地理》[3]，后晓荣、陈晓飞《考古出土文物所见燕国地名考》[4]，尹钧科主编《北京建置沿革史》[5]，侯仁之《北京城的生命印记》[6]等。

传说时代，约相当于考古学的新石器时代晚期。随着考古学的发展，尤其是改革开放以来，新石器时代北京的考古学研究成果显著，主要成果有：邹衡《关于夏商时期北方地区诸邻境文化的初步探讨》[7]、李伯谦《张家园上层类型若干问题研究》[8]、陈平《阪泉、涿鹿大战前后黄帝族的来龙去脉》[9]。

二　西周北京文明研究

据文献记载，召公封燕，西周时期北京的历史才由此展开。这段历史时期的研究，主要集中在召公、燕及二者关系上，研究成果如下：常征《召公封燕及燕都考——兼辨燕山、燕易王、燕昭王》[10]，蔡运章《召公奭世系初探》[11]，庞怀靖《跋太保玉

1　尹钧科：《北京历代建置沿革》，北京出版社，1994。
2　郑伟祥：《商代地理概论》，中州古籍出版社，1994。
3　侯仁之：《北京城市历史地理》，北京燕山出版社，2000。
4　后晓荣、陈晓飞：《考古出土文物所见燕国地名考》，《首都师范大学学报》（社会科学版）2007年第6期。
5　尹钧科主编《北京建置沿革史》，人民出版社，2008。
6　侯仁之：《北京城的生命印记》，三联书店，2009。
7　邹衡：《关于夏商时期北方地区诸邻境文化的初步探讨》，《夏商周考古学论文集》，文物出版社，1980。
8　李伯谦：《张家园上层类型若干问题研究》，《考古学研究》（二），北京大学出版社，1995。
9　陈平：《阪泉、涿鹿大战前后黄帝族的来龙去脉》，《北京文博》1998年第4期。
10　常征：《召公封燕及燕都考——兼辨燕山、燕易王、燕昭王》，《北京史论文集》第一辑，北京史研究会编印，1980。
11　蔡运章：《召公奭世系初探》，《西周史研究》，1984。

戈——兼论召公奭的有关北京》[1]，葛英会《关于燕国历史上的几个问题》[2]，陈槃《史记燕召公世家补注》[3]，殷玮璋、曹淑琴《周初太保器综合研究》[4]，金岳《金文所见周代燕国——论北燕非南燕余支》[5]，张懋镕《召公埰地考补证》[6]，何幼琦《召伯其人及其家世》[7]，常征《释〈大保鼎〉》[8]，王彩梅《召公奭与西周燕国的建立》[9]，林沄《"燕亳"和"燕亳邦"小议》[10]，雷依群《论召公奭的几个问题》[11]，石永士《姬燕国号的由来及其都城的变迁》[12]，沈长云《说燕国的分封在康王之世——兼说铭有"匽侯"的周初青铜器》[13]，陈絜《燕召诸器铭文与燕召宗族早期历史中的两个问题》[14]，石永士《关于周初封燕的几个问题》[15]，任伟《西周金文与召公身世之考证》[16]，孙庆伟《召公奭、燕国始封及相关史事的考

---

1 庞怀靖：《跋太保玉戈——兼论召公奭的有关北京》，《考古与文物》1986年第1期。
2 葛英会：《关于燕国历史上的几个问题》，《北京史苑》第三辑，北京出版社，1986。
3 陈槃：《史记燕召公世家补注》，《中央研究院历史语言研究所集刊》第六十本第三分，1989。
4 殷玮璋、曹淑琴：《周初太保器综合研究》，《考古学报》1991年第1期。
5 金岳：《金文所见周代燕国——论北燕非南燕余支》，《文物春秋》1990年第1期。
6 张懋镕：《召公埰地考补证》，《西北第二民族学院学报》1991年第2期。
7 何幼琦：《召伯其人及其家世》，《江汉考古》1991年第4期。
8 常征：《释〈大保鼎〉》，《北京社会科学》1993年第3期。
9 王彩梅：《召公奭与西周燕国的建立》，《北京社会科学》1994年第3期。
10 林沄：《"燕亳"和"燕亳邦"小议》，《史学集刊》1994年第2期。
11 雷依群：《论召公奭的几个问题》，《史学月刊》1998年第4期。
12 石永士：《姬燕国号的由来及其都城的变迁》，《河北省考古文集》，东方出版社，1998。
13 沈长云：《说燕国的分封在康王之世——兼说铭有"匽侯"的周初青铜器》，《中国历史博物馆馆刊》1999年第2期。
14 陈絜：《燕召诸器铭文与燕召宗族早期历史中的两个问题》，《中国社会历史评论》第一卷，天津古籍出版社，1999。
15 石永士：《关于周初封燕的几个问题》，《西周文明论集》，科学出版社，2001。
16 任伟：《西周金文与召公身世之考证》，《郑州大学学报》（哲学社会科学版）2002年第5期。

察》[1]，郭旭东《召公与周初政治》[2]，连劭名《金文所见燕国早期史事》[3]，韩建业《古燕国与燕子》[4]，李学勤《纣子武庚禄父与大保簋》[5]，连劭名《燕侯旨鼎铭文与周代的朝见礼》[6]，何家兴《燕侯载簋考释二则》[7]，曹斌、康予虎、罗璇《匽侯铜器与燕国早期世系》[8]。

新材料推动学术的发展，考古新发现对北京先秦史的研究起了巨大的推动作用。特别是琉璃河墓葬群的发现，使我们对西周时期北京的认识有了重大突破，主要成果有：郭仁、田敬东《琉璃河商周遗址为周初燕都说》[9]，《考古》编辑部《北京琉璃河出土西周有铭铜器座谈纪要》[10]，殷玮璋《新出土的太保铜器及其相关问题》[11]，陈平《克罍克盉铭文及其有关问题》[12]，孙华《匽侯克器铭文浅见——兼谈召公建燕及其相关问题》[13]，李学勤《克罍克盉的几个问题》[14]，尹盛平《新出太保铜器铭文及周初分封诸侯授民

---

1 孙庆伟：《召公奭、燕国始封及相关史事的考察》，《国学研究》第九卷，北京大学出版社，2002。
2 郭旭东：《召公与周初政治》，《华中师范大学学报》（人文社会科学版）2003 年第 1 期。
3 连劭名：《金文所见燕国早期史事》，《北京文博》2003 年第 4 期。
4 韩建业：《古燕国与燕子》，《文史知识》2008 年第 6 期。
5 李学勤：《纣子武庚禄父与大保簋》，《甲骨文与殷商史》第二辑，上海古籍出版社，2011。
6 连劭名：《燕侯旨鼎铭文与周代的朝见礼》，《文物春秋》2013 年第 2 期。
7 何家兴：《燕侯载簋考释二则》，《考古与文物》2015 年第 4 期。
8 曹斌、康予虎、罗璇：《匽侯铜器与燕国早期世系》，《江汉考古》2016 年第 5 期。
9 郭仁、田敬东：《琉璃河商周遗址为周初燕都说》，《北京史论文集》第一辑，1980。
10 《考古》编辑部：《北京琉璃河出土西周有铭铜器座谈纪要》，《考古》1989 年第 10 期。
11 殷玮璋：《新出土的太保铜器及其相关问题》，《考古》1990 年第 1 期。
12 陈平：《克罍克盉铭文及其有关问题》，《考古》1991 年第 9 期。
13 孙华：《匽侯克器铭文浅见——兼谈召公建燕及其相关问题》，《文物春秋》1992 年第 3 期。
14 李学勤：《克罍克盉的几个问题》，《第二届国际中国古文字学研讨会论文集》，香港中文大学，1993。

问题》[1]，赵光贤《关于琉璃河1193号西周墓的几个问题》[2]，陈平《再论克罍克盉铭文及其相关问题——兼答张亚初同志》[3]，李仲操《燕侯克盉铭文简释》[4]，杨静刚《琉璃河出土太保罍、太保盉考释》[5]，刘绪、赵福生《琉璃河遗址西周燕文化的新认识》[6]，杜廼松《克罍克盉铭文新释》[7]，刘雨《燕侯克罍盉铭考》[8]，朱凤瀚《房山琉璃河出土之克器与西周早期的召公家族》[9]，陈平《初燕克器铭文"心"、"鬯"辨》[10]，孙岩《燕国首都琉璃河出土西周早期青铜器及其政治含义》[11]，周宝宏《近出西周金文集释·克罍、克盉铭文集释》[12]，杨雪晨《琉璃河西周燕国墓地出土玉器初探》[13]，黄德宽《释琉璃河太保二器的"宀"字》[14]。

其他论著主要有：雷兴山等《试论西周燕文化中的殷遗

---

[1] 尹盛平：《新出太保铜器铭文及周初分封诸侯授民问题》，《西周史论文集》（上），陕西人民教育出版社，1993。

[2] 赵光贤：《关于琉璃河1193号西周墓的几个问题》，《历史研究》1994年第2期。

[3] 陈平：《再论克罍克盉铭文及其相关问题——兼答张亚初同志》，《考古与文物》1995年第1期。

[4] 李仲操：《燕侯克盉铭文简释》，《考古与文物》1997年第1期。

[5] 杨静刚：《琉璃河出土太保罍、太保盉考释》，《第三届国际中国古文字学研讨会论文集》，1997。

[6] 刘绪、赵福生：《琉璃河遗址西周燕文化的新认识》，《文物》1997年第4期。

[7] 杜廼松：《克罍克盉铭文新释》，《故宫博物院院刊》1998年第1期。

[8] 刘雨：《燕侯克罍盉铭考》，《远望集——陕西省考古研究所华诞四十周年纪念文集》，陕西人民美术出版社，1998。

[9] 朱凤瀚：《房山琉璃河出土之克器与西周早期的召公家族》，《远望集——陕西省考古研究所华诞四十周年纪念文集》。

[10] 陈平：《初燕克器铭文"心"、"鬯"辨》，《北京文博》1999年第2期。

[11] 孙岩：《燕国首都琉璃河出土西周早期青铜器及其政治含义》，《古文字研究》第25辑，中华书局，2004。

[12] 周宝宏：《近出西周金文集释·克罍、克盉铭文集释》，天津古籍出版社，2005。

[13] 杨雪晨：《琉璃河西周燕国墓地出土玉器初探》，《中原文物》2007年第3期。

[14] 黄德宽：《释琉璃河太保二器的"宀"字》，《古文字学论稿》，安徽大学出版社，2008。

民文化因素》[1]，纪烈敏《燕山南麓青铜文化的类型谱系及其演变》[2]、段天璟、朱永刚《南放水遗址夏和西周时期遗存的初步认识》[3]，等等。

燕国青铜器研究逐渐受到重视，进而推动先秦北京史研究，主要著作有：张亚初《燕国青铜器铭文研究》[4]、陈恩林《鲁、齐、燕的始封及燕与邶的关系》[5]、雷兴山《试论西周燕文化中的殷遗民文化因素》[6]、杨建华《燕山南北商周之际青铜器遗存的分群研究》[7]、任伟《西周早期金文中的召公家族与燕君世系》[8]、石永士《关于周初封燕的几个问题》[9]、任伟《西周金文与召公身世之考证》[10]、曹定云《北京琉璃河出土的西周卜甲与召公卜"成周"——召公曾来燕都考》[11]。

三　东周北京文明研究

传世文献方面，有关《燕丹子》的研究成果如下：李学勤

1　雷兴山等：《试论西周燕文化中的殷遗民文化因素》，《北京文博》1997年第4期。
2　纪烈敏：《燕山南麓青铜文化的类型谱系及其演变》，《边疆考古研究》第一辑，科学出版社，2002。
3　段天璟、朱永刚：《南放水遗址夏和西周时期遗存的初步认识》，《考古》2011年第4期。
4　张亚初：《燕国青铜器铭文研究》，《中国考古学论丛》，科学出版社，1993。
5　陈恩林：《鲁、齐、燕的始封及燕与邶的关系》，《历史研究》1996年第4期。
6　雷兴山：《试论西周燕文化中的殷遗民文化因素》，《北京文博》1997年第4期。
7　杨建华：《燕山南北商周之际青铜器遗存的分群研究》，《考古学报》2002年第2期。
8　任伟：《西周早期金文中的召公家族与燕君世系》，《中国历史文物》2003年第1期。
9　石永士：《关于周初封燕的几个问题》，《西周文明论集》，科学出版社，2001。
10　任伟：《西周金文与召公身世之考证》，《郑州大学学报》（哲学社会科学版）2002年第5期。
11　曹定云：《北京琉璃河出土的西周卜甲与召公卜"成周"——召公曾来燕都考》，《文物》2008年第6期。

《论帛书白虹及〈燕丹子〉》[1]、马振方《〈燕丹子〉考释》[2]、吴婷婷《〈燕丹子〉注释考辨》[3]、杜志强《〈燕丹子〉考论》[4]。

春秋战国时期的专门史研究取得了突出成果，如石永士《燕国的衡制》[5]、吴振武《燕马节补考——兼释战国时代的"射"字》[6]、黄盛璋《燕、齐兵器研究》[7]、沈融《燕国兵器格式、内容及其相关问题》[8]、章永俊《东周燕国地区的手工业》[9]。

燕国文字研究成绩显著，对一些字还形成了类似专题的讨论，如关于燕文字中的"无"，多位学者进行了讨论，如陈汉平《屠龙绝绪》[10]、杨泽生《燕国文字中的"无"字》[11]、董珊《释燕系文字中的"无"字》[12]。

其他燕文字研究成果还有：吴振武《战国货币铭文中的"刀"》[13]、吴振武《战国"卣（稟）"字考察》[14]、施谢捷《郾王职剑

---

[1] 李学勤：《论帛书白虹及〈燕丹子〉》，《河北学刊》1989年第5期。

[2] 马振方：《〈燕丹子〉考释》，《浙江大学学报》（人文社会科学版）2009年第4期。

[3] 吴婷婷：《〈燕丹子〉注释考辨》，硕士学位论文，曲阜师范大学，2011。

[4] 杜志强：《〈燕丹子〉考论》，《文献》2015年第5期。

[5] 石永士：《燕的衡制》，《中国考古学会第二次年会论文集》（1980年），文物出版社，1982。

[6] 吴振武：《燕马节补考——兼释战国时代的"射"字》，中国古文字研究会第八届年会论文，1990。

[7] 黄盛璋：《燕、齐兵器研究》，《古文字研究》第19辑，中华书局，1992。

[8] 沈融：《燕国兵器格式、内容及其相关问题》，《考古与文物》1994年第3期。

[9] 章永俊：《东周燕国地区的手工业》，《北京联合大学学报》（人文社会科学版）2012年第2期。

[10] 陈汉平：《屠龙绝绪》，黑龙江教育出版社，1989。

[11] 杨泽生：《燕国文字中的"无"字》，台北《中国文字》新廿二期，台北：艺文印书馆，1997。

[12] 董珊：《释燕系文字中的"无"字》，《于省吾教授百年诞辰纪念文集》，吉林大学出版社，1996。

[13] 吴振武：《战国货币铭文中的"刀"》，《古文字研究》第10辑，中华书局，1983。

[14] 吴振武：《战国"卣（稟）"字考察》，《考古与文物》1984年第4期。

跋》[1]，李学勤《燕齐陶文论丛》[2]，董珊《古玺中的燕都蓟及其初封问题》[3]，冯胜君《战国燕青铜器礼器铭文汇释》[4]，何琳仪、冯胜君《燕玺简述》[5]，冯胜君《战国燕系古文字资料综述》[6]，冯胜君《战国燕王戈研究》[7]，冯胜君《燕国陶文综述》[8]，李家浩《燕国"洧谷山金鼎瑞"补释》[9]，吴振武《燕国玺印中的"身"字》[10]，冯胜君《燕国陶文综述》[11]，林清源《战国燕王戈器铭特征及其定名辨伪问题》[12]，苏建洲《战国燕系文字研究》[13]，蔡运章《太子鼎铭考略》[14]，董珊《战国题铭与工官制度》[15]，赵平安《燕国长条形阳文玺中的所谓襯字问题》[16]，赵平安《论燕国文字中的所谓"都"当为"鄗（县）"字》[17]，苏建洲《论战国燕系文字中的"枂"》[18]，吴振

---

1 施谢捷：《郾王职剑跋》，《文博》1989年第2期。
2 李学勤：《燕齐陶文论丛》，《上海博物馆集刊》1992年第6期。
3 董珊：《古玺中的燕都蓟及其初封问题》，《江汉考古》1993年第4期。
4 冯胜君：《战国燕青铜器礼器铭文汇释》，《中国古文字研究》第1辑，吉林大学出版社，1996。
5 何琳仪、冯胜君：《燕玺简述》，《北京文博》1996年第3期。
6 冯胜君：《战国燕系古文字资料综述》，硕士学位论文，吉林大学，1997。
7 冯胜君：《战国燕王戈研究》，《华学》第3辑，紫禁城出版社，1998。
8 冯胜君：《燕国陶文综述》，《北京文博》1998年第2期。
9 李家浩：《燕国"洧谷山金鼎瑞"补释》，台北《中国文字》新廿四期，台北：艺文印书馆，1998。
10 吴振武：《燕国玺印中的"身"字》，《胡厚宣先生纪念文集》，科学出版社，1998。
11 冯胜君：《燕国陶文综述》，《北京文博》1998年第2期。
12 林清源：《战国燕王戈器铭特征及其定名辨伪问题》，《中央研究院历史语言研究所集刊》第七十本第一分。
13 苏建洲：《战国燕系文字研究》，硕士学位论文，台湾师范大学，2001。
14 蔡运章：《太子鼎铭考略》，《文物》2001年第6期。
15 董珊：《战国题铭与工官制度》，博士学位论文，北京大学，2002。
16 赵平安：《燕国长条形阳文玺中的所谓襯字问题》，《考古与文物》2005年增刊。
17 赵平安：《论燕国文字中的所谓"都"当为"鄗（县）"字》，《语言研究》2006年第4期。
18 苏建洲：《论战国燕系文字中的"枂"》，《中国学术年刊》第22期，文津出版社，2007。

武《〈燕国铭刻中的"泉"字〉补说》[1]、张振谦《说燕系"屮"旁文字》[2]。依靠出土文献资料，对燕国历史的研究也有进展，主要成果：李学勤《试论孤竹》[3]、常征《说孤竹——幽燕古居民研究之一》[4]、黄盛璋《战国燕国铜器铭刻新考》[5]、葛英会《燕国的部族及卤族联合》[6]、石永士《郾王铜兵器研究》[7]、王翰章《燕王职剑考释》[8]。

燕下都是燕国考古史最重要的发现之一，改革开放以来，研究成果也是非常丰富：王素芳、石永士《燕下都遗址》[9]、鸥燕《试论燕下都城址的年代》[10]、石永士《燕下都、邯郸和灵寿故城的比较研究》[11]、许宏《燕下都营建过程的考古学考察》[12]、吴磬军、刘德彪《简论燕下都半瓦当的分析研究》[13]、吴磬军、刘德彪《燕下都瓦当纹饰分期述补》[14]、〔韩〕成璟瑭《关于燕下都短内戈的几个问题》[15]。

货币是近年燕国研究的一大热点，主要成果有：郭若愚《燕

---

[1] 吴振武：《〈燕国铭刻中的"泉"字〉补说》，《古文字学论稿》，安徽大学出版社，2008。
[2] 张振谦：《说燕系"屮"旁文字》，《中国文字研究》2015年第2期。
[3] 李学勤：《试论孤竹》，《社会科学战线》1983年第2期。
[4] 常征：《说孤竹——幽燕古居民研究之一》，《史苑》第二辑，文化艺术出版社，1983。
[5] 黄盛璋：《战国燕国铜器铭刻新考》，《内蒙古师大学报》（哲学社会科学版）1983年第3期。
[6] 葛英会：《燕国的部族及卤族联合》，《北京文物与考古》第一辑，1983。
[7] 石永士：《郾王铜兵器研究》，《中国考古学会第四次年会论文集》，文物出版社，1983。
[8] 王翰章：《燕王职剑考释》，《考古与文物》1983年第2期。
[9] 王素芳、石永士：《燕下都遗址》，《文物》1982年第8期。
[10] 鸥燕：《试论燕下都城址的年代》，《考古》1988年第7期。
[11] 石永士：《燕下都、邯郸和灵寿故城的比较研究》，《中国考古学会第五次年会论文集》（1985年），文物出版社，1988。
[12] 许宏：《燕下都营建过程的考古学考察》，《考古》1999年第4期。
[13] 吴磬军、刘德彪：《简论燕下都半瓦当的分析研究》，《考古》2002年第1期。
[14] 吴磬军、刘德彪：《燕下都瓦当纹饰分期述补》，《文物春秋》2003年第5期。
[15] 〔韩〕成璟瑭：《关于燕下都短内戈的几个问题》，《文物春秋》2009年第3期。

国早期安阳布》[1]，石永士、王素芳《燕国货币概述》[2]，何琳仪《燕国布币考》[3]，石永士、王素芳《燕国货币的发现与研究》[4]，唐石父、高桂云《燕国明刀面文释"明"之新证》[5]，冯胜君《战国燕币综述》[6]，吴良宝、邓成龙《燕国"安阳"布币补说》[7]。其他燕国考古著作：石永士《燕王铜戈研究》[8]，于德源《北京古代农业的考古发现》[9]，李朝远《战国郾王戈辨析二题》[10]，郑君雷《战国燕墓的非燕文化因素及其历史背景》[11]，申云艳《燕瓦当研究刍议》[12]，胡传耸《东周燕文化周边考古学文化的关系研究（上、下）》[13]，周海峰《燕文化研究——以遗址、墓葬为中心的考古学考察》[14]，靳枫毅《军都山玉皇庙墓地的特征及其族属问题》[15]，靳枫毅、王继红《山戎文化所含燕与中原文化因素之分析》[16]，韩建业

---

1 郭若愚:《燕国早期安阳布》,《中州钱币》(二), 1988。
2 石永士、王素芳:《燕国货币概述》,《文物春秋》1990 年第 2 期。
3 何琳仪:《燕国布币考》,《中国货币》1992 年第 2 期。
4 石永士、王素芳:《燕国货币的发现与研究》,《中国钱币论文集》第 1 辑, 中国金融出版社, 1992。
5 唐石父、高桂云:《燕国明刀面文释"明"之新证》,《首都博物馆文集》, 北京燕山出版社, 1992。
6 冯胜君:《战国燕币综述》,《北京文博》2000 第 3 期。
7 吴良宝、邓成龙:《燕国"安阳"布币补说》,《社会科学战线》2003 年第 3 期。
8 石永士:《燕王铜戈研究》,《河北学刊》1984 年第 6 期。
9 于德源:《北京古代农业的考古发现》,《农业考古》1990 年第 1 期。
10 李朝远:《战国郾王戈辨析二题》,《文物》2000 年第 2 期。
11 郑君雷:《战国燕墓的非燕文化因素及其历史背景》,《文物》2005 年第 3 期。
12 申云艳:《燕瓦当研究刍议》,《考古》2007 年第 2 期。
13 胡传耸:《东周燕文化周边考古学文化的关系研究（上、下）》,《文物春秋》2007 年第 1、2 期。
14 周海峰:《燕文化研究——以遗址、墓葬为中心的考古学考察》, 博士学位论文, 吉林大学, 2011。
15 靳枫毅:《军都山玉皇庙墓地的特征及其族属问题》,《苏秉琦与当代中国考古学》, 科学出版社, 2001。
16 靳枫毅、王继红:《山戎文化所含燕与中原文化因素之分析》,《考古学报》2001 年第 1 期。

《略论北京昌平白浮 M2 墓主人身份》[1],等等。

  总之,新中国成立以来,伴随着史料发掘的丰富,北京早期文明研究取得了极大的进展。我们期望,借此机遇,在研究方法上能有所突破。

---

[1] 韩建业:《略论北京昌平白浮 M2 墓主人身份》,《中原文物》2011 年第 4 期。

鄚州庙、庙会与京津冀地缘文化共同体*

张慧芝**

摘　要： 雄安新区设立后，京津间水陆交通建设、白洋淀水域修复都在加速，明清曾吸引京津商贾贵胄的鄚州镇之扁鹊庙、庙会也在乘势复建。庙之肇建与明清小冰期京畿地区进入疾疫高发期存在因果关联，庙会则以服务京师消费为主要职能，其文化更彰显了燕赵文化为国为民的侠义精神。区域协同的核心要素是人，在三地居民文化身份认同与文化现代转型交融推进中，京津冀地缘文化共同体构建成为重要基础。鄚州庙、庙会文化是京津冀历史文脉的重要载体，庙与庙会的复兴亦是目前三地地域文化共同体构建的重要路径。因此，必须关注文化与文化产业间的本质区别，遵循乡土文化现代转型与重构的学理规律。

关键词： 鄚州庙　鄚州庙会　京津冀地缘文化共同体

京津冀协同发展在今天是一个国家层面的战略问题，在历史时期它可能并不明显，甚或并不是一个问题。在国家都城北迁海河流域之后，京津冀三地同属京畿区，且占了流域面积的90%

---

* 本文系国家社科基金项目"20世纪中期以来水环境政策与白洋淀地区人水关系研究"（18BZS150）阶段成果。
** 张慧芝，河北工业大学马克思主义学院。

以上。在河运、河海联运废止前，白洋淀远不只今天"华北之肾"的生态功能，它还是连接南北、东西的水陆联运枢纽。淀内的鄚州大庙，民间传称"南七北六十三省，天下大庙数鄚州"，"天津水全，北京人全，济南神全，鄚州货全"[1]，甚至将鄚州镇与京津并列为"北方三大雄镇"[2]。民间赞誉不免溢美，但由此也可蠡测庙及庙会在京畿地区曾有的影响。近年研究鄚州庙会的学者不多，主要有卢忠民、李增琦等人，特别是前者较为系统地分析了鄚州庙会历史变迁及致因。

近年鄚州庙、庙会的重建和恢复步入了快车道，如何将二者纳入新时代京津冀乡土文化认同及现代转型构建工程，并作为一个视角、案例，探求全面现代化进程中地缘文化共同体构建之路径，应是值得深究的课题。

一　鄚州庙、庙会兴衰之概况

庙会作为中国传统市集形式之一，因其"设在寺庙内或其附近"[3]故名。庙与庙会之间不仅是经贸活动的关联，二者作为地域社会经济发展的产物，还是地域文化集中体现的形式之一，特别是近现代以来，商贸活动的产业化，使庙会功能进一步向文化方面集中。地处白洋淀水乡、京津保腹地的鄚州庙、庙会之变迁，大致如此。

1　李增琦:《鄚州镇商业市场的变迁》，全国政协文史资料委员会编《文史资料存稿选编》第22辑，中国文史出版社，2002，第245页。
2　张僧会、张克林:《鄚州五题》，中国人民政治协商会议任丘市委员会编《任丘文史资料》第8辑，2002，第210页。
3　《辞海·经济分册》，上海辞书出版社，1980，第410页。

（一）鄚州庙建毁及新建的时间脉络

依据清乾隆《任邱县志》、嘉靖《河间府志》、道光《任邱县续志》，及明代万历《御制重修鄚州药王庙碑》[1]《敕建三皇殿碑》[2]《敕重修鄚州药王庙碑》[3]等记载，鄚州庙建毁时间脉络大致如下。

1.肇建于元代。县志记载"扁鹊祠在鄚城北，元达鲁花赤野仙乞实迷儿进义建"[4]。鄚州庙由扁鹊祠扩展而成，是元代一位名叫野仙乞实迷儿进义的达鲁花赤主持建立的。这位地方官员与扁鹊祠仅见这一条史料。

2.明代奉敕重修。"明知县周佑、王齐重修，天启间奉敕重修，殿宇宏丽。"[5]据《御制重修鄚州药王庙碑》《敕建三皇殿碑》两碑文所载，万历十二年（1584）大规模重建，正殿依然供奉扁鹊，东西两配殿配享历代十大名医；但到万历十九年（1591）奉皇帝之命敕建，这一情况便被改变了：在扁鹊殿西侧新增三皇殿、文昌殿，三皇殿成为主殿，始与国家医圣祭祀正祀一致。主殿由扁鹊祠变为三皇殿，扁鹊祠降为东殿。

3.清代屡毁屡建。鄚州庙主祀三皇后，民间依然称它扁鹊庙或药王庙。乾隆、道光时期县志等史料记载了5次大火灾，分别是：康熙十七年（1678），康熙五十六年（1717），乾隆五十三年（1788），道光十三年（1833）、十四年（1834）。这些火灾焚毁的殿宇、塑像都得到了修复、重建。

4.近代毁建。1928年任丘县县长邵洪基倡导"拆毁庙宇、拉倒、

---

1 刘仁远主编《扁鹊汇考》，军事医学科学出版社，2002，第161—162页。
2 刘仁远主编《扁鹊汇考》，第162页。
3 刘仁远主编《扁鹊汇考》，第162—164页。
4 乾隆《任邱县志》卷二《建置》，台北：成文出版社，第277页。
5 乾隆《任邱县志》卷二《建置》，第277页。

破除迷信"[1]，将十大神医塑像全部拉倒，但在百姓的坚持下扁鹊塑像被保留下来。1932 年，山东军阀韩复榘因母病还愿，将塑像重新修复。[2] 据当地村民讲述，大庙最终在抗日战争时期，成为一片瓦砾。

5.1949 年以来毁建。1947 年尚存三大山门，1963 年白洋淀大水，殿基还在水面以上，成为灾民避难处所。1965 年白洋淀开卡除茬时，在大庙遗址附近挖出一间小庙，并发现刻有"扁鹊祠"字样的石碑。"文革"中，残存的古碑砖瓦被拉去盖房填渠，仅余一座断裂的石碑。1992 年重修扁鹊祠，因原址已在白洋淀的泄洪区内，新址向南移 1 公里，临近鄚州古城遗址。

（二）鄚州庙会兴衰概况

赵世瑜等学者对华北地区庙会进行了深入研究，提出庙会出现和发展需仰赖两个条件：其一是宗教繁荣，其二是基于商贸需求的城镇墟集增加。并将庙会主要功能归纳为三：祭祀、娱乐、商贸。鄚州庙始建于元代，供奉扁鹊；也正是在元代，国家开始将上古时期的三皇作为医神加以祭祀。明代鄚州庙被敕令扩建为三皇庙，扁鹊祠成为配殿，但在民间一直称它扁鹊庙或药王庙，并有很多求医问病治愈的传说，包括乾隆、韩复榘等天子、军阀。鄚州庙会出现在明万历年间，明清时期成为跨省区性的大规模交易市场，[3] 成为全国众多庙会中最为旺盛的庙会。[4] "无论如何，其庙会在该地之形成，首先是由崇神祈灵而来"[5]，同理鄚州庙会与

---

1 孙杰主编《任丘市志》，书目文献出版社，1993，第 445 页。
2 王英才等：《鄚州述古》，中国人民政治协商会议任丘市委员会编《任丘文史资料》第 1 辑，1988，第 60 页。
3 张岗：《河北通史》（明朝卷），河北人民出版社，2000，第 218 页。
4 河北省社会科学院地方史编写组：《河北简史》，河北人民出版社，1990，第 386 页。
5 赵世瑜：《明清时期华北庙会研究》，《历史研究》1992 年第 5 期。

京畿地区对以扁鹊为代表的名医群体的崇拜祭祀密切关联。

卢忠民认为鄚州镇"异于冀中其它集镇",并将其典型特点归纳为二:(1)明以后行政地位降为镇,但鉴于它此前政治、军事地位,当地一直将它"以城看待",甚至高于县城;(2)该镇药王庙(扁鹊祠)庙会,系明万历帝钦设,这在全国"绝无仅有"。他系统考证了鄚州庙会变迁问题,对于庙会兴衰的时间节点,他提出:"鄚州镇庙会兴起于明万历年间,清康乾时期达鼎盛,近代以后总势趋衰。"[1] 针对衰败的原因,他提出近代以后"酬神、娱乐、商贸"各功能皆有所弱化,根本原因是"晚清、民国政府鄚州大庙、庙会政策与明、前清时期相比骤变"。如道光十三年、十四年大庙"连毁于火"后,官府不再重金修缮,更严禁"进香作会",这之后鄚州庙会"景物消歇,不似从前"[2],再也没有恢复到以前盛况。

现代重修后的扁鹊祠,于 1993 年农历四月十五开放接待游人,庙会随之重现,并逐步恢复到每年正月十五、四月十五、九月十五共三个庙会日。目前鄚州庙会虽无法与明清鼎盛时期的情形相提并论,但也吸引着周边京津冀等地的香客、中外游客及京津冀蒙鲁等省份的物资交流,庙会期间每日人数以万计,在正月十五当日,人数更逾十万人。

二 鄚州庙、庙会的主要文化特征

赵世瑜分析了大城市与乡村小镇庙会的区别,认为与京师等"通都大邑"消费特征一致,庙会"除大量中、高档消费品外,

---

[1] 卢忠民:《明清至民国时期任丘鄚州镇庙会变迁初探》,《古今农业》2006 年第 1 期。
[2] 道光《任邱县续志》卷下《绪言志·余录》,台北:成文出版社,第 86 页。

还有许多精神产品和消闲用品","带有更多的文化娱乐色彩"。而后者"商业贸易色彩更浓"[1]，重在满足生产生活物质贸易所需。郑州地处白洋淀水乡，毗邻京津，位于"京德御道"与大清河水运交汇地，其庙、庙会最主要的职能绝不仅仅是满足本地村镇，更主要的是承担着京畿地区服务京师消费需求的职能。

（一）京畿地区疾疫与名医祭祀

关注郑州庙最初动因在二：一是它的地理位置，位于白洋淀，且在 2018 年被划入雄安新区；二是它由元代扁鹊祠扩展形成，明清及民国时期整个东殿祭祀对象依然是与普通民众息息相关的一个真实存在——以扁鹊为代表的名医群体。为什么会在元朝出现"三皇庙"医圣祭祀？顾颉刚等认为元代统治者"为了注意民生日用，觉得医术很该重视，所以模仿了儒学来办医学，模仿了孔子庙来造三皇庙"[2]。此外，可能还有另外一个来自现实需求的驱动力，那就是明清小冰期，京畿地区疫疾发生率的增加。

龚胜生对 3000 年来中国疫情分布规律进行了研究，提出：（1）从时间看，气候趋于干冷，疫情发生频率呈上升趋势；（2）从空间看，城市高于乡村，京畿地区、人口稠密地区、自然灾害频发地区等为多发区；（3）从扩展模式分析，呈现从黄河中下游向外扩展的趋势。[3] 李明志等人的研究，也认为近 600 年来旱灾与瘟疫存在正向关联。[4] 郑州扁鹊祠始建于元代，兴盛于明清，

1　王英才等：《郑州述古》，《任丘文史资料》第 1 辑。
2　顾颉刚：《古史辨自序》（上），商务印书馆，2011，第 424 页。
3　龚胜生：《中国疫灾的时空分布变迁规律》，《地理学报》2003 年第 6 期。
4　李明志、袁嘉祖：《近 600 年来我国的旱灾与瘟疫》，《北京林业大学学报》（社会科学版）2003 年第 3 期。

与明清小冰期干寒气候一致,或曰是与传统社会京畿地区疫情逐步进入高发时期同步。任丘县在明清时期境内有"瘟神庙,五月初五日致祭"[1],县志还记载明武宗正德十四年(1519)春"大疫"[2],明世宗嘉靖二十一年(1542)"大饿,多瘟疫"[3],"道光元年(1821)正月朔……大疫"[4]。民间传说许希曾疗好乾隆顽症,自称师承扁鹊,以此请求重修焚损的扁鹊祠,乾隆准奏,即发帑银重建,[5]蠡测应是把宋仁宗和名医许希的故事搬了过来。于是在现实需求和统治者的扶持下,三皇庙、以扁鹊为代表的名医祭祀兴起或进一步兴盛。明人沈德符记鄚州药王庙"专祀扁鹊""香火最盛"[6],赵世瑜也提出"华北各地庙会最盛的地方首先是该庙之神最受崇拜、香火最盛的地方",药王庙是其中之一。[7]

官方医圣祭祀的是上古传说的三皇——伏羲、神农、黄帝,故称三皇庙,殿两边陪祭的亦是黄帝的臣子俞跗以下姓名载在医书上的十位传说人物,但没详列姓名。[8]明初沿袭元制,三皇用句芒、祝融、风后、力牧左右配祀,俞跗、桐君、僦贷季、少师、雷公、鬼臾区、伯高、岐伯、少俞、高阳十大名医配从祭祀,这是最早由官府敕封的古代十大名医。[9]三皇及四位左右配祀,再及配从祭祀的十大名医,都是上古时代的神话传说人物。扁鹊是先秦时期有名姓传世的人物,配享的历代十大名医亦皆凡人,其中

---

1 乾隆《任邱县志》卷四《礼乐》,第413页。
2 乾隆《任邱县志》卷一〇《五行》,第1236页。
3 乾隆《任邱县志》卷一〇《五行》,第1220页。
4 道光《任邱县志续编》卷下《五行志》,第47页。
5 王英才等:《鄚州述古》,《任丘文史资料》第1辑,第60页。
6 (明)沈德符:《万历野获编》卷二四《外郡·鄚州》,中华书局,1959,第616页。
7 赵世瑜:《明清时期华北庙会研究》,《历史研究》1992年第5期。
8 (明)宋濂:《元史》卷七六,中华书局,1976,第1902页。
9 (清)张廷玉等:《明史》,中华书局,1974,第1294页。

东配殿为王叔和、张仲景、雷太乙、淳于意、华佗，西配殿是孙思邈、皇甫谧、韩普济、葛稚川、刘守真。这些真实存在的医生群体，游走于庙堂乡间，用自己精湛的医术为世人除祛病痛，他们的医学理论、治疗方法有书籍传世，他们妙手回春的经典案例在民间口口相传，因此他们成为民众排解痛苦灾难的重要寄托，是百姓可以触摸到的真实存在的希望。

（二）白洋淀清代行宫与名医祭祀音乐兴盛

冀中平原一带流传的笙管乐，民间俗称"音乐会"，并多以当地村名加"音乐会"命名，如圈头村音乐会。它参与的礼俗仪式以祭拜药王为主，还包括丧葬、春节祈福等。"音乐会"起始时间不详，据《安新县志》（2005）、《白洋淀志》（1996）记载，结合民间传说，其兴盛大致和清康熙、乾隆时代皇室在白洋淀内水围等娱乐活动有关。

1. 圈头村音乐会与鄚州庙祭祀音乐之关系

2005年《河北日报》记者描述了圈头村音乐会现场情形，"音乐会演奏时，进香者或单独、或三三两两、或一群人集体叩头参拜，然后点燃一簇香，对着药王许愿。这种民间为祭拜'药王'而举行的演奏便成为了圈头村音乐会的主要场景"，演出棚壁上悬挂着一绿色条幅，上书"佑商驯盗，感应昭彰"[1]。从仪式、条幅等可以看出它和鄚州庙、庙会之间存在的关联。

有学者通过圈头村与鄚州大庙之间的交通情况，推证二者之间的依存关系："以前从圈头乘船走水路可直达鄚州大庙"，现在

---

[1] 崔立秋：《聆听圈头方乐》，《河北日报》2005年6月17日，第9版。

去鄚州镇"要先乘船约 3.5 公里，而后走 3.5 公里的旱路"，冬天更为便利"人们走在结冰的湖面上，而后骑自行车到鄚州"，所以时至今日"圈头人到鄚州赶集是常见的现象"。并由此推证"当时圈头行宫药王庙中引用鄚州大庙中所用音乐是很自然的事情"。[1]

此外，圈头村村民关于音乐会乐曲来源，还有另外一种说法：20 世纪初，圈头村一位先生在鄚州药王庙遇到一位名叫聊艺（依据发音所记）的高僧，僧人对他说还有几首音乐没有教给村里的音乐会，让村里派三个人来继续学习，此事还未落实，日军便占领了这一地区，大庙被毁、僧人流离。因此，目前圈头村音乐会所保存曲目中，有几首无人会演奏。[2] 鉴于白洋淀一带屈家营音乐会等在曲牌和乐曲上皆与智化寺京音乐有些相似，[3] 圈头村音乐会的乐谱、乐曲由僧人传播的可能性极大。再者，早期圈头村与鄚州镇行政区划同属，这也为之提供了政治社会基础。

2. 清代皇家行宫与大庙、音乐会之关系

"水围"是古代帝王在水域进行的围猎娱乐项目，据《册府元龟》记载水围之制始于后周太祖广顺三年（953）正月。金元以降定都北京后，各朝帝王多在北京南海子举行水围，如清顺治帝也曾在南海子行围。从康熙十六年（1677）四月开始"在京畿雄、霸二州的白洋淀举行水围。此后，康熙、乾隆两朝在此举行水围达三十次之多"[4]。《安新县志》记乾隆十三年（1748）"乾隆奉陪

---

1 张伯瑜编著《变革社会中的中国传统音乐——河北省白洋淀圈头村"音乐会"的调查研究与音乐收集》（中英文对照），中央音乐学院出版社，2012，第 8 页。

2 张伯瑜编著《变革社会中的中国传统音乐——河北省白洋淀圈头村"音乐会"的调查研究与音乐收集》（中英文对照），第 7 页。

3 乔建中编著《望：一位老农在 28 年间守护一个民间乐社的口述史》，中央编译出版社，2014，第 68 页。

4 陈爱平：《古代帝王起居生活》，岳麓书社，1997，第 195 页。

皇太后前往曲阜祭孔，途经赵北口住一日。乾隆首次在白洋淀行水围，建圈头行宫，并维修赵北口、郭里口、端村行宫"[1]，至乾隆十八年"三月，乾隆去易县西陵扫墓之后，再次陪同皇太后来白洋淀阅视水围。先后在郭里口、端村、赵北口、圈头四处行宫驻跸"[2]。

清朝皇帝无论是途经白洋淀，还是专程赴白洋淀水围，茶余饭后总需要其他的高雅娱乐活动，祭祀、音乐皆属这一层面的文化精神需求。据《安新县志》记载，乾隆十八年（1753）陪皇太后驻跸圈头行宫，听了圈头村音乐会演奏，大加赞赏，于是御赐飞龙旗、飞虎旗各一面和雕龙红蜡，现仍保存飞虎旗一面和雕龙红蜡四支，演奏之音在现代人听来"肃穆而庄重、沉稳而舒缓，不紧不慢、不急不躁，极富古雅、圣洁之气"[3]。此外，《白洋淀志》亦记载了圈头行宫，只是时间上认为建于清康熙年间，它收录的"清代圈头村行宫图"显示行宫中有药王庙一座，[4] 结合民间流传的乾隆皇帝和乡间医生许希的故事，以及清代鄚州庙屡毁屡建的史实，亦可佐证皇室对鄚州扁鹊祭祀的崇信，及与圈头村音乐会之间的关联。

（三）"佑商驯盗"与京畿地区侠义文化

李白《侠客行》用"赵客"一词代指"侠客"，源于先秦时期燕赵一带多出侠义之士，隋唐之际声势浩大的"山东豪杰"，也特指太行山以东、黄河以北地区的各路英雄。鄚州一带被称为

---

1 高俊杰主编《安新县志》，新华出版社，2000，第36页。

2 高俊杰主编《安新县志》，第37页。

3 顾婧：《圈头村"音乐会"——白洋淀里聆听天籁》，《人民日报》（海外版）2007年11月20日，第7版。

4 安新县地方志办公室：《白洋淀志》，中国书店出版社，1996，第452—453页。

"燕南赵北地"，如辖区内的李广村，传说始建于西汉，因名将李广曾驻兵于此，故名。鄚州镇的军事地位隋唐以降不断提升，特别是宋代北方边境内缩，边界胶着在河北霸县至雄县一线，宋辽双方皆屯重兵于此，北宋王朝还在这一带设置了历史上著名的三关，传说杨家将曾守三关。

1. 镖局与鄚州庙会侠义文化

金元以降河北成为京畿重地，明清时期穿白洋淀而过的"京德御道"（也称"两京御道"）更为繁忙[1]，清前中期皇帝"南幸"，重在巡视黄河流域和长江中下游地区的河淀水利，其路线主要有东西两条：东边一条便是"京德御道"，经今新城、安新、任丘、河间、交河及景县，至山东德州，通向淮河、长江流域；西边一条是保定至河南的官马大道，经霸县、文安、大城、静海、清苑（保定）及安新诸县，至河南。[2] 除了庙会原因，鄚州镇的地缘政治位置在明清时期也十分重要。

明清至民国初期，鄚州庙会一直保持了市场繁荣，而这一时期社会治安良好，客商安全有保障，货物存放不遗失，为其成为物质集散地提供了条件。[3] 有清一代鄚州所在的任丘县军事地位并不重要，因此并没有驻扎重兵："任邑南有河间，西有保阳，东有天津，各驻重兵以为防卫，故邑汛设不过百余人，用以备弹压缉盗贼而已。"[4] 所以镖局在稳定庙会秩序上起了很大作用。民间传

---

[1] 顾恒敬：《任丘境内明清"两京御道"考略》，中国人民政治协商会议任丘市委员会编《任丘文史资料》第6辑，2002，第112页。
[2] 参见河北省冀县地方志编纂委员会编《冀县志》，中国科学技术出版社，1993，第231页；大城县公路交通史编写组编《大城县公路交通史略》，河北省廊坊地区交通局印刷本，第44页。
[3] 王传玉：《鄚州庙会源流考和改革开放中的经济腾飞》，《任丘文史资料》第6辑，第78页。
[4] 乾隆《任邱县志》卷五《武备》，第475页。

说为保证鄚州庙会安全，清前期皇帝曾派南七北六十三省总镖头黄三太驻扎鄚州，以维护鄚州庙会治安。在京剧《鄚州庙》中，黄三太之子黄霸天为了庙会安全曾在鄚州拿过谢虎。

2."为国为民，侠之大者"

明清庙会兴盛时期，南来北方的文人墨客多由"京德御道"过鄚州入京师，因此也留下了许多诗篇，其中多有对鄚州一带侠义精神的赞颂，如明清交替之际安致远所作《过鄚州》："古戍苍茫朔气横，黄尘扑面野云生。人传燕赵悲歌地，水咽荆高变徵声。"[1] 这些诗词从民族兴衰、国家安危层面，品评、颂扬以荆轲为鼻祖的燕赵侠义。"为国为民，侠之大者"，至近代国家风雨飘摇之际，京畿地区又涌现了一大批"铁肩担道义"的侠义群体，如精武体育会传世人大侠霍元甲是天津静海人，大刀王五是河北沧州人，中国共产党的主要创始人之一的李大钊是河北乐亭人，抗战时期还有平原游击队、敌后武工队、雁翎队等，不胜枚举。

中国传统的侠客江湖对医生多有崇拜，经络穴位祛病、疗伤功能在次要，更重要的是一流的武功多以传统中医经络之学为基础；因此，与武侠并列的便是医侠，他们悬壶济世、救死扶伤，甚至医道通天，被披上了一层神秘的外衣。被冠以"侠医"称谓者，通常是淡泊名利、离群索居、不介入江湖纷争、有隐士风骨的人，如东汉初年的涪翁、汉末的华佗、南朝的陶弘景等。侠医寄情山野民间，他们凭自己的一技之长和慈爱众生的杏林精神行侠，或曰他们既行侠，也行医。前文提及2005年圈头村音乐会演出现场的棚壁上，悬挂着一绿色条幅，上书"佑商驯盗，感应昭彰"八个大字[2]，鄚州药王"侠医"文化跃然而出。

---

1 道光《任邱县续志》卷下《艺文》，第79页。
2 崔立秋:《聆听圈头古乐》，《河北日报》2005年6月17日，第9版。

（四）鄚州镇水陆联运与京畿地区传统商业文化

鄚州庙、庙会的交通基础，除了传统驿路，还和元明清时期的南北漕运、海河水运、海河和渤海湾河海联运等相关，这在地处北方腹地以陆路交通为主的京津冀地区，具有一定的特殊性和更为突出的便捷性。

首先，水陆联运枢纽是鄚州庙会"货全"的交通基础。

交通是庙会兴起的物质基础，也是决定庙会辐射范围的重要因素，鄚州庙会在明清进入鼎盛便和其间南北漕运、东西水运，以及"京德御道"繁荣直接相关。鄚州位于津保水运中枢，附近的水道主要有三条：（1）自赵北口舟行入白洋淀，再西入清水河至定州、望都，西北行入拒马河至定兴、涿州境；（2）向东入大清河至天津入海；（3）古洋河自河间境向北入任丘境至五官淀，再入雄县至济河，而后东行至天津入海。[1] 明太祖洪武九年（1376）设鄚州驿，其间出于军事等需要，扩建了燕王驻守的北京与国都南京之间的兵马大道，民间称之"两京御道"，或"京德御道"，是道途经鄚州镇。明成祖永乐十九年（1421）迁都北京，这条御道进一步繁荣，直到20世纪初京汉、津浦铁路通车，才被后者取代。

从水陆交通分布情况可以看出，鄚州不仅与京津保三大政治经济中心及其腹地之间物质贸易便捷，而且通过大清河水运、"京德御道"，它可以将南北东西物质，甚至是海上来的物质汇聚于此，使它成为海河流域，乃至整个北方一个重要的物质商贸中心，所以才会有"鄚州货全"的说法。

其次，京畿地区传统商业文化最大的功能应是"服务"，服

---

[1] 任丘市交通局史志年鉴编写办公室编《任丘市交通志》，1987，第2页。

务的对象则是全国最大的消费中心京师。

据《御制重修鄚州药王庙碑》《敕建三皇殿碑》两碑文记载，万历二十一年（1593）岁次癸巳十月初十三皇殿竣工后，神宗又敕令兴办鄚州庙会，召天下人前来赶会，钦命扁鹊生日所在的四月为庙会期，"每岁四月庙会，诸货鳞集，祈福报赛者，接踵摩肩"[1]，会期一个月，其间南北商贾、善男信女，每日数以万计。明人记载每年庙会"河淮以北，秦、晋以东，宣、大、蓟、辽诸边，各方商贾辇运珍异，并布帛菽粟之属，入城为市"[2]。赶庙商贾遍及全国，"如川、广、云、贵的珍贵药材，湖广的刺绣，江浙的绸缎，刘洋的夏布，四川的油漆，湖笔、徽墨及江南的土特产品，竹器凉货，皮毛毡毯，东北的人参、鹿茸，内蒙的哈拉尼绒，都来鄚州庙会集散"，因此称"鄚州货全"。[3]

与商业贸易同步的，还有它的娱乐功能，对京津权贵及社会上层市民来讲就是"游览"功能。庙会期间，因其"货全"，"京津巨贾"多到鄚州庙会进货。[4] 不仅如此，京师的皇亲贵胄、武将侠客，以及寄他们而生存的烟花柳巷的名娼丽竖，也借着祝贺药王生日的由头，乘车骑马欢腾而来，对此沈德符记载："京师自勋戚金吾中贵大侠，以及名娼丽竖，车载马驰，云贺药王生日，幕帟遍野，鼓乐喧天。……贸易游览，阅两旬方渐散。"[5] 想象在冀中平原、白洋淀水边，帷幔、帐幕围绕鄚州庙搭起来，当地民间及京津的乐队演奏声响彻云天，来自京师衣着华丽、面容俊美的男女倡优，亦活跃其间，该是一番怎样的繁华

---

1 乾隆《任邱县志》卷二《建置》，第277页。
2 （明）沈德符：《万历野获编》卷二四《外郡·鄚州》，第616页。
3 王英才等：《鄚州述古》，《任丘文史资料》第1辑，第95页。
4 王英才等：《鄚州述古》，《任丘文史资料》第1辑，第95页。
5 （明）沈德符：《万历野获编》卷二四《外郡·鄚州》，第616—617页。

热闹。

从商品贸易的层次等级上分析，鄚州镇的庙会因其位于京畿区，更重要的是它一度是进京津重要的水陆枢纽，故明清时期除了承担一般庙会集市农村初级市场中心地功能，更多承担着京畿地区城镇服务京师所需的政治经济职能。因此，尽管清代任丘境内可交换的商品只有屈指可数的"布、棉、丝、靛、苇席、蒲扇"[1]等，但鄚州镇在康乾时期已然"民居繁盛，商贾辐辏"，这正是其庙会商贸职能的民间性与服务京师相结合的产物。

三 鄚州庙、庙会重建及恢复的文化考量

宋代以降商品经济的不断发展，就为庙会的发展提供了物质基础，并使庙会进一步向乡村扩展；与此同时，庙会所具有的文化娱乐功能也进一步民间化，"不断展示着新的民间文艺形式与内容，展示着下层民众的精神活动"[2]。全球化的今天，传统庙会的经济功能是很微弱的，恢复庙会更多考量的是它的文化功能。具体而言，新时代大庙、庙会的重建过程必须注意两点：（1）要关注"文化"与"文化产业"概念间存在的本质区别；（2）要激活大庙建筑、庙会活动所承载的优秀传统文化，及与其相关的红色革命文化，这一过程要遵循乡土文化现代转型与重构的学理规律，须着力避免传统文化被市场资本降格为只是为利润而出卖的普通商品。

---

1 乾隆《任邱县志》卷三《食货·货之属》，第382页。
2 赵世瑜：《明清时期华北庙会研究》，《历史研究》1992年第5期。

（一）1992 年以来旅游部门对鄚州庙的重建

1992 年鄚州庙的重建是由任丘市旅游局主持实施的，最直接的目的是为当地旅游经济发展"打造"新的景观，也就是所谓"文化搭台，经济唱戏"。在京津冀协同发展的大背景下，任丘市政府近年来一直在努力打造"京津冀明星城市"，创建国家文化生态旅游城市，提出重点实施"一庙两遗三城"工程，一庙就是鄚州庙。新建的大庙位于鄚州城北、古州村西，毗邻白洋淀。第一期工程首建的是药王庙，主体由山门、宫门、扁鹊祠、扁鹊墓四部分组成，在这条中轴线两侧，相对称建有东西配殿、名人书画展览室、文物陈列室等。正殿供奉神医扁鹊，左右为侍童，东西配殿是王叔和、张仲景等历代名医塑像，与明清鄚州扁鹊祠所供奉的十大名医一致；此外，新增的还有东配殿的财神殿、西配殿的奶奶殿，后者是满足人们求子祈愿。

近年"打造历史文物"在中国蔚然成风，但对其间一些地面建筑消失殆尽的该不该重建，该如何重建，它们在未来能否成为文物等诸多问题也一直存在争论。依据 1964 年通过的《保护文物建筑及历史地段的国际宪章》（简称《威尼斯宪章》）第 15 条等规定，重建文物是被禁止的，这也是目前国际文物保护公认的原则。今天所看到的扁鹊祠建筑群，系 1992 年任丘市委、市政府重新选址修建，可以说它并不是文物层面的"恢复"，而是基于现实经济文化的需求，通过仿古建筑"再现"了一段消失的历史记忆，是一个崭新的庙宇群。它是地方政府出于文化旅游产品开发而"打造"出来的，但若有社会需求且建筑质量保证，未来则有可能成为新的文化遗产。

寺庙是宗教信仰的活动场所，所以庙会必须得体现出浓厚的崇拜色彩，来者首先是香客信众，至于它所具有的文化娱乐与商业功能也都由此而来。在面对扁鹊庙、财神庙、奶奶庙等时，民众除了表达敬仰以外，也从中寻找一种战胜病魔摒除困苦的信心和力量，进而迎接健康幸福的生活。近年郑州新庙一直作为旅游景点营业式地开放，对此当地民众，特别是曾捐钱修庙的民众持有不同意见。这一问题，非短期能够解决，但提升大庙、庙会的弘扬传承地域文化的功能，当是一种趋势。

（二）郑州庙名医祭祀与现代文化失谐问题

1993年农历四月十五，新修的郑州庙对游人开放，2009年庙会入选第三批河北省省级非物质文化遗产名录。嗣后，为达到文化与经济相互促进的目的，2014年任丘市扁鹊医学思想研究会发起举办了"第一届扁鹊文化研究暨学术交流会"，旨在弘扬中华中医文化；2016年农历四月十八，在传说中的扁鹊诞辰日，举办了"中医文化寻根祭拜医祖扁鹊"暨2016年扁鹊医学思想研讨会，以"传承扁鹊文化，弘扬中医四诊""治未病与健康四大基石"等为主题。这些以祭祀扁鹊为核心的活动，不啻为宣传中国传统医学的一种有效方式。

与此同时，祭祀神化的扁鹊、名医群体，许愿祈祷他们的神力庇佑的活动，也如火如荼。目前的会期是三天：正月十五、四月十五、九月十五。其中最为"火爆"的是正月十五这天。不仅人山人海，许多香客还要争第一炷香，要焚烧"香山"以竞争，以致是日大庙内烟雾缭绕、火光冲天，出现"香火过旺"等不合时宜的现象。附近居民讲，近年在正月十五当天，售卖香蜡的摊点从郑州镇北道口起，沿着任雄路一直延伸到大庙，约有1.5公里之遥。比此更甚、香火更旺的是已成为废墟的老庙址，正月十四的下午，卖香蜡等祭祀用品的摊位就开始出现，有约1公里的长廊，十四日夜晚人们就开始前往遗址的大土疙瘩前，等着烧十五日凌晨的第一炷香。子夜时分一到，"香山竞相"燃起，霎时火海一片，一些香客还燃放孔明灯，天上地下火光呼应，蔚为壮观。

为避免引发火灾,近年当地政府一直发布鄚州庙会期间进香和节后禁放的通告,如任丘市人民政府《关于规范鄚州庙会期间进香活动的通告》(任政告〔2018〕32号)规定"禁止烧香山、烧高香、烧香龙等大规模进香活动","禁止生产、销售、使用单炷直径超过1厘米、长度超过55厘米的粗大香支","禁止燃放烟花爆竹、孔明灯",还规定"每个燃香点间距最少要保持六米",2019年2月雄安新区生态环境局雄县分局等联合发布《关于规范鄚州庙会期间进香活动的通告》重申禁令。与此同时,如何从文化层面引导、规范,使对以扁鹊为代表的传统名医群体的祭祀,既能满足香客焚香许愿、祈求安康的心理诉求,又能传承历史文化精髓,且能在更高的层面与区域现代转型一致,是一个亟待解决的难题。

(三)"音乐会"等文化的传承与现实困境

圈头村音乐会,2007年入选第二批河北省省级非物质文化遗产名录,2008年入选第二批国家级非物质文化遗产名录,且圈头村是中央音乐学院音乐学系采风基地。和世界其他地区非物质文化遗产在传承过程中面临的困境一样,圈头村音乐会也面临传承无人、内力不足的困境。同时,国家文艺政策也是其至关重要的外力,如"文革"期间一度改为演奏《东方红》《大海航行靠舵手》《毛主席语录歌》等红色歌曲。

首先,"音乐会"的灵魂是民间信仰。

宋代以降,中国开始了一个下层文化和地方区域文化的大繁荣和大发展时期,民歌民谣、民间戏曲、各种讲唱文艺、民风民俗、民间信仰及宗教,甚至秘密结社都大为增加。[1] 圈头村音乐

---

1 赵世瑜:《明清时期华北庙会研究》,《历史研究》1992年第5期。

会大致始于明末清初,它的诞生、发展是建立在民间信仰基础之上的,没有了信仰作为基础,"音乐会"的生命也行将结束。[1]"音乐会"服务于鄚州庙扁鹊祭祀,依附于庙会形式而存在,是典型的为某种民间信仰而存在的会社组织。"音乐会"所奏的曲目不仅用来祭祀扁鹊等名医群体,当地村民们也用这一音乐祭祀祖先和神灵,为故去的亲人超度;因而,"音乐会"也被称为"音乐圣会"或"音乐善会"。

"曲调的完整性、功能的健全性使得圈头村音乐会成为中国传统音乐文化的活标本。"[2] 迄今,"音乐会"保留着明清时代甚至更古老的曲目,它所演奏的曲目,在自创办以来的传承过程中"没有变化,完全一个样,一个字(音符)也不会错。因为这是给神听的。给神演奏的乐曲不能随意乱动"[3]。圈头村音乐会作为民间演奏机构,历经近代战火及"文革"等能传承下来是一个奇迹,尽管曲目因战争等人为不可抗拒因素有遗失,但它能将传统曲目几近原汁原味地保留下来,是文化幸事,究其原因"关键在于村民们对于心目中药王祭祀的虔诚"[4],这也是避免它在现代转型中失传的关键内力。

其次,"音乐会"传承价值及其困境。

近代鄚州大庙被火焚毁、"进香作会"被官方严禁后,圈头村音乐会依然保持了祭祀药王的传统,但不再是在大庙演奏,而是在村中搭棚祭祀演奏。现在村里每年农历四月十九日至二十一日祭祀药王的演奏活动,正是当年乘船前往鄚州庙会祭祀传统的延

---

1 项阳、张国振主编《白洋淀上的一颗民间音乐明珠——圈头村"音乐圣会"》,中央音乐学院出版社,2013,第64页。
2 项阳、张国振主编《白洋淀上的一颗民间音乐明珠——圈头村"音乐圣会"》,第64页。
3 项阳、张国振主编《白洋淀上的一颗民间音乐明珠——圈头村"音乐圣会"》,第64页。
4 项阳、张国振主编《白洋淀上的一颗民间音乐明珠——圈头村"音乐圣会"》,第64页。

续。20世纪80年代"音乐会"恢复,一方面恢复了被"文革"强制停止的传统乐曲演奏,另一方面恢复了祭祀药王的演出。此外,目前圈头村音乐会每年还有两次固定演奏活动:一次是腊月最后一天(除夕)在本村主要街道的演奏,当地称之为"熏香";另一次则是正月初一到村里的先贤祠演奏。平日,"音乐会"则为本村及周边地区的丧礼、祭祀及社会和政府部门庆典活动无偿服务。值得一提的是,"音乐会"自创始以来至今,从不曾进行商业演奏。"音乐会"始终如一地将药王祭祀、祖先祭祀作为职责所在,与地域文化中的侠义精神交织、交融,反过来又促进了地缘文化及当地居民道德观念特色的形成。

圈头村音乐会之所以成为"中国传统音乐文化的活标本",还和它独特的乐谱及由之决定的传承制度有关。"音乐会"使用的乐谱是用汉字记写的中国古乐工尺谱,它与现代五线谱或简谱不同,工尺谱只有音调高低,没有强弱变化、感情基调等提示,因此学习传统工尺谱主要渠道就是家族传承或师徒传承制,长辈、师傅口传心授,后人、徒弟念唱记诵,且延续封建时代传男不传女的习俗。20世纪80年代"音乐会"恢复后,当时会首陈小花就开始培养弟子,并打破了传男不传女的旧习[1],保证了现在"音乐会"演奏队伍年龄结构相对合理。此外,祭祀文化的神圣性所决定的祭祀仪式对音乐的需求,也是"音乐会"得以传承的一个根本原因;但是,随着文化现代转型,对祭祀及祭祀音乐怀有敬仰、虔诚的年轻人大为减少,对"音乐会"感兴趣的人也越来越少。于是"音乐会"从需求到传承都面临着前所未有的困难,这就需要国家政策、媒体和学术界等外力的关注扶持。

---

[1] 项阳、张国振主编《白洋淀上的一颗民间音乐明珠——圈头村"音乐圣会"》,第63—64页。

结语：鄚州庙、庙会与新时代地缘文化共同体构建

随着2017年雄安新区设立，并被提升到"国家大事""千年大计"的国家制度建设层面，新区与京津三足鼎立之势及京津雄城市体系在逐步形成，鄚州镇行政归属也由任丘县转移到了雄安。与此同时，随着"引水入淀"工程推进，白洋淀水域面积也逐步扩大，鄚州庙的水乡景观也处于恢复中。简而言之，随着以白洋淀为核心的雄安新区逐步建设，作为传统文化重要载体的鄚州扁鹊庙，及其承载的名医、侠医文化及拱卫、服务京师的京畿文化等，必将得到进一步关注，并在京津冀三地地缘文化共同体构建中发挥作用。

第一，理性对待传统庙、庙会文化与现代化的关系。

文化转型是生产力、经济基础变化的必然产物，"是人类碰到的普遍问题"[1]；更为重要的是，鉴于文化的作用，文化转型成功与否往往与整个社会政治经济转型的成败相关联。针对文化转型问题，费孝通关注了"文化意识"在其中起着的重要作用，"文化意识就意味着一个人应该有着关于他的本土文化的综合知识。拥有了这个知识能够有助于变革传统文化"。意即人类是生活在一定文化中的群体，与文化须臾难离，所以社会的变革必须与文化的转型同步。基于"文化意识"在人类社会"文化转型"中的重要作用，费孝通提出了"文化自觉"的概念：人类"应该知道自己的文化的起源和形成过程"，"应该熟悉他们文化的特点"，唯有如此方能"有能力预测文化发展的走向"。[2]我们必须熟知自己的传统文化，明晰其形成过程、地域特征，抓住其历史文脉精髓，才能确保文化实现从传统到现代的转型。

文化作为人类生存状态的凝结，它无所不包。正如艾略特

---

[1] 费孝通：《关于"文化自觉"的一些自白》，《理论参考》2003年第9期。
[2] 费孝通：《关于"文化自觉"的一些自白》，《理论参考》2003年第9期。

在《试论文化定义》一文中所言，文化包括"所有具有特色的活动和一个民族的兴趣和爱好"，如某一个日子、某一件事、某一个东西，他列举一系列体现在人们日常中的文化，诸如世界杯决赛、狗跑赛、弹子游戏、飞镖板、水煮白菜切片、醋泡白菜切片、19 世纪的哥特式教堂，以及某种奶酪，还有喜爱某位作曲家等，[1] 来说明文化与日常生活的关系，或者说在日常生活中确定文化的内容。具体到中国庙会这一与百姓日常生活关联的形式，从赵世瑜专著《狂欢与日常——明清以来的庙会与民间社会》名称就可窥见一斑。文化是"日常生活里无处不在的创造中"[2]，随着对传统文化的重视，弘扬优秀传统文化已被纳入民族复兴大业，各地文化设施建设正在加速进行。在这一背景下，更需增强我们的文化意识、文化自觉，理性对待传统寺庙及庙会，并对之加以科学引导。

第二，庙会文化与现代地缘文化共同体构建。

赵世瑜基于对明清时期晋东南泽州地区的研究，提出了"巨村为镇"的概念。封建后期形成的镇，在生产性质上与村对立，但"并不一定在空间上独立于原有的村落"，多与村落继续保持着极为密切的关系，基于镇与村"地缘上的一致性"，他提出将二者的关系概括为以社为核心的"地缘共同体"[3]，承担祭祀功能的社，就是维系这个地缘共同体的历史文化纽带。郑州镇与郑州庙会之间的关系，不同于泽州。郑州镇并不是"巨村为镇"，它很早就是交通枢纽、军事重镇了，如郑州古城在先秦时期就存在了。明清时期大庙香火和庙会的繁盛与郑州镇社会经济发展之

---

1 Quentin Skinner, "Language and Social Change," J. Tully, *Meaning and Context*, Princeton: Princeton University Press, 1988, p.120.
2 Edward Said, *Culture and Imperialism*, New York: Random House, 1993.
3 赵世瑜：《村民与镇民：明清山西泽州的聚落与认同》，《清史研究》2009 年第 3 期。

间，互为因果、相互促进，基于迄清任丘境内可以交换的主要商品依然是"布、棉、丝、靛、苇席、蒲扇"[1]等初级农业产品，鄚州镇与周边乡村之间难以达到"市场共同体"的发展程度，但也呈现着以祭祀为中心的"地缘共同体"关系。

文化既是群体形成的凝聚力、群体特征的标志，它也就必然具有了区分不同群体的功能，包括个体文化身份的识别及群体文化身份的认同，"文化则仅仅包括其自己的成员而不包括其他文化的成员，其可贵之处就在于它的区分功能"[2]。不同文化区的形成，正是文化区分功能的直接产物。受自然地禀赋、山河阻隔及行政建制等因素影响，不同历史时期逐步形成了不同层级的地缘文化、地缘共同体。鄚州庙地处水陆联运枢纽之地，明清两代又有北京南下江淮的官道、御道经过，加之，扁鹊祭祀兴盛又与明清小冰期京畿地区瘟疫高发的现实相连，所以，鄚州庙会，一方面在商贸功能方面，满足民间需求与服务京师需要并存，后者更重要，另一方面庙会文化的辐射空间范围也扩延至整个华北，最核心的地域便是以京津保三大城市为中心的区域。从文化功能分析，民间信仰绝不仅仅是烧香拜佛，而是为我们研究某一地域百姓日常生活、乡村社会结构、地域层级关系提供一种解读途径，庙会祭祀揭示着"民间信仰所表达的'社会空间'之所以存在的历史过程"，及"在这些过程中所蕴含和积淀的社会文化内涵"[3]。由此，可以得出这样的结论：以"侠义""侠医"等为个性，带有京畿区拱卫京师、服务京师之特征的鄚州庙会文化，是今天京津冀三地文化现代转型的重要历史文脉，亦是三地区域协同发展过程中地域文化共同体构建的重要组成部分。

---

1 乾隆《任邱县志》卷三《食货·货之属》，第382页。
2 〔英〕弗雷德·英格利斯编著《文化》，南京大学出版社，2008，第14页。
3 郑振满、陈春声主编《民间信仰与社会空间》，福建人民出版社，2005，第3页。

浅述清代京津冀之缘聚与缘散

赵雅丽[*]

摘　要：清代京津冀区域地缘相接、人缘相亲，地域一体、文化一脉，彼此间有难解之缘，主要表现在：顺天府尹与直隶总督等多元行政体制共同构成了京畿社会治理力量；运河漕运、盐运税收等联结着北京与天津乃至全国的经济命脉；御道、行宫等将皇家文化、政治中心从京师向直隶地区的辐射与延展，使得承德避暑山庄成为行政与政治"副中心"；遵化东陵与易州西陵的遥相呼应，将紫禁城内帝后嫔妃们的最后归宿及国祚绵延、子孙繁衍生息的愿望承接下来。京津冀伴随清朝国势由盛转衰而经历了一个缘聚与缘散的过程。

关键词：直隶总督　顺天府　天津　避暑山庄　东陵西陵

　　当代意义上的"京津冀"，范围包括北京市、天津市以及河北省的保定、唐山、廊坊、石家庄、秦皇岛、张家口、承德、沧州、邯郸、邢台、衡水等 11 个地级市。这些城市和地区特别是保定、天津、承德，在清代基本属于直隶省范围，地缘相接、人缘相亲，地域一体、文化一脉，彼此间有难解之缘，主要表现在：顺天府尹与直隶总督等多元行政体制共同构成了京畿社会治理力

---

[*] 赵雅丽，北京市社会科学院历史研究所。

量；运河漕运、盐运税收等联结着北京与天津乃至全国的经济命脉；御道、行宫等将皇家文化、政治中心从京师向直隶地区的辐射与延展，使得承德避暑山庄成为行政与政治"副中心"；遵化东陵与易州西陵的遥相呼应，将紫禁城内帝后嫔妃们的最后归宿及国祚绵延、子孙繁衍生息的愿望承接下来。它们将京津冀联结为紧密的一体，并且伴随清朝国势的由盛向衰而经历了一个缘聚与缘散的过程。

一 顺天府尹与直隶总督——京畿社会治理的多元力量

有学者在考察京津冀地区近千年建置沿革与城市发展历史后指出，帝都时代的北京与周边地区始终在"一体化"的行政区划系统中运转。[1] 从此视角出发，可以更好地审视直隶总督与顺天府尹在环拱京师和肃清京畿上的职责与作用。

（一）直隶总督——"环拱京师"、治理畿辅之重责

"直隶"，顾名思义，指的是直接隶属于京师的周边府、州、县等地。元代，属于中书省直辖地区，称为"腹里"。明万历年间，畿辅巡按御史李植曾将蓟门、真定与保定、天津与霸州等视为京师东、西、南的三面屏藩，是抵御蒙古、卫护北京的重地。成化八年（1472），分设顺天、保定两巡抚，分辖顺天、永平、真定、保定、顺德、广平、大名、河间府，合称"京师八府"。清初定鼎京师，改北直隶为直隶省，在明代"京师八府"外，

---

[1] 孙冬虎：《"京津冀一体化"的历史考察》，《北京社会科学》2014年第12期。

新设承德府、口北三厅，辖保定、真定、顺德、广平、大名、河间、永平、顺天、天津、宣化等府，涵盖今北京郊区、天津、河北大部，远及山东、河南部分地区。

顺康时期，直隶地区满汉民族矛盾和经济社会问题异常突出，清廷在直隶地区设巡抚、总督，辖区经常变动且裁撤、归并频繁。雍正初年，局面有所改变。雍正二年（1724）十月，特授直隶总督加兵部尚书衔。乾隆十四年（1749），令直隶总督兼管直隶河道防汛与治理事务。二十五年（1760），直隶总督成为朝廷固设的八大总督之一。二十八年（1763），授任直督方观承兼管直隶省巡抚事，独掌直隶境内所有军政大事。直到清末，直隶省不设巡抚，督抚一体，直隶总督成为环拱京师的直隶省的最高行政长官，地位、权力、影响远非其他总督可比。

第一次鸦片战争后，直隶总督责权更加扩大，并在洋务运动中扮演着愈加重要的角色。咸丰三年（1853），长芦盐场的盐政划归直隶总督直辖。同治九年（1870），裁撤三口通商大臣，将天津、营口和烟台三个口岸通商事务划归直隶总督管理，并授予北洋通商大臣一衔。自此，直隶总督兼巡抚事，兼北洋通商大臣，掌管天津全部、北京、河北大部、河南小部和山东小部地区的军务、民政、粮饷、河道、盐政、洋务、通商事务，成为疆臣之首。举一则材料为证。同治十一年（1872），直隶总督移驻天津后，便有把直隶行政中心一分为二之设想。御史李宏谟就以总督移驻天津后难以兼顾省内事务、汛期更难料理运河事务为由，奏请重新增设直隶巡抚。这个建议遭到李鸿章的反驳，他认为在直隶设立巡抚于事无补，反而是浪费财政来供养闲职。清廷权衡利弊，给了个折中方案，规定：直隶总督不必固定常驻天津的时间，由新设的津海关道分担总督在天津的事务，如此，总督可有足够的时间来料理省内事务。

直隶地区环拱京师，总督又集地方司法、行政、军事、监察、教化等权于一身，职权至大，责任至重，其人选自然是清廷绝对信任的重臣。从雍正二年至宣统三年（1911）的187年中，直隶总督共有99任74人，其中实授38人，署理30人，护理6人。雍正年间担任直督者以科道正途出身的汉人居多，非科道出身者只有李卫。他从雍正十年（1745）七月至乾隆三年十月卒于任上，总督直隶五年零三个月，治理河道、办理赈务、整顿营伍、惩处贪劣、发展文教、教化百姓、整顿治安，始终实心任事，又清正廉洁、忠君为民、不徇私情，将直隶总督职责发挥到极致。

乾隆朝直隶总督者仍以汉人居多，以方观承最为著名。他自乾隆十四年（1749）七月以浙江巡抚迁任直隶总督，至乾隆三十三年（1768）八月病免，两任直督达十八年零九个月，在直隶推广植棉、治理河患、广设义仓、兴修水利、鼓励农桑、建设文化，政绩斐然，史称"能吏"，是清朝"五督臣"之一。

至道光、咸丰朝，满蒙八旗成为直隶总督重要人选，如长龄、松筠、蒋攸铦、那彦成、琦善、穆彰阿、讷尔经额、桂良、瑞麟、庆祺、恒福、文煜，只有颜检、谭廷襄两名汉人，这种显著变化折射出清朝国势由盛而衰的转变。

同光年间，直隶总督人选虽然延续了倚重满族人传统，但是，随着太平天国起义与鸦片战争的爆发，两江总督曾国藩、湖广总督李鸿章的湘淮系势力开始承担治理畿辅重地之责。李鸿章，曾三任直隶总督达28年之久，几乎参与晚清所有对外交涉事务，其兼差远超本职，深得两宫太后倚重。下面的一则材料，就反映了清廷对李鸿章的信任和倚重。光绪元年至四年（1875—1878），一场"大祲奇灾"席卷了山西、河南、陕西、直隶、山东五省，史称"丁戊奇荒"。灾荒期间，李鸿章统辖畿辅，极力赈灾。但是，旱灾已连续三年，清廷倾天下之力，亦几于无救。光绪四年初，旱灾、瘟疫、蝗灾、水灾不断，又发生了星变、地震、饥馑、死亡、盗匪、天变、吏治腐败，社会上讹言盛行，京城里谣言日多日甚，疯传"五月有灾"。两位太后久处深宫，深感不安，拟调李鸿章率兵卫戍京城，却引发了更大的不安和流言。五月初五日，清流名士张佩纶上了一份名为"修德持静，以靖浮言"的奏折，大意是说，目前流言虽多，倒也无事，如果真的把直隶总督军队调入京城护卫，民间定会猜测是发生了"天变"大事，人心会更加浮动、恐慌，甚至激出变乱，反倒无事变有事了。张佩纶的建议被采纳。这则材料，也从另一侧面折射出世人对直隶总督"环拱京师"及治安周边职责的深刻认知。

咸丰初年太平军起义后，清廷被迫下放权力给督抚，允许他们延请幕友协助处理军政事务。其后六十余年间，先后出现曾国藩、李鸿章、张之洞、袁世凯四大幕府，其中有三人担任过直隶总督。由于直隶省是督抚一体，所以，曾国藩、李鸿章幕府人员作为总督的智囊与助手，在京师及周边社会治理中发挥了重要作用。最后一位直隶总督袁世凯在督直的七年间（1901—1907），借筹办新政之机，在直隶采取了诸多新政举措，新设了众多机构，委派其幕府中的候补官员、亲信幕僚进行管理，直隶总督署机构日益膨胀。光绪三十二年，清廷颁布《外省官制通则》，直隶总督署机构人员被确定下来，逐渐向新型官僚嬗变。随之而来的是，直隶省与京师的"环拱"关系渐行渐弱。

（二）顺天府——首都圈内的"特别行政区"

清代，顺天府属于直隶一府，但管理京师附近州县治安与政务，属于京府，俨然一个"特别行政区"。同治十一年（1872）讨论添设直隶巡抚时，李鸿章曾致信沈葆桢，吐露了他这个直隶总督只是名义上的，实际管辖行政空间并非直隶全省："其实有两京兆分管二十四州县，热河都统分管承德府，直省何曾仅止一督。"此话并非虚言。

清代，顺天府设置之初，仅辖宛平、大兴两县。康熙十五年（1676），将昌平、良乡等十九个州县划归顺天府管辖。二十七年（1688），置东、西、南、北四路同知。到乾隆八年（1743）

固定领通州、蓟州、涿州、霸州、昌平五州，大兴、宛平、良乡、房山、三河、武清、宝坻、宁河、香河、保定、文安、大城、固安、永清、东安、顺义、怀柔、密云、平谷十九县。其中，大兴、宛平为京县，以北京城的中轴线为界，城东部及郊区属大兴，城西部及郊区属宛平。

顺天府职掌京师附近州县治安与政务，备受清廷重视。府尹须由皇帝钦选，品级与奉天府府尹相同，正三品，用银印。在京师社会治理体系中，顺天府与步军统领衙门、五城御史负责京师地面的治安。但是，京师内城有中央各部院衙门、皇室贵族、八旗官兵，外城则有三教九流各色人等，旗民杂处，纠纷讼案繁多，一个正三品的顺天府尹想要管控京师地面，在实际操作上困难重重。鉴于此，雍正元年（1723）增设顺天府兼领府尹事大臣一人，选派汉大学士、六部尚书、侍郎或亲王兼任。乾隆十四年（1749）始，又钦派一位钦差大臣兼管府尹事务，简称"兼尹"，兼尹多由部院尚书、侍郎兼任，为正一品大员。至此，顺天府并设府尹与兼尹后，在官品上就与直隶总督不相上下了。

顺天府尹和直隶总督间在行政权力与空间格局上互有区分与重叠。在行政空间关系上，京师城垣内地区，由顺天府管辖，直隶总督无权过问。城垣外地区由直隶总督衙门和顺天府衙门双重管辖，仅在遇有重大事务时，顺天府尹才会与直隶总督"会衔办理"。顺天府所领二十四州县同时在直隶总督辖区内，各州县地方事务要分别上报顺天府及直隶总督衙门查核。而在钱谷刑名、考核与委署地方官方面，顺天府尹只有对顺天府治中、通判、经历和直属大兴、宛平两京县官员的京察考核权，直隶总督多是形式上的会稿。顺天府所属其他各州县官员考核及与直隶各属官员的相互升调，则由直隶总督会同顺天府尹题奏，实权在总督手中。

这种关系，在嘉庆十八年（1813）发生了深刻的转变。是年九月，天理教起事，部分起事者攻入紫禁城，朝野震惊。十一月，嘉庆帝批准了新制定的《顺天府属州县官考察升调例》，将顺天府尹对下属的人事权，由大兴、宛平两京县扩展到顺天府所辖全境，二十四州县的正印官和佐杂各官考核调补均由顺天府尹主稿、直隶总督会稿。只有当顺天府区域内挑不出合适官员时，府尹才会咨行总督从其他地区挑选官员进行调补。这种权力主次的调整，将直隶总督和顺天府尹在京畿社会治理体系中的责权关系重新定义并固化下来。

二 避暑山庄——清代北京的"副中心"

清代前期，诸帝出巡频繁，其中康熙帝和乾隆帝的出巡足迹遍布京畿，更北到蒙古，西到秦晋，南到江浙，东到辽沈及豫鲁大地。出巡目的或避暑，或行围，或谒陵，或礼佛，或祭祀，或巡视。为确保出巡路上正常休息，沿出巡路线修建了很多用途不一、规模建置各异的行宫。根据史料记载与学者的研究成果，京津冀地区，辟有清帝东巡、南巡、西巡御道，建有众多行宫。[1]

诸多出巡路线中，北巡路线尤为重要。清初入主中原，因为本民族游牧、射猎习俗，又因为边疆战事频繁，清帝频频北巡。康熙帝为了训练军队，抚绥蒙古等族上层人士，实行围班制度。康熙二十年建木兰围场，以加强对蒙古地方的管理，巩固北部边防。此后，几乎每年秋季，康熙和乾隆二帝都要亲率王公大臣、后宫妃嫔、皇族子孙及八旗甲士等数万人前往围场举行秋狝大典。从京师至木兰围场陆续修筑了一条长300多公里的北巡御道和33处行宫。以古北口为界，从京师至古北口段有13座行宫，

---

[1] 参阅袁森《避暑山庄与外八庙》，北京出版社，1981；高文瑞《北京的清代行宫》，《北京日报》2007年5月20日，第6版；赵云田《清代的行宫》，《清史参考》2016年第29期，中华文史网。

俗称"口内行宫";从古北口外到木兰围场沿途分南北两路,计有行宫 20 座,俗称"口外行宫"。

各处行宫最大者非避暑山庄莫属。康熙四十二年始建,初名热河行宫,五十年,宫殿区完工,题额"避暑山庄"。五十二年,开拓湖区,筑洲岛,修堤岸,营建宫殿、亭树和宫墙,山庄初具规模。乾隆六年始,又增建宫殿与多处园林建筑。至乾隆五十五年,全部工程竣工,耗时 87 年。行宫里的宫殿区建筑,与紫禁城的金碧辉煌迥异。而山庄东面、北面山麓仿造西藏、新疆、蒙古喇嘛教寺庙形式相继修建的 12 座喇嘛教寺庙群,却是金碧辉煌、宏伟壮观。其中,殊象寺、普陀宗乘之庙等 8 座喇嘛庙,与京师的 32 座喇嘛庙遥相呼应,又在古北口外,被俗称为"外八庙"。这个俗称,反映了世人对承德与京师密切关系的广泛认知。

从木兰围场建成,直至嘉庆二十五年的 140 年间,康、雍、乾、嘉四帝"岁频举行"秋狝大典达 105 次之多。自康熙四十二年建避暑山庄起到嘉庆二十五年的 117 年间,几代清帝几乎每年夏天都要前去避暑理政。这些仪式,成为清代京津冀之间密切关系的美好记忆。

行宫的修建、维护与管理,需要大量的人力、物力,从中可以折射出清朝的国势盛衰。清代,京津冀行宫修建的时间多在康熙、乾隆年盛世年间。当时,国家面临的主要问题来自北疆。康、乾二帝频繁北巡塞外,开辟木兰围场,在承德修建行宫、外八庙,在此避暑、理政、秋狝、礼佛,接受蒙古王公和藏传佛教领袖的朝觐,避暑山庄及周围寺庙发挥了"合内外之心,成巩固之业"的政治功用,成为清廷怀柔蒙古王公、安定北部边疆、捍卫国家统一的又一处政治中心,一个"副首都""副中心"。

为确保这个"副中心"的稳定运行与功用发挥,清廷采取了严格而制度化的管理方式。康熙四十二年,设热河行宫总管一员,从满洲八旗中选任,掌管山庄内的一切事务,外八庙的常规事务,行宫与山庄周围的八处皇家仓廒、驻防、贮藏冰块等事务，衙署在热河南营子。乾隆六年，将口外行宫自巴克什至张三营行宫交给热河总管管理。二十一年，因所管处所繁多，又增设热河总管一员，一正一副，成为定例。此外，乾隆三十五年前，每年还要从京城选派骁骑校一人、副内管领一人前往热河值年。

嘉庆朝始，清朝盛极而衰，木兰秋狝渐趋废弛，嘉庆朝以后，历经百年的木兰秋狝终止。道光朝开始，国势衰退，特别是鸦片战争爆发后，国策重点已转向抵抗来自西方的压力，避暑山庄作为皇家山庄的特殊功用渐渐衰落，管理日益松懈与废弛，守卫人员被大量裁减。到那彦成任直隶总督时，索性将所有热河地区事务交予热河都统管辖，至此，热河地区"以军府之制兼行省之规"，与直隶总督"分疆而治"，名义上属于直隶省，实为另一个行政与权力中心。咸丰年间，内忧外患迭起。1860年英法联军攻入北京，咸丰帝逃到山庄避难，驻跸一年后病逝于此。而同治、光绪二帝再未巡幸过热河，避暑山庄"岁修之款"亦遭裁减。光绪三十年八月，裁撤热河正、副总管，由热河都统接管各处行宫事务及所属官兵，避暑山庄管理也由皇家转为地方，由政治与边疆治理需要树立起来的北京"副中心"地位，亦不复存在。

三 天津——"襟带渤海、屏蔽京师"的一大都会

天津，地跨海河两岸，毗邻京师，同被河北省环绕，是北京通往东北、华东地区的交通咽喉和漕运海运的港口，自金、元建都北京以来，地位日益重要。明成祖永乐二年（1404）十一月，设天津卫、天津左卫、天津右卫，三卫驻兵一万六千余人，以此拱卫即将建立的京师，维护天津治安。四年，又命工部尚书黄福在天津建造城垣。设卫筑城后的天津，因地处京师门户，被世人别称为"津门"。弘治六年（1493），修整天津城垣，在四座城门上建造门楼，门额分别以拱北、镇东、安西、定南命名，彰显了天津城的军事功能。

至清代，因其发祥东北且与蒙古联姻修好，天津城的主要功能转变为防卫包括天津在内的直隶地区。顺治帝即位后至入关前，直隶地区抗清起义频发，清廷特别注重天津的军事布控。顺治元年（1644），设蓟州镇、宣府镇、正定镇、通州镇、天津镇、山海关镇等处总兵，其中两处就在天津。五月，以明天津副将娄光先为总兵官镇守天津。六月，设天津总督一员，令骆养性"总督天津等处军务"。一切布控稳当，九月，顺治帝顺利入关。随后的十月，即裁撤天津总督，设天津巡抚，管辖天津卫以及由保定巡抚治下划归的河间府。六年五月，又裁撤天津巡抚，所领河间府归顺天巡抚管辖。从顺治九年始，相继对天津各卫所进行合并与裁革，至顺治十六年，仅留天津卫和梁城所。十八年四月，定天津镇总兵官一人，驻扎天津府，兼辖驻守天津城内的天津城守营。如此，原天津地区各卫所的军士，除部分转化为新建的绿营兵，更多的转化为从事屯田的屯丁、从事漕运的运丁，名为军，实为民，职责转变为看护运河，缉捕盗贼，维护治安，守卫行宫、园寝等各项差役。举例而言，清帝经常巡幸蓟州，到天津阅河，往盘山览胜，每遇此，天津驻防兵丁就要承担与迎送相关的各种当差，如看护、垫道、清道等。

天津城军事功能的这种弱化，与清廷的主观意图有关，同时也是对天津城经济功能的顺应。康熙十三年，天津总兵赵良栋重修天津城池，重题四门匾额为东连沧海、西引太行、南达江淮、北拱神京，折射出天津城市功能的转变。至康熙二十九年，天津镇总兵官仅辖河间、通州两协各营，但天津城的地位不断上升。雍正三年三月，裁革天津卫，设立天津州。九月，天津州升为直隶州。四年二月，经怡亲王允祥奏请，天津兵备道改为河道，专司河务，并就近管理南运河、减家桥以下的子牙河、苑家口以东的淀河等处水利，同时与天津镇总兵官、天津巡盐御史共同负责天津地方社会治安。七年，设天津河道总督。九年二月，经署直隶总督唐执玉奏请，天津直隶州升为天津府，治所在天津县（今天津市），辖一州六县。清廷对天津在驻防、河道、税关方面的功能调整，使天津成为京师与朝廷经济命脉之"门户"。

天津居河海两利，依河海而生，因漕运而兴，水路发达，形成了河海相济的漕运通道。从金朝后期始，三岔河口一带很快发展成漕粮运输的水陆码头。元明时期，京师宫廷、百官及军队所需大量粮食及各类物资都从南方漕运至津，再转运京师。清代，漕运比明代更为发展，并一度解除海禁，河运、海运并举，官运、商贩兼行，三岔河口地区直通大海，是海河上最宽阔的水域，京都所需物资，无论海运、河运，都由此转到通州通惠河，再运到大都，天津快速发展成贸易港口和水陆交通枢纽，史称天津"地当九河要津，路通七省舟车，九洲万国贡赋之艘，仕官出入，商旅往来之帆樯，莫不栖泊于其境；江淮赋税由此达，燕赵渔盐由此给，地当河海之冲，为畿辅之门户，俨然一大都会也"[1]。

盐税，是清政府的财政来源之一，盐关，是征收盐税的重要部门。清初，袭用明长芦盐区旧名，设长芦巡盐御史，公署全称为巡按长芦盐课察院公署，初设在京城，巡盐御史每岁督查巡视直隶、河南、山东盐务时，以天津户部饷司衙门为御史巡舍。康熙八年，将长芦巡盐御史公署移驻三岔河口西北岸，天津遂成盐务总汇之地。此后，一年一度的巡盐御史的出巡改从天津启程，与出巡仪式同时进行的还有盐坨春季开坨仪式。昔日三岔河口一带督粮和督盐的仪式盛景，被镇江画家江萱绘制成《潞河督运图卷》（现藏中国国家博物馆），这幅图将天津城曾经拥有的辉煌记忆，以及天津与北京的经脉关系保存了下来。

钞关也是清政府的重要财税部门。清沿明制，保留京杭运河沿线七大钞关，天津河西务钞关即其一。随着天津经济与交通发

---

[1]（清）李鸿章、黄彭年等：光绪《畿辅通志》卷六八《舆地二十三》，河北大学出版社，2014。

展，康熙四年七月，天津钞关由河西务移驻天津，由户部主理，天津道兼理，负责征收水陆出入货物税银。钞关坐落在天津老城厢北门外、南运河北岸，俗称北大关。康熙五十五年，北大关处建成一座由木船连缀而成的可开闭的浮桥，民间称钞关浮桥或北大关浮桥，过往船主须停船登岸完税。乾隆帝曾经过钞关浮桥并留下"浮桥策马过河滨"的诗句。

雍正十一年，经直隶总督李卫奏准，将户部属下的天津钞关移归"盐政鄂礼管理"。乾隆元年，天津关税务正式交予长芦巡盐御史管理，此后成为定制。第二次鸦片战争后，《北京条约》签订，天津被辟为"三口通商"之一，列国在海河两岸瓜分地盘，依河筑埠，整治河道，沟通各河、海运输，海轮经海河可直达市区，天津成为河港和海港并存的双港口城市，而涉外事务也陡增。次年，恭亲王奕訢等奏请在京师设立总理各国事务衙门，同时奏请在上海、天津设南北洋通商大臣，裁撤长芦巡盐御史，由新设三口通商大臣管理涉外政商事务，并兼管盐政及其旧管关税，盐院公署改为三口通商大臣衙门，长芦盐政崇厚改授为首任三口通商大臣。

同治九年五月间，天津发生震惊中外的教案，三口通商大臣崇厚竭力平息事态，但无济于事。案发后，崇厚奉派赴法道歉，总署大臣毛昶熙、成林先后署理三口通商大臣。毛昶熙调查教案发生的根源后，认为三口通商大臣脱离本省督抚而设专职，有"绥靖地方之责"，但无"统辖文武之权"，更无权调动地方官吏。如此，地方官往往阳奉阴违，貌合神离，坐观成败而不肯协助。而直隶总督又远在百里之外的保定，事情突发后，无法迅即与之协商。毛昶熙奏请撤销三口通商大臣，改由直隶总督兼任。这个建议被采纳后，直隶总督从此兼理所有洋务、通商、海防等事务。新任直隶总督李鸿章又奏请在旧有天津道外另设津海关道，专管洋务和津海新关、津海常关税务。新设津海关道兼钞关公署，俗称新关。因征收华洋轮船货税，又称洋关。原户部工部的税收关口合并成为"常关"。光绪四年，海关总税务司由英籍人赫德主持。二十七年七月,《辛丑条约》签订,将距口岸50里内的常关税收列入赔款,50里外的常关由清政府管理,至此,北京和朝廷所倚仗的天津海运、河运所带来的税收,几乎丧尽。

直隶总督李鸿章兼北洋通商大臣,管理天津、营口和烟台三个口岸的通商事宜,此后成为定例。每年自仲春通航,李鸿章长驻天津行馆,以巡盐御史衙门为直隶总督行署。十月冰冻封河,轮船停行,没有往来交涉事件,返回保定直隶总督府办公度岁。由此,保定和天津俨然成为"首都圈"外围直隶地区的两个政治中枢和行政中心。光绪二十六年,义和团运动高涨,以德国公使克林德被杀为导火索,八国联军联合出兵,对清政府加以威慑。不久,清廷对各国宣战,大沽炮台失守,天津城破,东南十多个省份加入了"东南互保"。危急关头,李鸿章再次被任命为直隶总督兼北洋大臣,负责与各国谈判。7月30日,八国联军在李鸿章的天津行馆原址设立"天津城临时政府委员会",8月14日,正式定为"都统衙门"。9月,李鸿章从上海返津,10月1日接任直隶总督。这是他最后一次回津,似乎预示着"津门"和"神京"间密切关系的终结。其后,伴随着清末新政与市制的推行,北京与天津彼此的经脉关系也开始渐行渐远。

四 东陵与西陵——承载着生生息息、国祚绵长的美好祈愿

清代,从顺治帝入关定鼎北京,统一全国后,历经十朝,历时267年,共建有两大皇家陵墓群,即东陵与西陵。[1] 东陵在河

---

1 参阅徐广源《清东陵史话》,新世界出版社,2001;徐广源《清西陵史话》,新世界出版社,2004。

北省遵化县昌瑞山下，西陵在河北省易县永宁山下。两大陵区形成，是经过了慎重考量与权变的，其结果就是东、西两大陵寝以京师为中心，与北京的距离相近：东陵在京师东部偏北，距京约125公里；西陵在京师西部偏南，亦距京120余公里。京师成为一个中心点，东陵、西陵建筑群宛若两翼，成为"首都圈"不可分割的组成部分。作为生活在紫禁城内帝后嫔妃的最后归宿所在，两处帝陵建筑群，与京城遥相呼应，似成一线，又如一对羽翼，承载着一种瓜瓞绵绵、生生息息、国祚绵长、江山万代的美好祈愿，彰显的是后代子孙的孝道情怀。

清东陵、西陵两组陵寝建筑，整体布局礼制性很强，具有丰富的历史文化内涵，如传统风水文化、祈福文化、孝文化等。清朝统治者推崇孝道，认为"圣天子孝先天下，首重山陵"，皇陵不仅关系到帝运和国祚，而且是其展孝布思的场所。雍正帝就认为，是清东陵孝陵大红门外暂安奉殿处的风水好，才使大清海宇晏安，皇室人丁兴盛，四海生民乐育。清帝重视陵寝的祭祖行孝，勤于上陵修礼。以东陵为例，自始建孝陵，各种祭祀活动次第举行，至乾隆时期，祭祀制度完备定型。陵区专设承办各种祭祀与管理事宜的衙门如内务府、礼部、工部、兵部。守陵官员于每月朔、望以及皇帝万寿、诸妃忌辰，在各陵寝主持操办小祭礼。每年清明、中元、冬至、岁暮四时，各陵寝的帝、后、皇贵妃、贵妃、妃、嫔、贵人位前还要举行大祭礼，包括谒陵礼、大享礼、敷土礼等，或由皇帝亲自主持，或奏请派王公致祭。康熙到光绪八帝，到东陵谒陵多达125次，每次谒陵都要举行隆重的展谒礼。西陵亦如此，单是乾隆在位期间就曾在泰陵举行过40次祭典。如此历代相沿不辍、烦琐隆重的仪式，使得东陵和西陵成为清代帝王心中子孙衍继、诚尽孝道，为天下苍生祈福，祈求国泰民安的圣地，并得到世人的文化认同。

有清一代，皇陵是帝王最后归宿所在，备受帝王重视，为了更好地管理和保护皇陵，直隶地区的遵化、易州均上升为直隶州。

康熙二年始建孝陵时只派八旗总管看守，陵园外围也只派副将带领绿营兵巡逻保护。随着陵寝增多，保护、管理职责愈重，康熙三年孝陵主体工程竣工后，设立东陵承办事务衙门，由东陵守护大臣、总管内务府大臣主持。康熙十五年，因孝陵和景陵（景陵刚建，尚未命名）建在遵化而升遵化县为遵化州。景陵落成后，在马兰峪城东建立专门机构，置总管大臣一人，另有礼部官员、工部官员及内务府官员，分设于各陵。雍正元年，康熙帝入葬景陵，雍正帝改变只派总管大臣等守护的定例，派宗室成员两位代替自己看护景陵，同时还派大学士一员、尚书两员、侍郎两员、领侍卫内大臣一员、总管内务府大臣一员、副都统两员、散秩大臣两员、侍卫四十八员长期驻守皇陵。其后，一王二公逐渐演变成整个东陵的最高长官，且逐渐地只派两位公，称为东陵守护大臣，分驻在马兰峪东府和西府。看护皇陵的绿营也改协为镇，由副将改为总兵官。如此，陵寝事务就由陵寝守护大臣和马兰关总兵共同主持。西陵从雍正八年建泰陵后，始设立各级管理机构，各项机构与东陵基本相同。乾隆即位后，对这些管理机构的人员配置、职能、职权、官员的任用重新进行了明确和理顺，至光绪年间，东陵各陵的八旗官兵约 1200 人、东陵绿营兵丁 1771 人、东陵内务府 1700 人、礼部 1600 人，所有员役数量多达 6700 人。乾隆年间，又先后将易州和遵化州升为直隶州，易州下辖广昌、涞水二县，遵化州下辖玉田、丰润二县。由此，遵化和易州，因为遥相对应的两组皇陵，因为孝道情怀，因为生生息息、国祚绵长、江山万代的美好祈愿，而与北京有了绵绵不绝的难解之缘。

  帝王陵寝往往折射时代的变迁。自康熙二年为入关第一帝顺治帝首建孝陵于昌瑞山下，到光绪三十四年重修慈禧陵竣工止，清东陵修陵时间历时近两个半世纪，几乎与王朝相始终；西陵的营建自雍正八年首建泰陵开始至 1915 年光绪的崇陵建成，历经 186 年。因时代关系，东西各陵在营建规模、建筑规制、筹款用料、所用时间、工程质量、保护维修等方面，存在很大的差异，从陵寝的修建、维护可以窥见清王朝的发展。康乾祖孙二帝的景陵和裕陵、雍正帝的泰陵，建于盛世时期，国势强盛，政治安定，国库丰盈，建陵时间充足，所需银两备料充裕，因此，陵寝规制最为完备，规模最为宏伟，气魄最为雄伟，工艺最为精良，成为清王朝鼎盛的一种记忆符号。

道光朝开始，特别是1840年爆发鸦片战争后，战乱不断，国势衰落，皇陵的修建大不如从前，慕陵的重建工程，就是因国力不足而将原宝华峪陵寝材料拆运到龙泉峪，因此建筑上稍有衰落。咸丰继位后，内忧外患，政局动荡，财政困乏。定陵建陵历经咸丰、同治两朝，时间长达15年，建筑规制有所缩减，工程质量更差于前代，修建工程中使用了大量旧料以节省银两。同治时期，清王朝更是江河日下，外债累累。同治皇帝和孝哲皇后早逝，梓宫只能奉移于隆福寺暂安，其后仓促营建惠陵，一无神道，二无石像生，规制、规模、气魄大为逊色。

光绪帝崇陵是清西陵也是清代最后一座帝王陵寝。光绪在位30余年，命运与慈禧太后深刻交织在一起，慈禧独霸朝政，从他们的陵寝修建可以折射出这一点。光绪二十一年《马关条约》签订，甲午战争结束，慈禧立即不惜耗费巨额银两重修菩陀峪定东陵，重修工程历时13年，到光绪三十四年结束，同年十月二十二日，慈禧即去世，得入地宫永安。而光绪帝在位30余年，一直未能建陵。光绪帝早慈禧太后一日去世，宣统元年（1909）才动工兴建陵寝，因银款支绌、物料供应短缺，崇陵及其妃园寝规模减小，直至民国4年（1915）竣工。[1]

清末，政治经济衰落，东、西陵陵寝管理和维修也日益艰难。同治末年和光绪初年，风水围墙先后有多处坍倒，守护大臣曾先

---

[1] 末代皇帝溥仪退位后，逊清小朝廷也为他在西陵勘测了吉地，只是在民国时局下，陵寝修建已无从谈起了。

后奏请钦派大臣查估修理。但清廷财政困窘，陵寝经费支绌，只能令守陵大臣严行责成各营弁认真看守，严密巡查，而无力维修。帝国大厦将倾，皇家陵寝逐渐乏人管理，甚至还时有守墓人为生活所迫，变卖园寝木材、石料的情形发生。清亡后，更是盗案频发，地面建筑被肆意破坏拆毁。两大陵寝护卫管理的废弛，折射出京津冀之间因为文化纽带联结的紧密关系，走向了终结。

五　结语：京津冀不解缘之尽

　　1905 年，清廷宣布实行"预备立宪"，各省筹设谘议局，同年，直隶总督袁世凯在天津设置了自治局。1907 年 10 月，民政部下令京师先行试办自治。1908 年，清政府颁布《九年预备立宪逐年筹备事宜清单》，对实施地方自治做出规划。是年底，清政府正式颁布《城镇乡地方自治章程》和《城镇乡地方自治选举章程》，北京也颁布《京师地方自治章程》及配套的《京师地方自治选举章程》，明确了京师地区自治机构的权责，强化京师的城市独立管理权。1912 年，顺天府改为京兆地方，直属于中央政府。1913 年直隶省各府州统一废改为县。至此，京津冀地区，虽地缘仍相接，人缘仍相亲，但行政地域已非一体，有清一代 267 年间形成的不解之缘，亦尽解。

学术档案

诗缘侯仁之[*]
——交游诗词辑考及其科学社会史意蕴

丁　超[**]

摘　要：本文辑录侯仁之交游诗词17首，并对部分诗词的创作时间、作者进行考订辨伪，继而对诗词的创作背景进行还原，从而勾勒出侯仁之学术人生的若干断面，填补其科学生命历程的缺环。上述基础性工作，可以呈现侯仁之以交游诗词为媒介而与史学、地学、文学、建筑规划、艺术、政治等界别构建的社会网络。这一社会网络，既体现了各领域精英对侯仁之学术和社会贡献的承认，也是一种具有中国特色的科学奖励模式。该研究对于深化中国科学社会史研究有所裨益，同时有助于厘清中国历史地理学发展历程。

关键词：侯仁之　交游诗词　科学社会史　中国历史地理学

引　言

侯仁之以研治历史地理学名世，是与谭其骧、史念海并驾齐驱，引领学科发展的"三驾马车"之一，曾集美国地理学会

---

[*] 本文系中国人民大学科学研究基金（中央高校基本科研业务费专项资金资助）项目"北京城生命印记的3D数字呈现"（17XNQ025）成果。

[**] 丁超，中国人民大学清史研究所。

(AGS)的乔治·戴维森奖(George Davidson Medal)、美国国家地理学会的研究与探险委员会主席奖(The NGS Committee for Research and Exploration Chairman's Award)等国际荣誉于一身,国内地理学界无出其右者。此外,侯仁之又有"中国申遗第一人""中国文物、博物馆事业杰出人物""北京通"等美誉,在中国现当代科学史上留下了浓墨重彩的印迹。

基于上述声望,在2010年6月启动的"老科学家学术成长资料采集工程"中,侯仁之被中国科学技术协会确定为第一批采集的20位老科学家之一。资料采集对象包括口述资料、传记、证书、信件、手稿、著作等实物,以及参加各种社会活动及家庭生活的影音资料。上述实物和资料可为详细的当代科学史撰述提供鲜活的一手史料。一手史料的价值不容小觑,但多为私家珍藏,外界难得一窥真容。相比较而言,公开出版资料、公共档案馆馆藏以及流散于民间的文献也值得重视。试举一例,世人皆知侯仁之曾在清华大学营建系(建筑系)任兼职教授,讲授"市镇地理基础"课程,然《清华大学志》[1]《清华大学九十年》[2]等官方资料均称侯仁之任清华大学历史系兼职教授,私人回忆也称清华"历史系还邀请燕京大学历史地理学权威侯仁之教授讲学"[3]。侯仁之在"清华历史系兼课"[4]时,曾于1950年4月带领邵循正、雷海宗、周一良等清华师生参观故宫。在侯仁之自撰的小传、简历和他人所写的传记、简谱中,鲜有提及此事。同样无人提及的还有侯仁之曾任燕京大学历史系主任一事。1952年5月26日,

---

1 方惠坚、张思敬主编《清华大学志》上卷,清华大学出版社,2001,第515页。
2 贺崇铃主编《清华大学九十年》,清华大学出版社,2001,第174页。
3 任嘉尧:《老清华历史系的教授》,《社会科学报》2001年3月22日,第4版。
4 殷叙彝:《忆五十年代清华历史系的两件创举》,清华校友总会编《校友文稿资料选编》第七辑,清华大学出版社,2001,第216页。

中央教育部批复同意燕大改组校务委员会，决定由翁独健、翦伯赞、褚圣麟、侯仁之等10人任新的校务委员会常务委员。在教育部副部长曾昭抡5月12日批示的《燕京大学校务委员会常务委员名单》中，则为"侯仁之，历史系主任（新任）、工会主席"[1]。如此看来，对档案、出版物的整理爬梳，一样可以启蒙发覆，获取新知。

本研究以自编《侯仁之学谱》（60万字，待出版）为基础，搜集整理与侯仁之有关的交游诗词歌赋，在文献考订和文本解读的前提下，构建侯仁之在科学阶层中的社会网络，由此揭示科学家人物形象的多个侧面。正所谓"横看成岭侧成峰，远近高低各不同"，诗词交游中的侯仁之更多体现出有别于英伦绅士风度的传统文人情怀。此外，就笔者正在从事的中国历史地理学的科学社会史研究而言，采取以诗带史、以史解诗、史诗互证的思路，以侯仁之为个案诠释科学与社会、文学的关系，有助于加深对中国科学社会史和历史地理学发展历程的认知。

一 侯仁之交游诗词编年辑考

诗歌是传统士人日常生活、社会交往甚至政治活动中的重要交流手段，在情感沟通、思想交流和社会应酬中有重要作用。在文史学界，知名学者诗词往复、互相唱酬的现象比较多见，不乏工诗词、善书法者。然在科学技术领域，类似的现象和人物则相对稀少一些。梳理侯仁之学术生命历程，本文共辑得17首交游诗词，其中侯仁之创作的有3首，他人写给侯仁之的有

---

[1]《中央人民政府教育部通知》（1952年5月26日），北京大学档案馆藏燕京大学档案，档案号：第YJ52063卷。

14 首。这些诗词并非一唱一和，恐难归于唱酬诗词之列，只能称交游诗词。

正所谓"诗无达诂"，对诗词歌赋的诠释并非易事。加之与侯仁之相关的诗词歌赋尚未引起业内人士重视，缺少系统化整理，难免有所遗漏。本研究在更大意义上只是基础性的工作——搜集诗作，考订背景，钩沉索隐，诠释意义。闲言少叙，切入正题。本研究先依时序胪列诗作，再加以科学社会学的解读。至于诗词作品文学成就的品评，则不是本文主旨所在。

（一）《乱世怀业师及诸同窗》（侯仁之，1944 年）

侯仁之以历史地理学等领域的学术研究和社会活动闻名于世，诗词歌赋、琴棋书画等传统文人雅好并非其擅长。1945 年 12 月 8 日，《燕大双周刊》推出《蒙难纪念特刊》，刊发洪业、赵紫宸的诗词及侯仁之短文《狱中记趣》。洪业、赵紫宸的诗词均提到侯仁之，但侯仁之并未与之唱和，更未像他的老师们那样利用难得的闲暇时光打腹稿，写诗词。

目前所知侯仁之创作的旧体诗，仅有 1944 年 11 月 2 日所写的《乱世怀业师及诸同窗》，此时侯仁之已经出狱两年有余。其诗云：

> 十年灯火继薪传，学有家风心自然。敢道施施曾入室，也能兢兢自临渊。
>
> 低徊蓟北春风暖，惆怅津南旧雨天。太息残园瓦砾里，师门桃李幸都全。[1]

---

[1] 侯馥兴：《洪师赐函　明信暗语》，《中华读书报》2014 年 3 月 19 日，第 18 版。

诗中侯仁之以入室弟子的身份，向洪业表达了"十年灯火继薪传"的感念之意。洪业对燕大学科建设与人才培养的贡献已得到学界越来越多的认可。[1] 就侯仁之而言，其史学功底得益于洪业的史学方法训练，其地理学兴趣的养成受惠于洪业的点拨，其出国留学更是有赖于洪业的谋划。

1942 年夏，侯仁之出狱后客居"津南"岳父家，洪业则留居"蓟北"北平城内新开路胡同寓所。侯仁之处于保释期，没有迁居的自由，主要靠书商郭纪森传递书信与洪业交流。在拒绝为日伪机构服务、打算避走成都燕京大学等重要人生选择上，侯仁之均遵循了洪业的教诲。1945 年 8 月 15 日，日本战败投降。次日，燕大校务长司徒雷登迅即邀请陆志韦、洪煨莲、林嘉通、蔡一谔、侯仁之等人在东交民巷三官庙开会，研究燕大复校事宜。在复校工作委员会中，侯仁之负责燕大临时办事处工作，并被任命为生活辅导委员会主席。之所以如此，固然出于司徒雷登、洪业等人的看重和提携，也与侯本人在抗战时期的表现相关。据邓之诚 9 月 1 日日记载：

> 饭后，诣洪煨莲，告我以十月十日复校，旧教职员曾在伪组织、学校、研究所及机关任要职者，不再邀请；已有职任，一时不能脱离者，亦不邀请。司徒提议虽不同于上两项情形，而曾参与政治活动者，亦不邀请。[2]

综合洪业和司徒雷登的意见可知，燕大复校后实际上将为日伪政权服务者、已有工作者、参与政治活动者这三类人拒之门外。在

---

1 彭靖：《洪业对燕京大学学科建设与人才培养的贡献——〈洪业传〉中未曾提及的事项》，《中华读书报》2013 年 12 月 25 日，第 22 版。
2 邓之诚著，邓瑞整理《邓之诚文史札记》（上），凤凰出版社，2012，第 303—304 页。

侯仁之的狱友中，既有变节附逆如陈其田者，也有热心政治如张东荪者。巧合的是，洪业、赵紫宸在填词赋诗时也提到了陈其田、张东荪。

就侯仁之本人而言，实际上他已是天津工商学院教授，兼任女子文学院史地系主任，本可以不回燕大整理"残园瓦砾"。史地系的衣钵后来被河北大学继承，侯仁之被视为该校历史学科的"创始人和带头人"。[1] 虽然这是后话，但这至少表明侯仁之在当时已经获得进身之阶。只不过侯仁之更愿意听从母校的召唤，回到安身立命之所，哪怕是去做一名讲师。毕竟"我从燕京大学来"，燕园是侯仁之"师门桃李"的根基所在，更是侯仁之的精神家园。

（二）《忆江南（咏侯仁之）》（赵紫宸，1942年）

赵紫宸（1888—1979，浙江德清人），亦即洪业《六君子歌》中的"诗家赵老"，是一位以旧体诗词创作见长的神学家，1928年后长期任燕大宗教学院院长。赵紫宸被捕后，在狱中"天天作自定的功课，下午吟诗，吟了改，改了背诵，牢牢紧记，不忘记一首"[2]。其中就有一首《忆江南（咏侯仁之）》，其词曰：

> 书生好，元气贯当中，今日颠危经骇浪，当来浩荡有高风，一路大江东。[3]

---

1 《河北大学历史学强势特色学科简介》，《河北学刊》2010年第6期。
2 赵紫宸：《赵紫宸文集》第二卷，商务印书馆，2004，第457页。
3 赵紫宸：《赵紫宸文集》第二卷，第458页。

从赵紫宸的《系狱记》所载判断，该诗当作于 1942 年 3 月下旬。当时填词的还有咏陆志韦的《长相思》、咏林嘉通的《菩萨蛮》、咏刘豁轩的《相见欢》、咏赵承信的《生查子》、咏蔡一谔的《浣溪沙》。这组词作在 1945 年发表时又增加了咏洪业的《摊破浣溪沙》、咏张东荪的《虞美人》和自咏的《浪淘沙》。

《忆江南（咏侯仁之）》的内容并无难解之处，只是表达了对侯仁之的未来期许。需要进一步申明的是赵紫宸与侯仁之在燕大校内和狱中围绕着宗教活动而展开的交流。此时，赵紫宸是燕大宗教学院院长，而侯仁之是虔诚的基督徒。平时各自奔忙，狱中倒是可以认真地交流宗教体验。正如赵承信《狱中记感》所载：

> 特别使我永远不忘的就是师友与我十一人，又由宪兵部移到日本监狱，同拘于西大监房那一周的团契生活。屋里别无其他囚犯，我们自成一体，度着互慰互勉的日子。[1]

在狱中的团契生活，赵紫宸无疑是领导者，带领大家做礼拜、祈祷。

侯仁之是燕大校内基督教活动的积极参与者，领导或参与了六人团、星期六等小团契，进行朝会、退修等宗教活动。侯仁之曾应赵紫宸之约写了《基督教与人类的再造》（1937 年 12 月北平燕大基督教团契印行）。1938 年 12 月 11 日，侯仁之写成《论"天路历程"》一文，向青年基督徒呼吁勇敢接受挑战，认清"这不是进退的选择，而是生死的关键"[2]。被日军逮捕入狱，是侯仁之第一次真正面对个人"生死的关键"。初入炮局胡同日军监狱，赵紫宸、侯仁之等 11 人共居一室。据《系狱记》载：

---

1 赵承信：《狱中记感》，《燕大双周刊》1945 年第 2 期，第 9 页。
2 侯仁之：《论"天路历程"》，《燕大团契圣诞特刊》，1938，第 4—5 页。

我幸有丝棉衣服，将毯子滚在身上，紧紧的，睡在煨莲仁之之间。……。煨莲怕冷，连头也蒙着，漏出眼鼻与嘴，与我轻轻地交谈。我看他似乎太悲观，对他说我们信主，主必拯救。……。墙角边一位同事咳嗽，好像病重，仁之殷勤地服侍他，安慰他。[1]

上引文实际上提到了赵紫宸、洪业、邓之诚、侯仁之四人。赵紫宸与洪业等人在狱中祈祷、吟诗、静修、讲经，交流宗教体验。

6月9日，日军军事法庭提审全体在押燕大教师。众人"各戴手镣出狱，背缚以绳，面墙待命，空气极为严重紧张"，以为将被枪决。在赵紫宸的提议下，侯仁之"立刻闭目反复默祷曰：'我把妻女交托上帝，我相信上帝管他们比我更好！'"这是侯仁之在狱中第二次考虑到死亡问题。事后，侯仁之感喟"一旦人生尝到真正死的滋味而居然又活下来，真是最有趣的一桩事"[2]。此事又见于《系狱记》。赵紫宸"低声对站在我身旁的仁之说，今天我们完了，祈祷罢。于是我们恳切的呼吁上帝，将自己完全交托在他手中"[3]。所幸的是，十余日后赵、侯等六人平安出狱。抗战胜利后，赵、侯二人重返燕大执教。赵继续执掌宗教学院，侯则不久后留学英伦。侯回国后不久，另一场思想上的洗礼或磨难又摆在了赵、侯二人面前。

解放前，赵紫宸对中共领导的爱国学生运动表示同情。新中国成立前夕，赵还以基督教界代表身份参加了新政协会议。在新中国成立后不久发起的基督教三自革新运动中，赵也是发起人之

---

[1] 赵紫宸：《赵紫宸文集》第二卷，第431页。
[2] 侯仁之：《狱中记趣》，《燕大双周刊》1945年第2期，第9页。
[3] 赵紫宸：《赵紫宸文集》第二卷，第485页。

一。朝鲜战争爆发后，赵还辞去世界基督教协进会副主席职务以示抗议。不过，赵紫宸的思想"进步"历程仍旧不能与风云变幻的时局相契合。1951年10月5日，燕大成立教员政治学习委员会，陆志韦任主席，侯仁之等人任常委，在全校范围内掀起政治学习、批判"崇美、亲美、恐美"思想的运动热潮。侯仁之作为典型进行自我思想检查，顺利获得通过。而上述政治运动的斗争焦点则是陆志韦、张东荪、赵紫宸等人。

在此次运动中，侯、赵二人被置于进步与反动、批评与被批评的对立面上。在后世研究者看来：

> 陆志韦的同僚，比如侯仁之，甚至连保持缄默都不可以。每个人都必须反对陆志韦，必须反对司徒雷登，必须反对这所教会大学的遗风，打倒陆志韦的运动把所有曾经认同燕大对博雅教育的贡献的人都卷了进来。[1]

当然，侯仁之并没有保持缄默。他目睹了燕大在1952年夏天的谢幕，目送了故人的离开，作为少数仍旧留在燕园的燕大人，他任副教务长，奉命组建了北大地质地理系，并在此开创了历史地理学研究的新境界。至于赵紫宸，他被解除了教职和圣职，于1979年11月21日在北京病逝。侯仁之参加了赵的追悼会，并在1998年5月为保护赵紫宸故居而奔走呼吁。

（三）《六君子歌》（洪业，1944年）

1945年12月8日，洪业的《六君子歌》刊于《燕大双周

---

[1]〔美〕舒衡哲：《鸣鹤园》，张宏杰译，北京大学出版社，2009，第149页。

刊》。洪业自称该诗作于"出狱二年后"。洪业从监狱获释的时间是1942年5月16日,则《六君子歌》的创作时间当在1944年5月之后。据该诗载:

> 张公谩骂如狂癫,溷厕败帚执为鞭,佩剑虎贲孰敢前;陈侯静寂若寒蝉,解衣捕虱数盈千;蔡郎病热日长眠,低唤妻儿梦连绵;林子食单著四篇,画饼充饥口垂涎;诗家赵老无椠铅,长爪能传厕上笺,刻画南冠惨态全;侯生短视独泰然,偏说西牢居处便。毕竟吉人相有天,斯文未丧秦坑边。凄凉往事等云烟,偶一回头忽二年。[1]

洪业曾将此诗誊录,署"为怜"之名赠予侯仁之。侯颇为珍视,后将之捐予北京大学图书馆。

该诗所载"侯生短视独泰然",是因为侯仁之深度近视而无眼镜可戴。赵紫宸称"我们的眼镜裤带以及吃剩的食物都被搜去了"[2],此举是为了防止被拘禁者用玻璃镜片自残或伤人。侯仁之为《六君子歌》作注时说:"其实我心焚似火,自己的深度近视眼镜已被日寇扣留,行动不便,只好静坐,置生死于度外了。"[3]当然,置生死于度外是一种最高境界,实际上侯仁之在狱中还是考虑生死问题。诗中所指的"西牢",当为东直门内炮局三条日本陆军监狱的"西大监房"。燕大被捕教师从沙滩日本宪兵队本部押送至日军陆军监狱之初,被一起关押于西大监房。在侯仁之看来:

---

[1] 洪业:《六君子歌》,《燕大双周刊》1945年第2期,第8页。
[2] 赵紫宸:《赵紫宸文集》第二卷,第431页。
[3] 侯仁之:《忆洪业师——兼为〈六君子歌〉作注》,侯馥兴编《师道师说(侯仁之卷)》,东方出版社,2013,第151—152页。

> 最初11人同住西大牢，按代号分两排就地打铺，可以低声交谈，大家好像是可以患难与共了，我的心情也远较在宪兵队分别隔离时为好。因为我留校教书不久，年纪最轻，又有我素所钦敬的师长同在，心中反觉坦然。[1]

上述描述，正与洪业所说"侯生短视独泰然"相吻合。燕大同人共聚一室，便于彼此精神交流和生活照顾，因此也就有了所谓的侯仁之"偏说西牢居处便"。

洪业所称的张公、陈侯、蔡郎、林子、赵老、侯生等"六君子"，分别为燕京大学哲学系教授张东荪、法学院院长陈其田、总务长蔡一谔、教务长林嘉通、宗教学院院长赵紫宸及学生生活辅导委员会副主席侯仁之，他们是被捕入狱的燕大教师中最后被判刑的。在被捕燕大教师中，侯仁之是"年纪最小，职位最低"[2]者，因而对体弱多病的邓之诚、赵承信、陆志韦等人照料有加。据邓之诚《南冠纪事》载：

> 予病甚，日咯痰数升，就医求得药饼二，无水，强咽之，胸膈间忽痛楚欲死。洪君立为予至诚祈祷，陆君为折叠纸盒盛所咯痰。侯君，予门人，服事尤谨。[3]

此事又见于侯仁之《狱中记趣》一文：

---

1 侯仁之：《从日寇监狱到人间炼狱——四记我师洪业教授》，侯馥兴编《师道师说（侯仁之卷）》，第94页。
2 侯仁之：《燕京大学被封前后的片断回忆》，中国人民政治协商会议北京市委员会文史资料研究委员会编《日伪统治下的北平》，北京出版社，1987，第88—92页。
3 邓之诚：《南冠纪事》，燕大文史资料编委会编《燕大文史资料》第一辑，北京大学出版社，1988，第31页。

但最冷还在夜间,每到夜晚就寝,余即移近邓之诚先生,因邓先生年高而体弱,深夜苦寒,余须就近照顾之,某夜就寝令下而邓先生不能入睡,乃藏头被下而谓余曰:"如果按照军法,我们都是'通敌'的罪名,'通敌'的罪名,是要枪毙的……"听了这话,我才第一次考虑到死。[1]

除了对邓之诚生活上的照料,洪业还告诫侯仁之在受审时以"家贫体弱,且无罪状"为由替邓之诚开脱罪责。邓之诚"自被执以来,恒坚忍从不攒眉,亦不作乞怜语",但闻听此言后"几至坠泪"。[2]

此后,侯仁之与赵承信共居同一小监室。在此期间,侯仁之为赵承信讲解北平历史地理、黄河变迁、漕运史、平绥铁路沿线史地等专题,赵承信则为侯仁之介绍都市社会学、人口社会学以及人文区位论等专题。[3] 多年以后,侯仁之回忆说:"我有缘在承信未病之前和他同住了一段时间。在这段时间里的狱中聚首,结成了我们难以言喻的友谊。"[4] 4月25日,因赵承信身患伤寒,为避免传染,侯仁之改与陆志韦同处一室。不幸的是,陆志韦又身患痢疾,此时"同居一狱室的侯仁之惊慌失措,赶紧全力服侍,并让狱卒叫来了医生"[5]。后来,赵承信、陆志韦二人均取保狱外就医。6月18日,日军军事法庭正式宣判。侯仁之被判处有期徒刑一年,缓刑三年,取保开释,无迁居旅行自由,

---

1 侯仁之:《狱中记趣》,《燕大双周刊》1945年第2期,第9页。
2 邓之诚:《南冠纪事》,燕大文史资料编委会编《燕大文史资料》第一辑,第36页。
3 赵承信与侯仁之在狱中的交往详情,参见赵承信《狱中杂记》,连载于《大中》第1卷第4—9期,1946。
4 侯仁之:《我在燕京大学被封以后》,全国政协文史和学习委员会编《魔窟梦魇》,中国文史出版社,2005,第254—255页。
5 项文惠:《广博之师:陆志韦传》,杭州出版社,2004,第144—145页。

保证随传随到。

如侯仁之所言，经历牢狱之灾的燕大教授出狱后"各有其道"，也出现了"败类"。洪业所称的六君子之一陈其田就成为变节者。在狱中，陈的表现"静寂若寒蝉"。当燕大被捕教师在狱中敲击密码进行信息传递时，"发现陈其田都不参与，就怀疑他有心与日本人合作"[1]。果不其然，陈在出狱后公开附逆。吴世昌称："陈其田却和日军宪兵队合作得很好，还升了官。"[2] 抗战胜利后，陈其田为其投降行为付出了代价。据余英时回忆：

那时和沈启无背景相似的文人学士，流寓沈阳的尚大有人在。我特别想提一下燕京大学法学院长陈其田。……但他最后终与日方妥协，因此抗战胜利后不得不远走关外。我认识他的时候，他还正在我父亲所办的"东北政治经济研究所"担任研究工作，显得很萎靡不振，不知底细者决猜不到他当年在燕大是多么飞扬跋扈。[3]

侯仁之出狱后，遵循洪业的教诲，绝不与日伪合作，拒绝了陈其田之流的拉拢。据侯仁之回忆：

那时在北平的汉奸政府，企图拉拢从日本监狱释放出来的燕京人，经人联系，要分送给每人一些紧缺的粮食。我的

---

1 〔美〕陈毓贤：《洪业传》，商务印书馆，2013，第223页。
2 吴世昌：《"一二·九"运动的前奏——回忆"九·一八"后的学生抗日运动》，《罗音室学术论著》第四卷，社会科学文献出版社，1998，第1096页。
3 余英时：《余英时回忆录（三）——中正大学和燕京大学》，香港《二十一世纪》2017年8月号，第110页。

老师洪业教授断然予以拒绝，并且托人传话给我：绝不要接受敌伪所送的任何东西。后来又叫人通知我说：敌伪还想在中山公园里办一个中国社会经济综合调查研究所（名称已难确记），要罗致燕大出狱的人参加，绝不要上他们的圈套。事后不久，果然有个燕大的败类，跑到天津来拉我参加这个伪组织，我当即斩钉截铁地斥绝了。[1]

此处侯仁之所称"中国社会经济综合调查研究所"，准确名称当为设在燕大校内的"华北综合调查研究所"。周作人辩诉状（1946年7月15日）载："华北综合调查研究所设在燕京大学旧址，被告被聘任为中国副理事长，监督文化部门之研究，不使倾于反动。"[2] 侯仁之所称的"燕大的败类"，是不是陈其田本人则暂无从查考，但至少有证据表明陈本人参与了"华北综合调查研究所"的活动。

抗战胜利后，陈其田连同田洪都、容庚等人被燕大开除。陈只得远走东北，奔赴中正大学。陈之所以附逆，按照洪业的解释，"陈也有他的苦衷，为了一家大小的衣食也情非得已"[3]。或许正是基于对陈其田苦衷的体谅，洪业才将之勉强视为"六君子"之一。至于张东荪，他在狱中甚至有与日军厮打甚至自杀示威的反抗举动，原因之一就是"张是日本留学生，并与汉奸们友善，有恃无恐"[4]。出狱后，为张东荪做保人的是日伪"北京特别市"市长刘玉书。燕大同人对张东荪"觉得行动可疑"，怀疑他可能

1　侯仁之：《燕京大学被封前后的片断回忆》，中国人民政治协商会议北京市委员会文史资料研究委员会编《日伪统治下的北平》，第101页。
2　南京市档案馆编《审讯汪伪汉奸笔录》（下），凤凰出版社，2004，第1401页。
3　〔美〕陈毓贤：《洪业传》，第240页。
4　赵紫宸：《我的回忆（节录）》，北京市政协文史资料委员会编《北京文史资料》第64辑，北京出版社，2001，第49页。

"收下傀儡政客的礼金"[1]，在人格的"白璧"上沾染了"微尘"。相比较而言，洪业、邓之诚、赵承信、侯仁之等人则始终保持着高尚的士节，称得起"君子"的名号。

（四）《听侯仁之教授讲北京形势》（陈君葆，1955年）

陈君葆（1898—1982），曾任香港大学冯平山图书馆馆长。作为统战对象、爱国人士，他积极参与中英文化协会香港分会等爱国团体的活动。在2017年出版的陈君葆《水云楼诗草》修订本中，收录被认为作于1951年的《听侯仁之教授讲北京形势》。该诗载：

> 白山幽州入禹皇，五朝人去剩金汤。
> 发端便揽雄都胜，左抱沧溟右太行。[2]

乍读此诗，便觉佶屈聱牙。《水云楼诗草》初版之时，1951年的陈君葆诗作仅收录《与云卿合照题句》《重游西湖六桥烟柳》两首[3]，并未收入《听侯仁之教授讲北京形势》。检诸1998年所出《陈君葆诗文集》可知，此诗初收入第三编《水云楼诗草（续篇）》，其中"白山"作"白日"，"揽"作"揽"，[4]显然当以后者为是。在《陈君葆诗文集》中，该诗的写作时间被确定为1951年8月。

---

1 〔美〕陈毓贤：《洪业传》，第240—241页。
2 陈君葆著，谢荣滚整理《水云楼诗草》（修订本），广东人民出版社，2017，第102页。
3 陈君葆著，谢荣滚编《水云楼诗草》，广东旅游出版社，1994，第93—94页。
4 陈君葆：《听侯仁之讲北京形势》，谢荣滚主编《陈君葆诗文集》，三联书店（香港），1998，第422页。

如该诗的作者和创作时间无误，则其写作背景当与 1951 年 7 月陈君葆率"港大同学回国观光团"有关。据陈君葆日记可知，他带领的港大学生观光团于 7 月 11 日到京，31 日离京转赴天津、青岛、上海等地参观。在京期间，陈君葆等人 7 月 28 日的行程安排是：

> 游燕京、清华、北大。俞大绹进城去了。郑林庄见了一面，朴汉没见到，许多人都下乡去！午饭后于万寿山午憩了一会才去游清华大学。[1]

俞大绹、郑林庄均为燕大教授。所谓"下乡"，当指燕大师生去乡下参加土地改革运动。至于观光团在燕大的具体行程，日记中语焉不详。即便是在《北游记实》中，陈君葆也只是提到"记得在北京参观了燕京大学时，领导我们参观的也曾指着那里原来的校长住宅告诉我们说：'这座皇宫一样华丽的房子现改为会议室了。'"[2] 从情理上推断，尚无法断然否定侯仁之在燕大为港大师生观光团讲北京地理形势的可能性。

1955 年 12 月，由陈君葆策划的香港大学英籍教授访问团来内地参观，受到周恩来的接见。这次访问团的活动安排受到了官方的高度重视。高教部、中国科学院党组事先提出与之交流的学者名单。这份名单经过了周恩来的核定，其成员包括：

> 北京大学教授尚钺、冯至、严仁赓、杨晦、周一良、侯仁之、赵以炳（总理加上该校西语系教授俞大绹）；清华大学教授陈世骅、政法学院副教务长雷洁琼；人民大学教授孙

---

1 谢荣滚主编《陈君葆日记全集》卷三，商务印书馆（香港），2004，第 100 页。
2 陈君葆：《北游记实》，谢荣滚主编《陈君葆诗文集》，第 95 页。

敬之；师范大学教授彭飞；农业大学教授吴亭、娄成辰、周大征；协和医学院教授邹金黄、张希钦；中华医学会方石珊；中国科学院生物化学部童第周、应用物理所施汝为、吴乾章、昆虫研究所陈世骧；经济所狄超白，历史二所侯外庐，历史三所刘大年。[1]

侯仁之名列其中，显示出组织对他政治忠诚度的信任。不过，在陈君葆日记所载的几次宴会情况中，出现了杨晦、狄超白（日记中误作"狄秋白"）、彭飞、侯外庐等名单上的人物，却没有提到侯仁之。按照行程安排，港大英籍教授访问团于12月17日"参观北京大学，回来已一点四十五分"[2]。在文献不足征的情况下，当然不能排除侯仁之在港大英籍教授访问北大时为之讲解北京历史地理的可能性，只能寻求其他旁证。

陈君葆在参观北大后的次日去参观官厅水库，因而写下《官厅水库道中二十五绝》。该组七言绝句的第一首诗"路滑何妨更凿冰，石头终要使铺平。不愁瀚海三千里，行见黄河水亦清"写于参观当天，诗中有如下注释：

> 地理学家有以为官厅水库所在的桑干盆地，或许是以前黄河的调节湖，然则从这一点讲，官厅水库又应该可以说是治理黄河综合计划的一部分了。[3]

此前的16日，陈君葆参观过"治理黄河展览"，故诗中提及治黄综合计划。遗憾的是，久居岭南的陈君葆显然对华北地理不甚

---

1 熊向晖：《我的情报与外交生涯》，中共党史出版社，2006，第450页。
2 谢荣滚主编《陈君葆日记全集》卷三，第440页。
3 陈君葆著，谢荣滚整理《水云楼诗草》（修订本），第123页。

了解，误将官厅水库视为黄河的调节湖。那么，他的这些似是而非的地理知识从何处来？他所提到的地理学家又会是谁？最大的可能性，当来自对侯仁之口头介绍或者所著《从丰沙线到官厅水库》一文。

在官方批准可与英籍教授接触的学者名单中，能称为地理学家的仅有侯仁之、孙敬之二人，而侯仁之的专长恰好是北京历史地理。差不多与此同时，侯仁之在《旅行家》月刊1955年第11期发表《从丰沙线到官厅水库》一文。文中既提到"怀来盆地"的地理概念，也指出永定河的水患"仅次于黄河，所以曾叫做小黄河"，还讲到官厅水库的拦蓄调节作用。[1] 早在1953年，侯仁之就提出官厅水库是具有调节功能的"人工大湖泊"的说法。[2] 陈君葆不谙北京地理，才会出现地理常识上的张冠李戴。基于如上分析，我们可以大致勾勒出如下场景：1955年12月17日，陈君葆在北京大学与侯仁之进行交流，提到次日将由丰沙线到官厅水库参观；侯仁之正好刚刚发表了《从丰沙线到官厅水库》，由此展开了对北京历史上地理形势的介绍。如果上述判断成立，则《听侯仁之教授讲北京形势》当由陈君葆作于1955年的冬天，并非1951年的夏天。

与该诗的创作时间问题相比，这首诗的作者是谁也值得探讨。有记载称诗人、书画家郭风惠（1898—1973）创作了《听侯仁之讲北京形势》（见图1），虽然题目稍有差异，但诗中内容完全一致。在郭风惠门人魏洲平所编的《郭风惠年谱》中，1955年有如下纪事：

---

1 侯仁之：《从丰沙线到官厅水库》，《步芳集》，北京出版社，1981，第125—131页。
2 侯仁之：《八百年来劳动人民改造北京地理环境的两件大事》，《步芳集》，第30页。原刊于《地理知识》1953年第1期，标题为《迎接北京建都八百周年：八百年来劳动人民改造首都地理环境的两件大事》。

坚持到农村体验生活和写生创作。作《夏日村居即事（时在抗美援朝胜利之后）》、《音乐堂观梅剧》、《听侯仁之讲北京形势》等。[1]

此外，在魏洲平的文集中也多处摘录署名郭风惠的《听侯仁之讲北京形势》。

该年谱编纂除了参考了数部公开出版的诗集、书画集之外，还利用了私人收藏的《风惠诗存》《郭风惠诗词》残稿。郭的诗集已经散佚，未经全面整理出版，在此难以查考该诗真伪。当然，后人编辑的《郭风惠书法选》则收录了《听侯仁之讲北京形势》一诗[2]，但据此只能确知书法作品由郭风惠创作，尚不能断定该诗的内容由郭撰写。

在该书法选中，与《听侯仁之讲北京形势》一首排在同一页上的是《音乐堂观梅剧》《陶然亭纳凉》等诗。巧合的是，在陈君葆《水云楼诗草（续篇）》中，与《听侯仁之教授讲北京形势》一样被认为创作于1951年8月的诗还有《北京陶然亭二首》《题秦仲文画扇》等。据陈君葆日记载，他在1951年带领港大学生观光团在京期间，曾于7月12日"午饭后游北海公园"[3]，此外还参观过颐和园、八达岭等地，然未见去过陶然亭的记载。1955年港大英籍教授访问北京时，陈君葆于12月20日参观北海公园，21日到人民剧场看梅兰芳表演的《凤还巢》，22日看梅兰芳主演《霸王别姬》，28日"下午与盛家伦、芃如游陶然亭"[4]。据此

---

[1] 门头沟文化馆编《魏洲平方剩——千古一叹》（上），团结出版社，2011，第144页。
[2] 苏士澍、郭允芩编《郭风惠书法选》，人民美术出版社，1986，第20页。
[3] 谢荣滚主编《陈君葆日记全集》卷三，第93页。
[4] 谢荣滚主编《陈君葆日记全集》卷三，第451页。

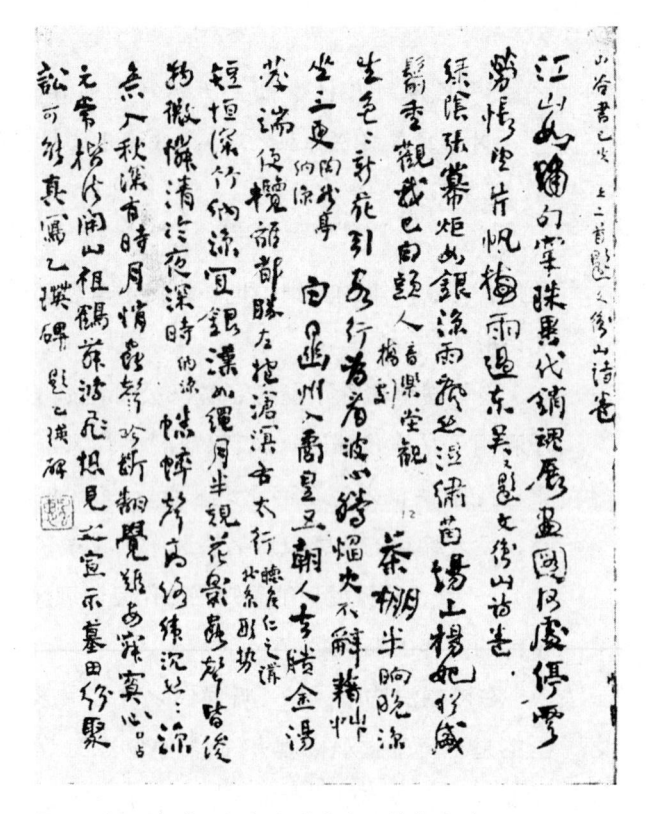

图1 郭风惠《听侯仁之讲北京形势》书法

可知,《北京陶然亭二首》极有可能创作于 1955 年。《水云楼诗草（续篇）》中将该诗的创作时间定为 1951 年 8 月,当误。另需注意一点,陈君葆《水云楼诗草（续篇）》中有《题秦仲文画扇》诗,而郭风惠与画家秦仲文（1896—1974）交往甚密,二人曾同时执教于北平艺专。在秦仲文的画作上,多有郭风惠的题画诗,至今留有《题秦仲文画松》《题秦仲文画竹》等诗作。

综上可知,郭风惠与陈君葆在"侯仁之讲北京""观看梅兰芳京剧""陶然亭""题秦仲文画"上的重合之处,不得不让我们重新审视二人存在直接接触的可能。当然,在文献不足证的情况下,不能排除郭风惠《听侯仁之讲北京形势》误收入陈君葆诗集的可能，也不能排除陈君葆作诗后请郭风惠进行书法创作的可能，毕竟郭、陈二人都是旧体诗创作的行家里手。相比较而言，本文更愿意认为《听侯仁之教授讲北京形势》出自陈君葆之手，毕竟陈与侯仁之有明确的人生交集。郭风惠是著名的书法家，陈君葆可能邀其书写《听侯仁之讲北京形势》。

《听侯仁之教授讲北京形势》是侯仁之在新中国成立初期参加具有政治背景的社会活动的见证。早在1940年11月，洪业就曾安排侯仁之为美国大学妇女联合会（AAUW）做题为"北平的地理背景"的英语讲演。侯仁之讲课水平之高，也是后来学界公认的。1955年港大英籍教授访问北大，由侯仁之为之讲解北京形势是再好不过的选择。当然，能够承担这一任务，基本的前提是侯仁之在政治上的可靠性。侯仁之在土改、思想改造运动中的积极表现，以及历史上曾协助进行党的地下工作，使得侯仁之能够荣膺北大副教务长兼地质地理系主任。如侯仁之所言，"在过去的燕京人当中，我在学校中担任的职务最大"[1]。职务之高低，关系到社会声望之大小。在与英籍教授接触过程中，不可能安排名气和地位一般的普通教授。当然，侯仁之的留英背景，也可能是官方充分考虑到的。

（五）《我们的歌》（侯仁之，1958年）

1958年9月12日，侯仁之以当时正在从事的中国地理学史研究为题材，在《北京大学校刊》第270期第3版发表了现代诗《我们的歌》。该组诗分为《车间战歌》《跃进歌》《永远向前》三

1　陈远：《消逝的燕京》，重庆出版社，2011，第75页。

篇，现抄录并诠释如下：

第一篇：（一）车间战歌

这里是一个战场，在这里——/我们要彻底击溃科学研究上的个人主义，/要建立起共产主义的大协作，/我们一定要胜利，/因为有党的领导在这里！/在这里——/斗志昂扬，/革命的号角十分响亮，/我们一定要拔白旗、插红旗，/不但在工作上，而且在思想上，/取得最后的胜利！

侯仁之为该诗注释了"本车间有旧中国科学院自然科学史研究室两位同志参加工作"一段话。这里提到的两位同志，虽然没有提及具体姓名，但以历史情境判断，其一当为曹婉如，其二当为艾素珍。在1959年1月20日所写的《中国古代地理名著选读》前言中，侯仁之提到："在去年祖国各项事业大跃进中，北京大学地质地理系和科学院自然科学史研究室的几位同志，积极响应党的号召，发挥共产主义大协作的精神，居然在短时间，把一部中国地理学简史的初稿写出来了，目前正在修订。这册《中国古代地理名著选读》正好可以看作是中国地理学简史的补充读物。在这书的编纂过程中，自然科学史研究室的曹婉如同志在原稿校阅上曾付出了很大的劳动，地理研究所钮仲勋同志和北京大学地质地理系王北辰同志也都热情帮助，在这里应该向他们表示衷心的感谢。"[1]《中国古代地理名著选读》在性质上是《中国地理学简史》的补充读物，二者在编纂时间上也有重合。所以，曹婉如理所应当就是侯仁之注释中提到的"两位同志"之一。至于另一位同志，暂不可考。

---

1 侯仁之主编《中国古代地理名著选读》第一辑，科学出版社，1959，序言第 iii 页。

第二篇：（二）跃进歌

一年的工作四十天干完，/四千年的历史一眼望到边，/看，生产决定了科学的成长，/看，最先进的地理思想从战斗里放射出光芒，/要把一条红线穿得长又长！

侯仁之为该诗加了两个注释：其一，"中国地理学史的编纂，原定一年完成，现定四十天内完成"，其二"所编中国地理学史，包括古今四千年"。这也揭示出该书写作的"大跃进"背景。在1960年1月写定并于1961年8月改写的序言中，侯仁之称："中国古代地理学简史的写作，是在1958年社会主义总路线的光辉照耀下和全民大跃进的鼓舞下开始的。这年八月，北京大学地质地理系和中国科学院自然科学史研究室的几位同志，不顾自己学识的浅陋，力量的单薄，坚决响应党的号召，在很短的时间内，集中力量，写成了古代部分的初稿。"[1] 序言中"很短的时间"正好对应注释中提到的"现定四十天内完成"。侯仁之在序言中提到"毛主席不但指示我们整理古代文化遗产的重要性，而且还明白告诉我们应该遵循的原则和道路"，也就是诗中所说的"一条红线"。

第三篇：（三）永远向前

在这场战斗里，/无产阶级科学研究的路线一定要胜利，/愿学花木兰坚决出征、勇敢向前，/但是不能再设想战争胜利后还要——"脱我战时袍，着我旧时裳"，/新开辟的科学研究方向，/将把我们带到更为辽阔的战场！

---

[1] 侯仁之主编《中国古代地理学简史》，科学出版社，1962，序言第1页。

平心而论，在编纂中国地理学史之前，侯仁之在这一领域并无多少学术积累。中国地理学史是侯仁之适应时代号召和教学实际所需而"新开辟的科学研究方向"。

1959年，《中国地理学简史》由北京大学地质地理系内部印行。该书为侯仁之在北大开设中国地理学史课程的讲义，其篇章结构和内容为日后出版的《中国古代地理学简史》一书打下基础。该讲义共六章，但第五章"半封建半殖民地时期地理学"和第六章"解放以后的地理学"，在此次内部印行及日后公开出版中均被删除。中国科学院副院长、新中国科学技术史研究的倡导者竺可桢曾阅读《中国地理学简史》初稿，他在1959年1月29日的日记中提到：

> 下午阅北大侯仁之和地理系同人所著《中国地理学简史》初稿，是不到一个月工作日内完成。分为第一章"原始公社和奴隶社会时期地理学"，其中包括《山经》(《山海经》的一部)与《禹贡》及《管子－地员篇》，第二、三、四章"封建社会时期的地理学"（28—78页），从秦起至鸦片战争（78—224页），第五章"半封建半殖民地时期地理学"pp.225—364（惟第五章尚未完全写好）。其中第一章材料极少，而第二、三、四章则材料很多，不大相称。[1]

竺可桢称《中国地理学简史》初稿在"不到一个月工作日内完成"，如此看来，侯仁之在该诗注释中所设定的"中国地理学史的编纂，原定一年完成，现定四十天内完成"进度基本实现。

1959年2月1日，竺可桢致函侯仁之，谈及其对《中国地

---

1 竺可桢：《竺可桢全集》第15卷，上海科技教育出版社，2008，第312页。

理学简史》的意见。据书信载：

> 一月廿三日惠书和《中国地理学简史》（初稿）第一、二部已拜读，甚佩贵校地质地理同人能于短期内写成十多万字巨著，网罗上下两千多年来的国人地理工作，提纲挈领地叙述出来，文字也极流畅。不愧为开国十年纪念中国科学史的礼品。[1]

当然，竺可桢也认为该书初稿尚有进一步修改完善的余地。侯仁之在1961年8月改定的《中国古代地理学简史》序言中说"我们企图将来在中国地理学史的近代部分中所要说明的"，这表明近代时期的中国地理学史编纂尚未正式完成。其实，早在1959年2月1日，竺可桢在日记中就提到：

> 上午阅侯仁之等著《中国地理学简史》初稿，共分六章，约15万字。我看了第一、二、三、四章，到明末时期。后两章，第六章讲解放以后尚未写好，第五章因我无时间所以未阅。[2]

最终正式出版的《中国古代地理学简史》只是讲到"封建社会时期的地理学（明至鸦片战争）"，未涉及近现代的中国地理学史内容。在后人看来，"去除鸦片战争以后的第五六两章按照页数计算，舍掉将近五分之三，实在令人遗憾，直接影响到对中国地理学史的全面认识和这一学科的整体建构"[3]。

---

1 竺可桢：《致侯仁之函稿[地理学史书稿审阅意见]（1959年2月1日）》，《竺可桢全集》第3卷，上海科技教育出版社，2004，第505页。
2 竺可桢：《竺可桢全集》第15卷，第313—314页。
3 辛德勇：《晾书与寿》，北京大学历史地理研究中心编《走近侯仁之：恭贺侯仁之先生百岁寿辰》，学苑出版社，2011，第243页。

正如侯仁之诗中所言，中国地理学史是其"新开辟的科学研究方向"。然而，侯仁之步入这一新开辟学术领域的起点，并不是 1958 年《中国地理学简史》的编纂或 1962 年《中国古代地理学简史》的出版。早在 1954 年 9 月 2 日，侯仁之就出席了中国自然科学史研究委员会成立会议。该委员会由竺可桢任主任委员，叶企孙、侯外庐任副主任委员，侯仁之与向达、李俨、钱宝琮、梁思成、刘仙洲、王振铎共 17 人当选为委员。在这一委员会中，侯仁之的分工就是地理学史。[1]1956 年 1 月 3 日，竺可桢召集刘仙洲、叶企孙、侯外庐等人参加《中国科学史》座谈会，侯仁之与王庸被指定为地理（地图）学史的作者。[2] 与此同时，侯仁之还与王庸、谭其骧讨论中国科学史十二年远景规划中的地理学史研究规划。[3] 遗憾的是，王庸于 1956 年 3 月突然去世，中国地理学史的研究编纂工作只能由侯仁之支持。

于是，侯仁之转入中国地理学史研究新领域。1956 年 9 月至 12 月，他从事"清初资本主义萌芽时期的中国地理学"课题研究。该课题的题目提出者、领导人、执行人均为侯仁之，合作单位则为中国科学院自然科学技术史研究委员会。侯仁之设定的研究目的为：

中国传统地理学的思想到了清初资本主义萌芽时期，发生了极大的变化，开始转入了一个新的发展方向，但没有得到进一步发展，这是中国地理学史的研究上具有关键性的一个问题。本论文将加以探讨，并作为中国科学院自然科学技

---

[1] 尤芳湖：《中国科学院成立中国自然科学史研究委员会》，《科学通报》1954 年第 10 期，第 492 页。

[2] 竺可桢：《竺可桢全集》第 14 卷，上海科技教育出版社，2008，第 268 页。

[3] 葛剑雄编《谭其骧日记·京华日记》，文汇出版社，1998，第 72 页。

术史研究委员会的专题之一。[1]

从表面看，侯仁之转入中国地理学史研究是应中国科学院主导的中国自然科学史研究委员会之需而进行的"集体主义"工作。1958年9月2日，《北京大学校刊》报道"侯仁之教授和科学院合作，正在赶写一部以辩证唯物主义、历史唯物主义为基础的'中国地理学史'，已经完成6万多字"[2]。1960年2月17日，《北京大学学刊》又刊文介绍北大地质地理系与中国科学院合编中国地理学史之事，并配发侯仁之与青年教师共同进行研究的合影（见图2）。[3]

图2 侯仁之与青年教师研究中国地理学史
（左起：1.徐兆奎；2.侯仁之；3.曹婉如）

---

1 《一九五六年科学研究计划》，北京大学档案馆藏《地质地理学系提高教学质量的决议和专业计划与专家谈话记录、人事调配、工资及学生名册、系存在问题讨论提纲、科研计划》，档案号：第0141956002卷。

2 《向国庆献礼，向我校党代会献礼——献礼宫巡礼》，《北京大学校刊》第267期，1958年9月2日，第5—6版。

3 《用新的成就迎接全国文教战线先代会》，《北京大学校刊》第347期，1960年2月17日，第3版。

实际上，身为北京大学地质地理系主任的侯仁之也有其自身的需求。经过1952年院系调整而设立的北大地质地理系，在专业设置和课程安排上必须打破旧体系，增添新内容。1952年9月，北大地质地理系1952级自然地理专业本科生入学。当时该系仅有自然地理专业，在其必修课程中就有地理学史课程，由侯仁之在四年级开设。所以，侯仁之转入中国地理学史研究领域的源头可以追溯到1952年。1953年6月25日，侯仁之主持北大地质地理系第十五次系务会议，讨论制订"过渡性的教学计划"。该教学计划在四年级课程中设有5学分的"地理学史"。据北京大学档案馆藏《北京大学各系科课程上课时间表（一九五四至一九五五学年第二学期）》载，侯仁之在1955年就为地质地理学系自然地理专业四年级开设地理学史课程，该课每周2学时，授课地点为地学楼305室。另据北大《1955—1956学年教学计划执行计划》载，侯仁之为地质地理系自然地理专业四年级开设地理学史课程，在第二学期开设，总共36学时，每周3学时。

可以说，进行中国地理学史的教学和科研，也是身为系主任的侯仁之为发展北大地理学而进行的新探索。1956年，北大地质地理系打算成立"历史地理及地理学史研究室"，而计划调入的师资就是谭其骧、黄盛璋、王庸三人。当然，这一计划并没有实现。所以，在北大地质地理系"中国地理学史"一课讲义基础上形成的《中国古代地理学简史》一书，其执笔者仅有侯仁之、徐兆奎、曹婉如三人。对该书提供指导的则是兼任中国地理学会理事长的竺可桢和中央文化部出版事业管理局副局长陈原。

侯仁之在第三篇诗《永远向前》中希望"新开辟的科学研究方向，将把我们带到更为辽阔的战场！"但是，在1962年7月《中国古代地理学简史》正式出版前后，侯仁之的学术研究的"主战场"已经转入沙漠历史地理考察。《中国古代地理学简史》内容的增补和续写，只能成为永远的愿景和遗憾。

（六）《内蒙古杂诗》四首（夏承焘，1963 年）

夏承焘（1900—1986），浙江温州人，当代著名的词学家、诗词作家，有"一代词宗"之誉。1963 年 6 月，时任杭州大学教授的夏承焘到内蒙古大学讲学，遇到了为进行沙漠历史地理考察而来的侯仁之。夏承焘在《内蒙古杂诗》中的第四首记录此事：

> 万卷书生未二毛，驱山鞭石作人豪。
> 小诗共记相逢地，敕勒川头白月高。[1]

该诗首句，夏承焘注释称"此谓所遇友人侯仁之教授等"。古汉语中"二毛"一词，本意为头发斑白，毛有黑白二色，代指初入老年之人。夏承焘年长侯仁之 11 岁，侯仁之时年 52 岁，故有"二毛"一说。

该诗收入《天风阁诗集》时将写作时间记作"一九六四年"。然检核《天风阁学词日记》所载，夏承焘 1964 年并无内蒙古之行。另据《夏承焘年谱》可知，1963 年 6 月夏承焘"赴北京师范大学及内蒙古大学讲词。作《内蒙古杂诗》（七绝四首）"[2]。今从后者，将《内蒙古杂诗》的创作时间定为 1963 年。

学界同侪从文学鉴赏的角度出发，认为《内蒙古杂诗》等诗是夏承焘在"新的诗词创作道路"上探索的结果，为"爱好诗词的同辈们所叹服"，体现出"诗词创作中的新意境"。[3] 久居东南

1　夏承焘著，吴无闻注《天风阁诗集》，浙江人民出版社，1982，第 134 页。
2　李剑亮编《夏承焘年谱》，光明日报出版社，2012，第 223 页。
3　王季思：《一代词宗今往矣——缅怀夏瞿禅（承焘）先生》，《王季思全集》第 5 卷《杂文集》，河北教育出版社，2005，第 326 页。

繁盛之地的夏承焘，之所以"飘萧白发出边关"，到建校不久的内蒙古大学讲授词学，是为了响应时代的号召。就侯仁之而言，他勇于走出书斋，投入西北六省区治沙事业中，同样开辟了历史地理学研究的"新意境"。夏承焘是克服了"旧体诗表现新现实"的困难，创作出《内蒙古杂诗》等代表作。侯仁之则是走出"旧圈套"去服务于新的现实要求。如侯仁之所言：

> 我还记得那是在1960年春天，我第一次向党、向我所在的单位的教师和学生公开表示了自己的决心——决心跳出小书房、跳出旧书堆、跳出烦琐考证的旧圈套，毅然决然走向沙漠、走向实际、走向科学实验所提出来的现实要求。……前途无限广阔，我决心在阶级斗争、生产斗争和科学实验的三大革命运动中，奋勇前进！[1]

1960年后的数年，侯仁之奋进在西北沙区的历史地理考察的新征程上，于是有了夏承焘与侯仁之的相逢。

侯仁之踏入沙海，开辟沙漠历史地理研究的新境界，并非自觉的主观意愿，而是"任务带学科"的客观需求。国家层面的治沙任务，教育领域的教学改革（1958年，北大开展"双反运动"，要求继续思想革命，"拔白旗"，"又红又专"），促使侯仁之从北京历史地理转入西北沙区历史地理。这一转变被侯仁之视为"自己一生的学术生活中一个十分重要的转折点"[2]。1963年六七月，侯仁之参加中国科学院治沙队乌兰布和沙漠工作组，带领"历史地理及考古专业组"考察了位于巴彦淖尔盟境内的乌兰

---

[1] 侯仁之：《听毛主席的话　走革命的道路》，《科学通报》1964年第10期，第858页。
[2] 侯仁之：《〈历史地理学的理论与实践〉序》，《历史地理学的理论与实践》，上海人民出版社，1979，序言第3页。

布和沙漠，完成《乌兰布和沙漠北部的汉代垦区》一文。

夏承焘诗称"小诗共记相逢地，敕勒川头白月高"，说明夏、侯二人是在"敕勒川"相遇。广义上的"敕勒川"也包括巴彦淖尔盟南部。巴彦淖尔盟是相逢地的可能性当然存在。不过，狭义上的敕勒川为今呼和浩特市一带的土默特平原。若取狭义，则相逢之地极有可能是呼和浩特（甚至就是在内蒙古大学）。内蒙古大学在建校之初就是北大的对口支援对象。1962 年 7 月 6 日，教育部通知北大同意任命侯仁之为副教务长。基于已有的校际合作关系，侯仁之在沙漠考察途中以北大校、系两级领导的身份造访内蒙古大学，并与在此讲学的夏承焘相见，这种推断成立的可能性较大。

（七）《"榆林城"读后》（吕振羽，1965 年）

1965 年 9 月 16 日，侯仁之的沙漠考察记《榆林城》刊于《光明日报》。身处囹圄的史学家吕振羽读后，曾作《"榆林城"读后》诗一首。这首收入《学吟集诗选》的七言律诗载：

岁岁也先鏖甲兵，防边无计拓边城。榆城三拓石台古。沙障九重林带青。
蒙汉融融族谊厚，关河觥觥舸车腾。边墙犹未绝烽火，曾记大河策马行。[1]

此诗又见于《吕振羽诗选》，"沙障"作"消障"[2]，当误。该诗前四句基本上是对侯仁之《榆林城》一文的概括，后四句则是吕振

---

[1] 吕振羽：《吕振羽全集》第十卷《学吟集诗选》，人民出版社，2014，第 376—377 页。
[2] 吕振羽著，江明、吕坚选编《吕振羽诗选》，吉林大学出版社，2000，第 267 页。

羽基于史学（尤其是民族史）立场的演绎。

1964年10月，侯仁之到甘肃兰州参加中国地理学会干旱区域地理会议，报告沙漠历史地理考察成果。据竺可桢10月17日日记载：

> 八点半参加治沙组，听侯仁之作《历史地理学在沙漠考察中的任务》。说陕北长城筑于明初叶，其时沙包在长城外，而目前沙已侵入长城内。向有榆林城因沙而三迁之说，但乏根据。……两篇均经热烈讨论。[1]

《历史地理学在沙漠考察中的任务》后刊于《地理》1965年第1期。这篇文章是侯仁之对沙漠历史地理考察的初步理论总结。文章认为：

> 为了向沙漠胜利进军，为了实现利用和改造沙漠的伟大计划，各有关学科必须更好地、更紧密地配合起来，首先从沙漠的实际情况出发，进行全面深入的调查研究，既要研究它的"今天"，也要研究它的"昨天"和"前天"；既要研究它本身的变化，也要研究它和周围事变的内在联系，只有这样才能得出科学的认识，找出其固有的规律作为实际行动的向导。[2]

此时，侯仁之已将基础理论性的历史地理学和实践性的沙漠治理结合起来，为沙漠历史地理研究在地理学领域内找到一席之地。

与发表在专业性会议和刊物上的学术论文不同，侯仁之在《光明日报》上发表的沙漠行纪则以非地理学人士为对象，着眼

---

[1] 竺可桢：《竺可桢全集》第17卷，上海科技教育出版社，2009，第266—267页。
[2] 侯仁之：《历史地理学在沙漠考察中的任务》，《历史地理学的理论与实践》，第40页。

于科学普及。吕振羽是长期参加革命的马克思主义史学家,未发现侯、吕有人生交集。吕从 1963 年 1 月 5 日就被秘密逮捕,羁押期间只能阅读《人民日报》《光明日报》。吕于是利用废报纸做稿纸,进行文章写作和诗词创作。1967 年至 1975 年,吕被正式逮捕入狱,失去读报写作自由。[1] 可见,《榆林城》1965 年初刊之时,吕、侯二人绝无见面的可能,而《"榆林城"读后》的初稿极有可能就写在废旧的《光明日报》上。

(八)《读侯仁之巨著赋呈》(于乃义,1980 年)

1979 年 9 月侯仁之代表作《历史地理学的理论与实践》出版,史家认为历史地理学研究的"复苏以侯仁之《历史地理学的理论与实践》的刊行(1979)始"[2]。1980 年 2 月,于乃义在读到《历史地理学的理论与实践》后赋诗一首(见图 3)。其诗云:

> 人间何事山河改?地理宏观指掌明。侯老硕文发奥旨,徐公游记展征程。
> 积年向慕雨霑足,今夕怀思弦共鸣。更喜红都新史志,群推椽笔树旗旌。[3]

诗中"地理宏观指掌明"一语,褒奖了侯仁之在历史地理学理论和方法论上的开拓性贡献。

于乃义(1915—1980),云南昆明人,曾任职于五华文

---

[1] 刘茂林、叶桂生:《吕振羽评传》,社会科学文献出版社,1990,第 199—209 页。
[2] 许冠三:《新史学九十年》,岳麓书社,2003,第 574 页。
[3] 该诗未刊,见于"于乃义文化纪念馆的博客",网址为 http://blog.sina.com.cn/u/3242202292。

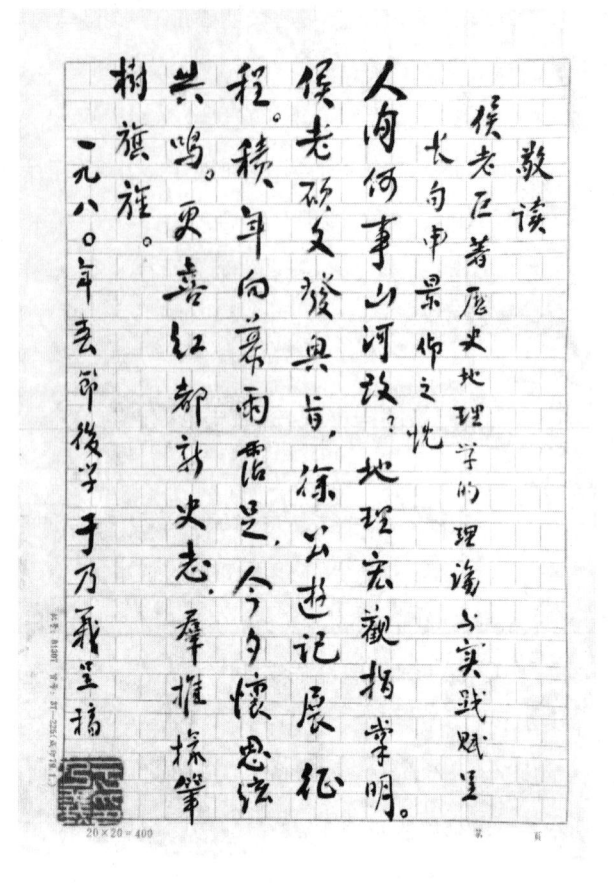

图 3 《读侯仁之巨著赋呈》（1980 年）

理学院、云南省图书馆，毕生致力于图书馆事业、云南地方文献整理，工诗词，作品辑为《于乃义诗词选》（未刊）。于乃义长期在云南工作，其与侯仁之交往的建立，当与其侄于希贤有关。"文革"后期，时任昆明师范学院史地系地理组教师的于希贤来京公干，在北大教授王瑶的引介下第一次与侯仁之交往，交谈中引起共鸣的话题之一就是《徐霞客游记》。[1] 侯仁之《徐霞

---

1 于希贤：《仁者寿——纪念吾师侯仁之教授百岁华诞》，《中华读书报》2011 年 11 月 23 日，第 7 版。

客和〈徐霞客游记〉》一文刊布时，曾将于希贤的两通来信作为附录。于乃义谙熟云南乡邦文献，对《徐霞客游记》的文献整理也较为关注，早年曾与其侄于希贤徒步考察徐霞客在滇池的史迹。

然侯仁之与于希贤师生情谊及侯仁之与于氏叔侄的交往何时建立？当事人的说法颇令人费解。前引于希贤2011年祝寿文字称他是"1977年3月初"因参与"云南农业地理"的研究到北京出差，因而有机会拜见侯仁之，然后"我离开北京即赶赴上海参加'世界地理'学术会议"。这次会议当为1978年春在上海浦江饭店召开的第二次世界地理学术交流与工作会议。[1] 如果于希贤果真是在上海第二届世界地理学术交流与工作会议之前见到侯仁之，则此次会面当在1978年初。不过，此前于希贤又称"1977年底，我因云南农业地理事到北京出差，住在中关村科学院招待所"[2]，因而有机会在王瑶的引介下拜会侯仁之。所述虽为一事，但前后时间差距较大。然而，更大的时间差距则见于侯仁之"文革"前所招研究生朱士光1976年4月25日的日记。当日日记载：

> 中午于乃义先生偕其侄于希贤同志来回拜，并赠辛老诗一首。希贤同志是昆明师范学院史地系教师，今春刚去北京，拜会了我在北京大学读研究生时的导师侯仁之教授，侯师还向他介绍了我。今天在我即将离开他的家乡昆明之际竟能见

---

[1] 世界地理学术会议第一次召开是在1965年春的广州，第三次召开是在1981年9月的厦门。参见徐成龙《"第三次世界地理学术会议"简介》，《世界地理集刊》第四集，商务印书馆，1982。

[2] 于希贤：《松、梅、竹、菊颂》，尚淳、李源编著《安身立命之道：为学与为人》，中国致公出版社，1999，第127页。

面,真是幸会。[1]

倘若所言非虚,则侯仁之与于希贤的首次会面当在 1976 年春,而非于希贤所称的 1977 年或者更晚。

朱士光去云南是为编写《中国水土保持概论》而进行实地考察。该书 1982 年出版时,前言称辛树帜"1976 年以八十二岁高龄,还带领编写组部分同志赴四川、云南、广西、湖南、江西、湖北等省、自治区进行现场考察"[2]。辛树帜 1977 年 10 月 24 日病逝于西安,此次考察只能在此时间断限之前进行。又,朱士光的女儿出生于 1976 年 6 月 17 日,是在朱士光结束此次考察之后。朱士光赴南方考察的日记始于 4 月 7 日,止于 5 月 26 日,途中见闻记载较详。据此,可断定侯仁之与于希贤的初识当在 1976 年春,其与于乃义的相识应在此之后。1976 年 12 月 9 日,侯仁之复信于希贤,答复其有关云南图书馆所藏顾炎武《肇域志》的咨询。这也是侯仁之与于希贤相识于 1976 年春的佐证之一。

1980 年 12 月,于乃义因病逝世。侯仁之致挽联"体弱不禁风,热忱可融世间冰雪;志久而弥坚,苦乐常通乡邦书翰"[3]。于乃义为人谦逊,虽然与侯仁之年龄相差无几,却称之为"侯老""前辈",并视之为积累资料、利用文献的典型:

> 侯仁之是历史地理学专家,从任教西南联合大学,到现在主持北京大学地理研究工作,积累了亲身调查的有关历史

---

1 朱士光:《辛树帜先生南方水土保持考察纪行——1976 年随辛老赴南方考察水土保持工作日记摘抄》,西南大学历史地理研究所编《中国人文田野》第 4 辑,巴蜀书社,2011,第 19 页。

2 辛树帜、蒋德麒主编《中国水土保持概论》,农业出版社,1982,前言第 1 页。

3 侯仁之:《于乃义先生千古》,《于乃义先生哀挽录》(内部资料),1981,第 14 页。

地理资料。不但突破了以往研究者仅从地理的政区编制来看沿革的局限,并且开创地貌景观来看待这门边缘科学。现在正以他的丰硕成果为中国城市建设规划和首都改造新貌,还对沙漠地区研究作出更大的贡献。这和他几十年积累资料的辛勤劳动分不开。……。以上是举"见而知之"的楷模,说明任何学者都要重视掌握资料,我们图书馆或科技情报工作者以资料为专业,更不能等闲视之。[1]

文中称侯仁之任教西南联合大学,显系误笔,但也反映出于乃义并不谙熟侯仁之的生平履历。于乃义诗中虽称"积年向慕雨霑足",恐怕更多是神交,而无现实中的"深交"。

作为在地方文献学上深有造诣的专家,于乃义于1979年应侯仁之之邀参与筹划《北京市志》的纂辑工作。[2]于乃义熟悉方志学,又因其侄于希贤的中介,故而得以参赞北京史志编纂工作。这也就是本节开篇所引诗提到"更喜红都新史志"的缘由。"红都"当指新中国的首都北京。学界熟知的《北京历史地图集》在启动之初,实际上是北京地方志编纂工作的一部分。1980年7月,《北京历史地图集》编辑组第一次工作会议召开,会上宣读了北京市政府领导对"关于编制《北京历史地图集》的请示报告"的批文。1983年10月24日,时任中共北京市顾问委员会主任、原北京市市长焦若愚做出批示,称"这一成就对编写北京市地方志贡献很大,希望仁之同志能牵头组织北京地方志的编制工作"。

上节提到侯仁之与吕振羽的隔空神交,巧合的是,于乃义和

---

[1] 于乃义:《立志终身做一名资料员,学习前辈的有益经验举隅》,《于乃义先生哀挽录》(内部资料),1981,第10页。该文原刊于《云南图书馆季刊》1981年第1期。

[2] 唐仿寅:《于乃义先生事略》,中国人民政治协商会议云南省昆明市盘龙区委员会文史资料委员会编《昆明市盘龙区文史资料选辑》第5辑(内部资料),1990,第64页。

吕振羽"神交三十余载",也有诗词唱酬。吕振羽去世后,于乃义在 1980 年 7 月作词《望海潮·悼吕振羽同志》。词中有"岂忧十载沉冤?!正颂扬祖国,奋写三千。彩笔创新,谦称'急就',韵歌雅乐诗笺"一句。该句注释称"吕振羽同志蒙冤幽禁中,用旧报纸写下三千首诗词……为史学开创新体裁,《咏史诗》可见一斑"[1]。据吕振羽夫人所称,于乃义"素日重视振羽论著,对他蒙冤幽禁中所写之千首诗词尤为关切,一再致意"[2]。我们无法断定侯仁之是否读到吕振羽的《"榆林城"读后》,但于乃义读到它的概率可能比侯仁之要高。

(九)《无题》(侯仁之,1986 年)

1986 年 10 月中旬,侯仁之、张玮瑛夫妇应邀实地考察黄山风景区,在途中为太平湖题诗一首,名为《无题》:

山外山,湖外湖。湖外有山,山外有湖。山湖之胜,举世所无。山湖之间,人杰地灵。新兴城市,旅游枢纽。肇建之始,植基永固。[3]

该诗简要描述了太平湖的景观特征及其历史、现实意义。诗中"新兴城市,旅游枢纽"一语当为对黄山市(1983 年由太平县改置)的总体评价。侯仁之此行是以专家组组长的身份对黄山市建成中国特色世界公园的可行性进行论证。此时,侯仁之无意中卷

---

1 于乃义:《望海潮·悼吕振羽同志》,《文献》1980 年第 2 辑,第 6 页。
2 江明:《唁函》,《于乃义先生哀挽录》(内部资料),1981,第 6 页。
3 凌阜生:《近现代名人在黄山区的游踪及诗作》,黄山区政协学习文史资料委员会编《黄山文史》(内部资料),2001,第 147—148 页。

入一场旅游资源开发与行政区划调整的风波之中。

太平湖地处黄山、九华山之间，今属安徽省黄山市黄山区辖，是黄山风景区的组成部分。1970年，泾县修建陈村水库，蓄水后库区因主体位于太平县，故改属之，1979年改称太平湖。1979年7月，邓小平在时任安徽省委主要负责人万里的陪同下游览黄山，发表"黄山谈话"，做出"把黄山的牌子打出去"的指示。随着黄山风景区旅游事业的发展，以农业经济为底色的太平县政区设置以及旅游资源的政区条块分割等矛盾凸显。为化解这一矛盾，太平县于1983年12月被撤销，以原县域及歙县、石台县的部分地域和黄山管理局辖区新置省直辖的黄山市（县级市）。新设黄山市政区的主体继承自太平县，政府驻地位于甘棠镇。太平县政府驻地原设于仙源镇，后因拟修筑陈村水库，担心未来县城被淹，遂于1963年迁治甘棠镇。太平县始置于唐代天宝四年（745），治所位于今仙源镇，此后长期保持稳定。1959年3月，石埭、太平二县合署办公，后整合为新的太平县，仍驻仙源镇。而石埭县的历史同样久远，始置于唐上元二年（761），治故广阳镇（今黄山区广阳乡南）。1959年，石埭县并入太平、祁门二县。1965年7月，以太平县陈村水库以西原石埭县及贵池县一部分重设石埭县，改县名为石台，改驻地为七里街（后称七里镇）。太平湖蓄水后，原石埭（台）县治故广阳镇被淹没。通过上述对沿革地理的梳理可见，黄山市（今黄山区）的前身太平县、石埭县在"肇建之始"并不在甘棠镇，原来的治所一个被水淹没，一个差点被水淹没，似乎谈不上"植基永固"。侯仁之诗中所要表达的，或许是对1983年新设黄山市的未来期许。

可是黄山市的政区设置也谈不上"根基永固"。黄山市在设置之初就存在"局管市""山上管山下"的弊端。1986年6月，为理顺管理体制和调整利益关系，黄山管理局改由省和徽州地区双重领导，黄山市由徽州代管。此举并未化解矛盾，反而衍生出黄山市、黄山管理局、徽州地区、安徽省乃至国家城乡建设环境保护部之间的利益纠葛。此前，赴黄山市参加全国德育讲习班（一说"全国高校德育研讨会"）的百余所高校的部分教师发出"全面援助和加快建设未来的世界公园——黄山市"的倡议。这一倡议得到胡子昂、钱昌照、周培源、费孝通、吴传钧、侯仁之等50多位社会知名人士的响应，他们在《光明日报》上发出"将黄山市辟为中国的世界公园，进行重点建设，请有关部门协助黄山市搞好黄山、太平湖、樵山神仙洞综合统一规划，建设黄山机场，尽快改善内外交通，增加和改善服务设施，提高服务质量，以充分发挥这个地区的天然优势，为中国人民造福！为全人类造福！"[1]的倡议（见图4）。不久之后，《光明日报》又刊发黄山市82名干部、群众的联名信，表示热烈欢迎胡子昂等人的建议。[2]

上述倡议和意愿固然有良好的出发点，但其实质就是担心被徽州地区代管后县级黄山市丧失其特殊性和相对独立性，景区管理和经济利益蒙受损失。黄山市的归属一时间成为舆论焦点，时任国务院代总理万里就此做出批示。1986年10月，侯仁之率领由中国社会科学院、清华大学、新华社、光明日报等单位组成的黄山世界公园考察团，到黄山风景区、太平湖、樵山神仙洞等地考察，撰写黄山世界公园可行性考察报告。[3]侯仁之被委任为世界公园可行性研究组组长。

促成此行的官方背景，恐怕就是万里的指示。在此之前，侯仁之与万里已经建立较为密切的联系。1958年，万里在负责北京十大建筑时，曾委托侯仁之进行地下埋藏古河道研究。1962

---

1 《胡子昂、钱昌照、周培源等五十多位著名人士联名建议：将黄山市辟为中国的"世界公园"》，《光明日报》1986年7月9日，第2版。
2 《竭尽心力建设中国的世界公园——黄山市干部群众来信表示热烈欢迎胡子昂等五十多位人士的建议》，《光明日报》1986年7月23日，第1版。
3 《阅读徽州》编委会编《阅读徽州》，中国科学技术大学出版社，2015，第48页。

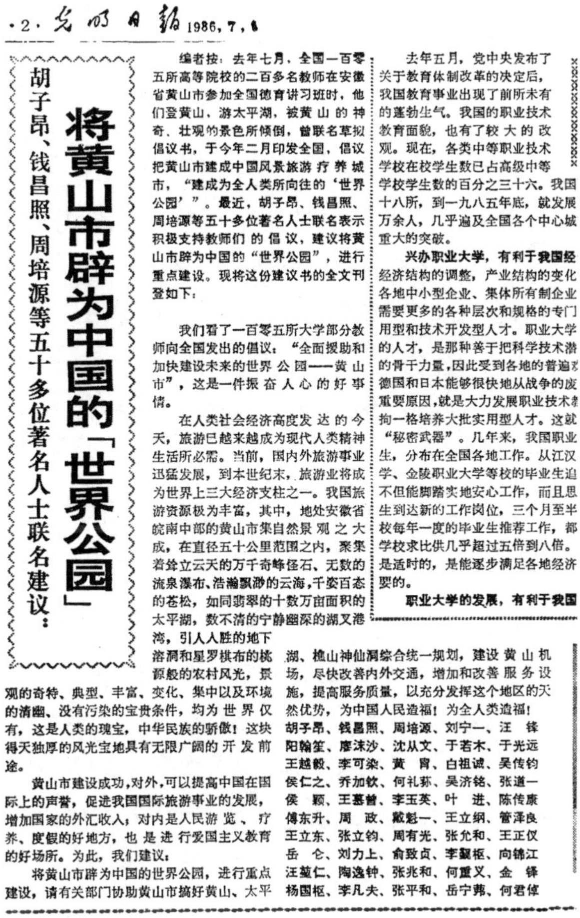

·2· 光明日报 1986，7，8

将黄山市辟为中国的「世界公园」

胡子昂、钱昌照、周培源等五十多位著名人士联名建议：

编者按：去年七月，全国一百零五所高等院校的二百多名教师在安徽省黄山市参加全国德育讲习班时，他们登黄山、游太平湖，被黄山的神奇、壮观的景色所倾倒，曾联名草拟倡议书，于今年二月印发全国，倡议把黄山市建成中国风景旅游疗养城市，“建成为全人类所向往的‘世界公园’”。最近，胡子昂、钱昌照、周培源等五十多位著名人士联名表示积极支持教师们的倡议，建议将黄山市辟为中国的“世界公园”，进行重点建设。现将这份建议书的全文刊登如下：

我们看了一百零五所大学部分教师向全国发出的倡议：“全面援助和加快建设未来的世界公园——黄山市”，这是一件振奋人心的好事情。

在人类社会经济高度发达的今天，旅游已越来越成为现代人类精神生活所必需。当前，国内外旅游事业迅猛发展，到本世纪末，旅游业将成为世界上三大经济支柱之一。我国旅游资源极为丰富，其中，地处安徽省皖南中部的黄山市集自然景观之大成，在直径五十公里范围之内，聚集着耸立云天的万千奇峰怪石、无数的流泉瀑布、浩瀚飘渺的云海，千姿百态的苍松，如同翡翠的十数万亩面积的太平湖，数不清的宁静幽深的湖叉港湾，引人入胜的地下溶洞和星罗棋布的桃源般的农村风光，景观的奇特、典型、丰富、变化、集中以及环境的清幽、没有污染的宝贵条件，均为世界仅有，这是人类的瑰宝，中华民族的骄傲！这块得天独厚的风光宝地具有无限广阔的开发前途。

黄山市建设成功，对外，可以提高中国在国际上的声誉，促进我国国际旅游事业的发展，增加国家的外汇收入；对内是人民游览、疗养、度假的好地方，也是进行爱国主义教育的好场所。为此，我们建议：

将黄山市辟为中国的世界公园，进行重点建设，请有关部门协助黄山市搞好黄山、太平湖、樵山神仙洞综合统一规划，建设黄山机场，尽快改善内外交通，增加和改善服务设施，提高服务质量，以充分发挥这个地区的天然优势，为中国人民造福！为全人类造福！

胡子昂、钱昌照、周培源、刘宁一、汪　锋
阳翰笙、廖沫沙、沈从文、于若木、于光远
王越毅、李可染、黄　胄、白祖诚、吴传钧
侯仁之、乔加钦、何礼荪、吴济铭、张道一
侯　颖、王惠曾、李玉英、叶　进、陈传康
傅东升、周　政、戴魁一、王立纲、管泽良
王立东、张立钧、周有光、张允和、王正仪
岳　仑、刘力上、俞致贞、李甄柩、向锦江
汪篯仁、陶逸钟、张兆和、何重义、金　锋
杨国枢、李凡夫、张平和、岳宁莽、何君倬

去年五月，党中央发布了关于教育体制改革的决定后，我国教育事业出现了前所未有的蓬勃生气。我国的职业技术教育面貌，也有了较大的改观。现在，各类中等职业技术学校在校学生数已占高级中等学校学生数的百分之三十六。我国十八所，到一九八五年底，就发展万余人，几乎遍及全国各个中心城重大的突破。

兴办职业大学，有利于我国经经济结构的调整，产业结构的变化各地中小型企业、集体所有制企业需要更多的各种层次和规格的专门用型和技术开发型人才。职业大学的人才，是那种善于把科学技术潜的骨干力量，因此受到各地的普遍欢德国和日本能够很快地从战争的废重要原因，就是大力发展职业技术教拘一格培养大批实用型人才。这就“秘密武器”。几年来，我国职业生，分布在全国各地工作。从江汉学、金陵职业大学等校的毕业生追不但能脚踏实地安心工作，而且思生到达新的工作岗位，三个月至半校每年一度的毕业生推荐工作，都学校求比供几乎超过五倍到八倍。是适时的，是能逐步满足各地经济要的。

职业大学的发展，有利于我国

图 4 《将黄山市辟为中国的“世界公园”》倡议书（1986）

年 6 月，在北京市第四届人大第一次会议上，侯仁之入选主席团，并当选市人民委员会委员，万里则当选为副市长。侯仁之与万里始终维持着较好的情谊，万里为《北京历史地图集》题写的书名就是例证之一。如同 1983 年 8 月侯仁之受命陪同时任国务院副总理万里、李鹏视察陕西安康洪灾一样，当黄山在 1986 年遇到景区管理体制和政区设置上的重大争议时，侯仁之再次受万里委托前往调研。

1986 年的黄山之行在侯仁之的学术人生中鲜有提及，公之于众的只是一帧他与夫人在黄山遥望"梦笔生花"的合影。这一轮围绕黄山旅游资源开发权益的博弈，最终以1987年11月徽州地区的撤销和黄山市（地级市，驻屯溪）的设立而暂告一段落。[1] 单纯从地名学的角度考量，此举导致了"黄山风景区""黄山区""黄山市"在地名专名上的重合，显然是地名管理上的倒退。但在当时，这可能是最现实可行，最为各方所接受的折中方案。在这一博弈过程中，"'大黄山市'因'黄山景区'对'黄山区'经济利益进行盘剥的现象是决定该问题的一个关键"[2]。对于这一问题，侯仁之束手无策，只能沉默。

（十）《擦不去的》（熊秉明，1993年）

1993年，侯仁之最后一次在北京大学开设全校选修课"北京历史地理"。从1933年在燕大附中兼课算起，本年为侯仁之从事教育活动60周年。为纪念此事，侯仁之当年教过的学生，法籍华裔艺术家熊秉明（1922—2002，其父为数学家、清华大学教授熊庆来）题赠自己创作并书写的新诗《擦不去的》（见图5）。其诗云：

黑板映在孩子们眼睛里/我在孩子们眼睛里写字/写了又擦去/擦去了又写/写了又擦/擦了又写/有些字是擦不去的么？/我在孩子们眼睛里写字。[3]

---

[1] 安徽省地方志编纂委员会编《安徽省志·建置沿革志》，方志出版社，1999，第715页。

[2] 薛莹：《论旅游区域与行政区域的关系——以黄山市为例》，《经济地理》2003年第6期，第788页。

[3] 熊秉明：《熊秉明文集》第四卷《诗与诗论》，文汇出版社，1999，第24页。

在《擦不去的》书法立轴的题记中，熊秉明交代了创作及书写这首诗的背景：

> 仁之先生执教六十年，一九九三年告别杏坛讲"最后一课"。我乃是他拿起粉笔时听他"第一课"的初中学生，俯仰今昔，谨录小诗以为纪念。我在巴黎教西方学生汉语，十年后一日忽觉母语出口有似天籁，最简单的语句即是音乐，即是美文，即是诗，遂作"教中文"组诗二十余首，此其一。秉明，时年七十又一。[1]

此处提及的二十余首"教中文"组诗，是熊秉明的诗歌代表作。在《熊秉明文集》中，《擦不去的》题名为《写字（一）》。此诗并非专为侯仁之所作，有人误将此诗当成熊秉明 1997 年送给侯仁之的赠诗，可能是受侯仁之影集所收 1997 年熊秉明与侯仁之、张玮瑛夫妇合影的误导。[2] 如果进而演绎出"在中国文化遗产保护的历史上，在北京城千秋万代的记忆中，侯仁之写下的字迹，也是永远擦不去的！"[3] 的感叹，只能说是误读了熊秉明创作该诗的初衷。当然，熊秉明在 1993 年将此诗"移花接木"转赠给侯仁之并无违和之感。

梳理侯仁之与熊秉明的师生情缘可以发现，《擦不去的》立轴题记中的"最后一课"有其深意，并非仅指侯仁之执教生涯的最后一课。1935 年 3 月 18 日，侯仁之在燕大附中年级周会上发表

---

1 熊秉衡、熊秉群：《父亲熊庆来》，云南教育出版社，2015，第 140 页。
2 北京大学历史地理研究中心编《有情君未老——侯仁之九十五华诞影集》，北京大学出版社，2006，第 123 页。
3 卞毓方：《千手拂云千眼观虹——季羡林、钱学森、杨绛、侯仁之、陈省身、黄万里的人生比较》，作家出版社，2011，第 246 页。

图 5　侯仁之介绍熊秉明《擦不去的》诗作（侯艺兵摄）

纪念"三·一八惨案"的演讲，专门提到法国小说家阿尔丰斯·都德（Alphonse Daudet，1840—1897）的《最后一课》。据熊秉明日记载：

> 级周会，侯先生悲愤的演讲震动了所有在场的年轻学子。侯先生从"三一八"惨案说到日本的侵略，说到《最后一课》，然后沉痛地说："你们或许也会读到最后一课，如果还嬉皮笑脸，如果还不振愤而起，那才真对不住我们的先烈

呢！……我们为他们立起来吧！……立起来！"先生的眼眶湿了，喉哑了，我的心好似不跳了，我被引到可怖的世界里，在旗杆一半处的国旗好像在挥泪……三分钟过去了，先生用手巾（搭搭）〔擦擦〕泪，继续说："坐下吧！你们现在都在和美国青年、法国青年、德国青年赛跑呢，你们已经落在后面，如果不比他们努力怎能赛过他们呢？努力呀！亡国了没有关系，如像波兰，几百年在欧洲地图上找不到它的影子，现在它又来了！亡国没有关系，只要你们的心不死！"这悲哀的一天永久深刻在我的脑里。[1]

《最后一课》自1920年入选上海商务印书馆出版的《白话文范》之后，一直保留在语文教科书中，成为百年教科书的经典名篇。[2] 侯仁之在演讲中提到的《最后一课》，理应就是这篇入选教材的小说。如此看来，熊秉明在侯仁之执教60年之际提到"最后一课"，并不是可有可无的闲话。

侯仁之将在燕大附中兼课视为自己教龄的开始。正是有了这段经历，侯仁之才得以结识熊秉明、曹天钦这样的杰出人才，缔结终生的交情。侯仁之与燕大附中学生以诗歌为媒介的交往，不限于熊秉明一例。有据可查的另一案例就是日后成为著名生物化学家的曹天钦。曹天钦在1945年11月17日致信石泉，提到"忆初三时曾为仁之师写诗一首，形容修路者为行人所忘记，当时仁师颇不以为然"[3]。曹天钦为侯仁之写的是旧体诗还是现代诗，诗的内容是什么，这些问题今已无从查考。我们所能确知的就是，无论是在国内还是英伦，侯仁之与曹天钦都一样维持着友情。

---

[1] 熊秉衡、熊秉群：《父亲熊庆来》，第138页。
[2] 林长山：《〈最后一课〉在百年教科书中的呈现形态》，《语文建设》2017年第1期，第61页。
[3] 《石泉文集》，武汉大学出版社，2006，第780页。

（十一）《赠〈黄河文化〉主编侯仁之教授》（赵朴初，1994年）

1994年11月30日，侯仁之主编的《黄河文化》首发式暨专题研讨会在人民大会堂举行，雷洁琼、程思远、赵朴初等人与会（见图6）。赵朴初作七言古诗《赠〈黄河文化〉主编侯仁之教授》（见图7）：

图6　在《黄河文化》发布会上与赵朴初相聚（1994年）

黄河之水天上来，泱泱风教自兹开。
感君数典不忘祖，千丈高松万代栽。[1]

诗中"泱泱风教自兹开"一语肯定了黄河文化在中华文明演进史上的地位和作用。而"感君数典不忘祖"一语在特殊时代背景下

1　《赵朴初韵文集》，上海古籍出版社，2003，第663页。

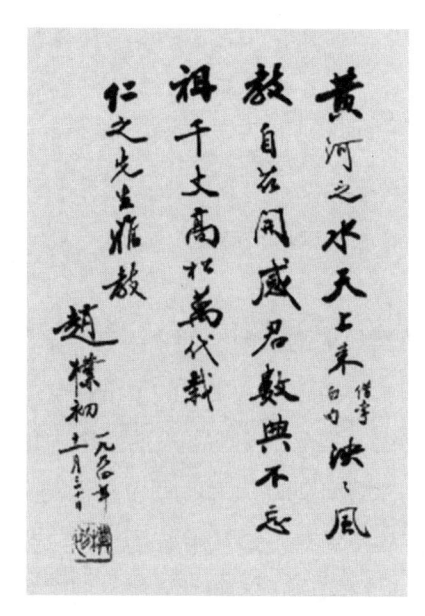

图 7　赵朴初作七言古诗《赠〈黄河文化〉主编侯仁之教授》

则有其深意。

《黄河文化》的策划始于 1990 年 1 月，华艺出版社的周鹤、孔德祺向侯仁之提出选题。2 月 6 日，以侯仁之为首的编委会与出版社负责人召开编辑会议。华艺出版社成立于 1986 年 10 月，由凯利实业有限公司主办和主管，其编辑出版以"弘扬中华文化、促进海峡两岸文化交流"[1] 为宗旨。从表面看，由该出版社策划及出版《黄河文化》不足为奇。但这家出版社的背景并不平常，其上级领导部门是军方的原总政治部。据该书的编委和执笔者之一回忆：

> 该书是解放军系统的华艺出版社组织编写。写书的初衷

1　许力以主编《中国出版百科全书》，书海出版社，1997，第 102 页。

是，当时有人写了一本《河殇》的书，该书认为中华文化落后，是与黄河有关，是黄河造成的。该书出版后，立即遭到各种媒体的广泛批判。华艺出版社要编写的《黄河文化》，就是要颂扬中华文化，表明中华文化并不落后，我国历史上有着光辉灿烂的文化。[1]

了解当代史的人都知道《河殇》不只是一部书，而是在20世纪80年代末期有较大影响的政论性电视专题系列片。在批评者看来，"《河殇》实际上唱的是一曲整个中华民族的葬歌。它不仅宣告了所谓'黄河文明'（即中华文化）的夭折和衰亡，而且是对一个伟大民族及其悠久文化传统的全盘否定"[2]。在此背景下，侯仁之主编《黄河文化》则显得意味深长。据该书的常务副主编回忆：

1988年，有一个出版社的人来讲，想出关于黄河的书《黄河文化》。当时整个国家仿佛没有精神支柱，在这样的情况下，希望侯先生站出来为中华民族文化做这个事情……1994年这书出版后，五个国家领导人来出席图书的首发式。这书写了六年，序是侯先生写的。写《黄河文化》，侯先生提出了母亲河的概念，现在这个概念是深入人心了。[3]

虽然是亲历者所言，但其表述似有可商之处。尤为关键的是，侯

---

[1] 王守春：《学术泰斗仁慈长者——回忆侯先生六件事》，北京大学历史地理研究中心编《走近侯仁之：恭贺侯仁之先生百岁寿辰》，第270—271页。

[2] 林默涵：《〈河殇〉宣扬了什么？》，《林默涵文论》，文化艺术出版社，2016，第500页。该文写作并定稿于1988年10月，后署笔名"易家言"刊于《人民日报》1989年7月19日头版，并加有"编者按"。

[3] 樊克宁：《侯仁之：一个守望大地的人》，《呆在原地：与世纪学人面对面》，广东人民出版社，2013，第68—69页。

仁之是否提出了"母亲河的概念"。侯仁之在序言中只是提到"黄河母亲"。在《黄河文化》的扉页上印有落款时间为1994年10月的"谨以此书献给孕育华夏文明的母亲河——黄河，献给所有关心她、爱护她，并为之奋斗的人们"。此语的落款者为"《AGEPASS》黄河水体纪念碑项目组织委员会、《黄河文化》编委会"，并非侯仁之本人。

黄河"母亲河"的概念只是一种文学性表述。但这一表述牵扯出该书更深层次的官方背景。黄河水体纪念碑（亦即旅美画家陈强策划的"AGEPASS——黄河的渡过"观念艺术作品）是得到文化部、水利部黄河水利委员会、中国美术家协会等单位支持的文化工程。1994年6月29日，《黄河的渡过》工程组委会在北京钓鱼台国宾馆成立，时任中共中央政治局常委、全国政协主席李瑞环出席大会，田纪云、叶选平当选为组委会名誉主席，黄华当选为主席。次年，由李瑞环题写碑名的黄河水体纪念碑在山东东营落成，孙孚凌、李德生等政要出席落成典礼。将黄河水体纪念碑项目组织委员会和《黄河文化》编委会的一段话印在该书的扉页，不是"鸠占鹊巢"之举，而是彰显了这部书的官方色彩。

由此反观侯仁之所确定的全书主题思想，实际上契合了特定时代背景下主流意识形态的诉求。1990年2月，侯仁之在规划全书的主题思想时指出"黄河文化的发展，终于铸成了坚忍不拔、百折不挠、勤劳刻苦、奋发前进的民族性格"[1]。这一主题思想也就是从正面肯定黄河文化的价值，否定传统文化的"夭折和衰亡"论调。基于这一认识，接下来要做的就是"在马克思主义的指导下批判地继承祖国的传统文化，古为今用，推陈出新，是建设有中国特色的社会主义新文化的必由之路"[2]。

---

1 陈梧桐等：《〈黄河文化〉后记》，侯仁之主编《黄河文化》，华艺出版社，1994，第563页。
2 侯仁之：《〈黄河文化〉序》，侯仁之主编《黄河文化》，第2页。

《黄河文化》的酝酿和出版多少带有特定时代背景下的军方、官方色彩，但该书仍不失为"一部具有历史性的文化地理著作"[1]。更为重要的是，侯仁之承担这部书的主编之责，既是其仿照《尼罗河传》(The Nile: The Life-Story of a River)撰写《黄河传》夙愿的了结，也是出于建设"有中国特色的社会主义新文化"的责任担当。侯仁之基于传统文化的扬弃而建设社会主义新文化的观点是一以贯之的，并未因为《黄河文化》沾染其他色彩而加以改易。回到赵朴初的赠诗语境，侯仁之维持了一个历史地理学者"数典不忘祖"的学术良知。

（十二）《乙亥中秋佳节喜见燕京学报新一期，感赋呈仁师侯老》（周汝昌，1995年）

1995年8月，由侯仁之撰写发刊词的《燕京学报》新一期由北京大学出版社出版。红学泰斗周汝昌读后作《乙亥中秋佳节喜见燕京学报新一期，感赋呈仁师侯老》一首。其诗称：

> 再续斯文孰主张？巍巍一老意辉煌！半轮燕瓦旧风采（封面装帧），廿首鸿题新墨香。鼎重众擎心易举，途修同迈器难量。唤回五十年前梦，悲喜盈襟感亦伤。（中秋次朝，年七十七，双目俱损，不能庄书，乞宥。）[2]

从诗中的时间信息不难判断，该诗作于1995年9月10日。周汝昌于1940年秋入燕大西语系求学，此时侯仁之已是燕大教师。

---

1 王恩涌等编著《中国文化地理》，科学出版社，2008，第15页。
2 该诗为逸散手稿，流入民间，付诸拍卖，未见于周汝昌已刊著作集中。但从笔迹、风格及所叙之事判断，可排除他人有意作伪可能。

据北大档案馆所藏燕大旧档所载，1950年6月8日燕大教务委员会常委会召开第二十一次会议，讨论周汝昌等40名优秀毕业生的人选名单。为昭郑重，时任燕大学生生活委员会主席、校事务委员会委员的侯仁之还专门与学生代表对获奖者名单进行了审核。[1] 侯、周二人虽然年龄相差不大，却有师生之谊，故周汝昌在诗题中有"呈仁师侯老"之语。

侯仁之自称"我从燕京大学来"，积极主张赓续燕大优良学术传统，期望恢复燕大建制。为此，侯仁之主导或参加燕京大学北京校友会、燕京研究院的成立，热衷于燕大校友返校节活动，主编《燕京大学人物志》和新《燕京学报》等。周汝昌"巍巍一老意辉煌"一语，也正是歌颂侯仁之传统燕大精神之功。

周汝昌在这首创作于1995年的诗中提到"唤回五十年前梦"，实际上是暗指1945年恢复燕京大学之事。当时，侯仁之是燕大复校工作委员会的骨干之一。时至20世纪八九十年代，燕大海内外校友多有恢复燕京大学的呼吁。此事难度太大，只能走"曲线复校"路线。1993年1月，由燕大北京校友会和北大分校合办的燕京研究院经北京市高教局批准成立。次年4月，燕京研究院董事会第一次会议在临湖轩举行，侯仁之当选院长。该年正是燕大建校七十五周年，有规模较大的纪念活动。侯仁之主持燕京研究院举办的科学报告会，由周汝昌做题为"《红楼梦》在中华文化史上的位置"的报告。

在恢复燕大建制几无可能的情况下，《燕京学报》的复刊就成了继承燕大精神（亦即诗中所称"再续斯文"）的重要手段。1994年2月，新《燕京学报》编委会第一次会议召开，确定由侯仁之、周一良任主编。1995年出版的《燕京学报》新一期收

---

[1]《教务委员会常委会第二十一次会议记录》（1950年6月8日），北京大学档案馆藏燕京大学档案，档案号：第YJ49001卷。

录周汝昌、王剑英、王锺翰、王辅仁、王世襄、陈梦家、徐苹芳、林耀华、林庚、周一良、吴小如等燕大故人的20篇学术论文,也就是周汝昌诗中所称的"廿首鸿题新墨香"。

《燕京学报》复刊初期的经费来自海外校友的捐赠,经费难以长期维系。为此,侯仁之与周一良主张由美国哈佛燕京学社提供经费支持。于是,侯仁之在1996年秋访问哈佛燕京学社商谈办刊经费问题。在从别处听到杜维明对编委会年龄老化的忧虑后,侯仁之主动提出辞呈。2001年10月,杜维明在拜访侯仁之夫妇时表态继续积极支持新《燕京学报》的编辑出版。燕大校友(尤其是学报编委会成员)的日渐凋零,新《燕京学报》的前途可想而知。2013年10月23日,时任校长前往侯仁之燕南园寓所吊唁,称校方拟将静园(原燕大女生宿舍)辟为"燕京图书馆"或"燕京研究院"。而成立于20世纪90年代初的燕京研究院,如同其他老燕大的旧人旧物,早已物是人非或名存实亡。

(十三)《恭贺侯仁之教授院士九十华诞》(郑孝燮,2001年)

为耆旧举办寿辰纪念活动,出版纪念文集,是学术界表彰先进、传续学统的惯常做法。侯仁之起初并不热衷于此,甚至为避免1991年80岁寿辰拟举行的官方祝寿活动而躲到美国。

2001年,侯仁之迎来90岁华诞。早在1月,侯仁之就与季羡林、钟敬文、张岱年、林庚等数位90岁左右的老朋友在北京大学勺园七号楼举行"联合祝寿"。9月16日,中国文化书院在北京友谊宾馆友谊宫举行中秋同人雅聚活动,并举行书院导师侯仁之、何兹全九十寿辰,周一良先生八十八寿辰,张世英、牟小东八十寿辰祝寿活动。

12月3日,侯仁之九十寿辰庆祝活动达到高潮。当天,北大举办了有300多人参加的"庆贺侯仁之先生九十华诞暨从教六十五周年"活动。全国人大、全国政协、教育部、科技部、国家自然科学基金委员会、中国科学院、北京市政府等单位以不同形式表示祝贺。燕京大学校友会敬献了题写有"学林泰斗，燕山寿松"的条幅。

在此次庆祝活动中，郑孝燮撰写《恭贺侯仁之教授院士九十华诞》一诗，其诗云：

> 青松千尺仰侯门，院士虚怀赤子心。
> 都鄙有章知大道，纵横史地古为今。[1]

郑孝燮（1916—2017）长期在国家城市建设总局（及后来的城乡建设环境保护部、建设部）工作，毕生从事城市规划、历史文化名城保护事业，诗词创作非其特长。然诗中典出《左传》的"都鄙有章"一语则有其深意。据《左传》襄公三十年载，春秋时期子产（？—公元前552）在郑国实施改革，"使都鄙有章，上下有服，田有封洫，庐井有伍"。对"都鄙有章"一语，经传训诂学上自有定论。郑孝燮仅从字面上理解，误认为是"统一规划都城及其郊野，使城内与城外的建设纳入章法"[2]，去其本意较远。

在北京旧城改造、文物古迹保护等活动中，侯仁之与郑孝燮、罗哲文等人结下深厚友谊。新中国成立之初，侯仁之被任命为北京市人民政府都市计划委员会委员，并任清华大学历史系、营建系（建筑系）兼职教授，与梁思成交往密切。此时，郑孝燮正受聘于营建系，从而与侯仁之产生人生交集。

此后，侯、郑二人共同出席的学术及社会活动较多，举其要者，有纪念圆明园罹劫一百二十周年学术讨论会（1980年）、承

---

[1] 郑孝燮：《留住我国建筑文化的记忆》，中国建筑工业出版社，2007，第336页。
[2] 郑孝燮：《留住我国建筑文化的记忆》，第101页。

德避暑山庄建庄280周年学术讨论会（1983年）、全国第一次历史文化名城经济社会发展问题研究会（1986年）等。侯、郑二人还共同参与中国建筑学会建筑史学分会、中国圆明园学会、中国山海关长城研究会、中国历史文化名城研究会、中国城市科学研究会、中国紫禁城学会、中国城市科学研究会、北京什刹海研究会等民间学术组织，并担任重要职务。在北京旧城保护方面，二人供职于北京市文物古迹保护委员会，在卢沟桥修复、什刹海开发、《北京历史文化名城保护规划》专家论证等方面发出共同声音。当然，侯仁之、郑孝燮携手合作的最为精彩之处有二：其一，二人在1981年12月28日与单士元联名建议国务院建立历史文化名城保护制度；其二，二人与罗哲文、阳含熙在1985年3月25日至4月8日召开的全国政协六届三次会议上联名提交《第六届全国政协第三次会议提案（第663号）》，建议我国尽快加入联合国教科文组织世界遗产公约。

在漫长的学术历程中，侯仁之与建筑规划领域内的翘楚结下深厚友谊。正如侯仁之自称的：

> 我不是搞城市规划的，对建筑也是门外汉，但我最大的心愿就是历史地理学的研究能为城市规划服务；从另一个方面来说，我认为如果不了解一个城市的发展过程和特点，就很难做好城市规划工作。[1]

正是这份自谦、自信与坚守，为侯仁之带来了应有的荣耀。2006年9月，侯仁之与郑孝燮、吴良镛等人获中国城市规划学会最高奖励"突出贡献奖"（后改名为"终身成就奖"）。

1　陈梅云：《行舟瀚海探迷踪，一片丹心寄未来——访著名学者侯仁之院士》，《规划师》2000年第3期，第117页。

（十四）《敬祝侯仁之院士九十大寿》（曾昭璇，2001 年）

侯仁之的九十寿辰，更是地理学界的盛事，焉能没有地理学家的祝寿诗词？曾昭璇《敬祝侯仁之院士九十大寿》就是一例（见图 8）。其诗称：

史地名家中外知，常忆年青受教时。野外调查应重视，博览群书在钻研。

建国新风从此立，国际交流重利益。五十年来功业盛，敬写新诗颂我师。[1]

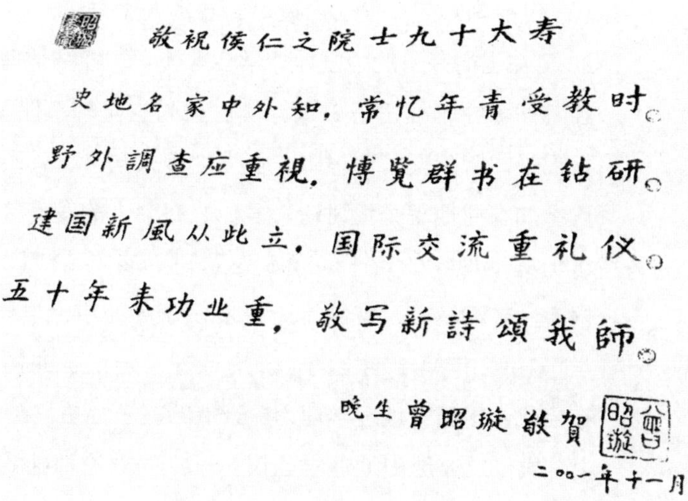

敬祝侯仁之院士九十大寿

史地名家中外知，常忆年青受教时。
野外調查应重視，博覧群书在钻研。
建国新風从此立，国际交流重礼仪。
五十年来功业重，敬写新詩頌我師。

晚生曾昭璇敬賀

二〇〇一年十一月

图 8　曾昭璇《敬祝侯仁之院士九十大寿》手迹

1　曾宪中等合编《曾昭璇教授诗集》，香港：国际炎黄文化出版社，2002，第 89—90 页。

诗中曾昭璇奉侯仁之为师，并点出年轻时曾受他指点的事实。

该诗作于 2001 年 11 月。在收入曾昭璇诗集之前，其原稿先于 2001 年 12 月影印于北京大学城市与环境学系内部印行的《侯仁之院士九十华诞天地特刊》中。检诸该诗原稿可知，"国际交流重利益"当为"国际交流重礼仪"。又，"五十年来功业盛"原作"五十年来功业重"。前一句显然应以"礼仪"为是。后一句的一字之差则无伤大雅。

曾昭璇（1921—2007，广东广州人），毕业于中山大学的地理系、历史研究所人类学部，师从吴尚时、杨成志等人。1951 年后，曾昭璇长期执教于华南师范学院（大学），开创了岩石地貌学、历史地貌学、人类地理学等新领域。从履历上看，曾昭璇被誉为"我国地理学界的南天一柱"，长期耕耘在华南地区，何以与扎根华北的侯仁之结下师生之谊？

目前确知曾、侯二人最早的学术人生交集，是 1961 年 11 月 28 日在上海开幕的中国地理学会地貌学、经济地理专业学术讨论会。据《竺可桢日记》载，侯仁之与竺可桢、任美锷、周廷儒、丁锡祉、曾昭璇、邓静中、仇为之等人与会。曾昭璇在 11 月 29 日参加农业地貌分组讨论。侯仁之在会上的发言摘要，后以《关于历史地理学的若干问题》为题刊于该年 12 月 14 日的《文汇报》。这篇发言，实际上就是发表于《北京大学学报》（自然科学）1962 年第 1 期上的《历史地理学刍议》的初稿。这篇文章在当代中国历史地理学理论探索上的奠基之功，在此不需赘言。

侯仁之《历史地理学刍议》一文的立论基础就是"历史地理学是现代地理学的一个组成部分，这是无可置疑的"，同时强调野外考察在历史地理学研究中的重要性，指出"地理学的重要方法之一是野外考察,这对历史地理学的研究来说,也不例外"。[1] 同样的观点,在《关于历史地理学的若干问题》一文中有如出一辙的表述。在所谓历史地理"六大名家"中,曾昭璇是唯一确知当面听到侯仁之这篇报告的人(谭其骧理应与会,但未见于《竺可桢日记》所载)。中国地理学的岭南学派占据了历史地理"六大名家"中的两席[2],他们与侯仁之在历史地理学的学科归属和研究方法上达成默契。在侯仁之为当代中国历史地理学的发展开宗立派时,曾昭璇是这一历史场景的见证者。曾昭璇诗中"建国新风从此立"一语当指侯仁之在历史地理学理论和方法上的开拓性贡献。

侯、曾二人在学术道路上的志同道合,另一个关键性历史场景是1982年12月在广州召开的中国科学技术史学会地学史专业委员会第一届地学史学术讨论会。目前可以确知的是,谭其骧、侯仁之、王成组、曾昭璇四人均出席会议,并围绕人地关系、历史自然学、地图史、徐霞客研究等专题进行座谈。[3] 在所谓的"历史自然学"(这一概念并未被学术界普遍接受)中,谭其骧被视为历史水文学的开创者之一,侯、曾二人分别被视为历史沙漠学、历史地貌学的开创者。[4] 在长期研究地貌学和历史地理学的基础上,曾昭璇在20世纪80年代初提出"历史地貌学"的概念。

侯仁之对曾昭璇的历史地貌学持肯定态度。1982年9月,在中国地理学会与复旦大学历史地理研究所联合主办的中国历史地理国际学术会议上,侯仁之以中国地理学会副理事长的身份做题

---

[1] 侯仁之:《历史地理学刍议》,《北京大学学报》(自然科学)1962年第1期,第73、79页。

[2] 司徒尚纪:《浅论中国地理学中岭南学派》,上官鸿南、朱士光主编《史念海先生八十寿辰学术文集》,陕西师范大学出版社,1996,第297—298页。

[3] 宋正海:《第一次全国地学史学术讨论会在广州召开》,《地理研究》1983年第2期,第108页。

[4] 孙关龙:《〈春秋〉科学考》,海天出版社,2015,第18页。

为"近年来我国历史地理学发展的主要趋势"的报告,称"历史自然地理的研究方面,随着工作的继续深入,必将与自然地理学的某些分支更加密切地结合起来,从而派生出新的历史地理学分支。例如'历史地貌学'这一分支就已经作为一项专门的研究被提到日程上来"[1]。侯仁之对曾昭璇历史地貌学的肯定,并不是率性而为的随意之举。

此外,侯、曾二人在城市历史地理研究上也有共鸣。1991年5月,曾昭璇《广州历史地理》[2]出版。侯仁之获赠该书后复信对此书做出如下评价:

> 我于北京历史地理的研究,虽说略窥门径,亦只是从城市发生发展的自然环境以及历代城市规划建设的地理背景小有创获。但无论在历史自然地理诸要素的探讨,还是在城市历史发展中的专题考证方面,都不及大作之深入。胡乔木同志生前在论及以新观点、新方法、新材料创修社会主义新方志时,曾经强调"省、市区的自然地理的变化和人文地理的变化",于此大作堪称范例。[3]

这部被侯仁之赞为范例的著作得到了学界的普遍承认。也正是因为曾昭璇对广州历史地理研究的长期关注和突出贡献,当侯仁之主持编绘《中国国家地图集·国家历史地图集》的城市遗址与布局图组时,才将广州城图交由曾昭璇编绘。

另外值得一提的是,侯、曾二人在地理科普方面有共同的

---

1 侯仁之:《近年来我国历史地理学发展的主要趋势》,《侯仁之燕园问学集》,上海教育出版社,1991,第322页。
2 曾昭璇:《广州历史地理》,广东人民出版社,1991。
3 曾新、曾宪珊编《曾昭璇教授著作编年》(非正式出版物),2004,第126页。

志趣。起初,在侯仁之主编的"地理小丛书"中,曾昭璇撰写了《奇异的溶洞》[1]。1983 年 6 月,侯仁之出席在安徽合肥召开的《中国地理丛书》编写出版工作会议。受胡乔木委托,侯仁之任编委会主任。作为编委会委员之一,曾昭璇大力支持侯仁之的工作,最终独著《中国的地形》[2],主编《南海诸岛》[3]。

上述共同的经历和共通的志趣,加深了侯、曾的友情。1996 年 2 月 8 日,侯仁之致信曾昭璇,并在所赠《历史地理学四论》[4]扉页上写下"敢请在学术研究上志同道合的昭璇同志批评指正"。五年之后,曾昭璇写下了本节开篇所引的祝寿诗。

(十五)贺侯仁之九十寿辰诗(黄发程,2001 年)

侯仁之长期担任北京大学副教务长、地质地理系(地理学)主任,所以,除了少数历史地理学专业的研究生之外,很多学生也可以视侯仁之为老师。在这其中,黄发程就是从侯仁之那里受惠良多的学生。

黄发程 1955 年秋进入北京大学地质地理系学习。1958 年,侯仁之指导黄发程完成学年论文《北京西郊水稻田的形成》。1960 年毕业后,黄发程分配到内蒙古自治区锡林郭勒盟阿巴嘎旗计委工作。约在 1964 年至 1965 年,侯仁之致信黄发程,希望其报考自己的研究生,并开列了考试大纲和必读书目。由于主客观条件所限,黄发程最终没有报考侯仁之的研究生,以至于"直到现在,我还在为辜负恩师的关爱和栽培而深感内疚"。

---

[1] 曾昭璇、钟新基:《奇异的溶洞》,中国青年出版社,1980。
[2] 曾昭璇:《中国的地形》,广东科技出版社,1985。
[3] 曾昭璇主编《南海诸岛》,广东人民出版社,1986。
[4] 侯仁之:《历史地理学四论》,中国科学技术出版社,1994。

后来，黄发程到广东省科学院广州地理研究所工作，曾任中国科学院广州分院党组副书记。回忆在北大的求学历程，黄发程写道：

> 我们是1955年9月进入北京大学地质地理系学习的。……为了培养新同学对专业的认知和兴趣，在开学后的第一个星期天，侯先生就亲自带领我们四个班的新同学进行一次野外地理知识之旅。记得那天大家在28斋宿舍门前集中后，侯先生就带着我们先沿着燕南园走到西校门内，一路给我们讲述燕园的由来和勺园的变迁，讲到办公楼前高耸的一对华表为什么左右不完全一样。接着走出西校门，穿过蔚秀园，记得是沿着圆明园、颐和园外直走到青龙桥，在镶黄旗看了景泰陵后再走到樱桃沟、卧佛寺、碧云寺，然后折回玉泉山回到学校。途中侯师还向我们讲解西郊水系的来龙去脉，讲到常年风向造成树木都向着一个方向倾斜等常识。这是一次地学的启蒙教育，把我们初步带入了地学之门。[1]

由此可见侯仁之向学生传道授业之一斑。

在侯仁之九十寿辰来临之际，黄发程写诗表示祝贺。该诗未见正式发表，仅见于2001年12月北京大学城市与环境学系内部印行的《侯仁之院士九十华诞天地特刊》中。该诗是用毛笔书写，未见誊写定稿或印刷件，所以个别字难以辨识。该诗也没有题目，姑且称之为"贺侯仁之九十寿辰诗"，谨抄录全诗如下：

---

[1] 黄发程：《师恩师情——忆侯仁之师的恩师情谊二三事》，北京大学历史地理研究中心编《走近侯仁之：恭贺侯仁之先生百岁寿辰》，第113页。

> 宏篇硕图进无穷，学海步芳贯西东。千年京畿论沿革，万里瀚沙探迷踪。史地相因开新域，时光为序现沧桑。今朝共庆耄耋健，更期百岁老寿翁。[1]

诗中"硕图"当指侯仁之主编的《北京历史地图集》，"步芳"代指侯仁之的论文集《步芳集》。全诗概括地指出侯仁之在北京历史地理、沙漠历史地理领域的贡献。

黄发程期待侯仁之成为"百岁老寿翁"。等到侯仁之百岁寿辰来临之际，黄发程写下一篇《师恩师情——忆侯仁之师的恩师情谊二三事》，回忆与侯仁之的交往，文中提到了侯仁之对其生活上的关心和照顾，并"衷心祝愿恩师延年益寿，南极星辉"。

（十六）《恭祝侯仁之教授长寿——写七言绝句二首，以志纪念》（张驭寰，2011年）

2011年，侯仁之的生命历程走向百岁，学界又迎来贺寿热潮。除了来自中央领导、教育部和社会各界的祝贺慰问，还出版了《走近侯仁之：恭贺侯仁之先生百岁寿辰》[2]。该书收录了张驭寰《恭祝侯仁之教授长寿——写七言绝句二首，以志纪念》诗二首。其诗载：

> 仁之先生品格高，多年教书犹自豪。桃李芬芳满华夏，每次讲课大高潮。
> 地理学科第一人，讲课笔耕犹认真。先生作品不停笔，

---

[1] 北京大学城市与环境学系：《侯仁之院士九十华诞天地特刊》（内部印行），2001，第15页。
[2] 北京大学历史地理研究中心编《走近侯仁之：恭贺侯仁之先生百岁寿辰》。

来访客人已盈门。[1]

此诗文字平淡无奇，若将之视为侯仁之学术生命历程的注释，则不失玩味含咏之处。张驭寰（1926—　）供职于中国科学院自然科学史研究所，早年师从梁思成，主要从事中国古代建筑史研究。张驭寰、侯仁之的人生交集主要在中国科学技术史领域。

新中国科学史研究的谋篇布局，有赖于竺可桢的擘画和侯仁之等人的赞襄。1954年9月，中国自然科学史研究委员会成立，竺可桢任主任委员，叶企孙、侯外庐任副主任委员，侯仁之与向达、李俨、钱宝琮、梁思成、刘仙洲、王振铎、刘敦桢、丁西林、袁翰青、张含英等17人当选委员。后来，侯仁之成为地理学史研究的先行者，主编完成《中国古代地理名著选读》（第一辑）、《中国古代地理学简史》。按照这一逻辑，侯仁之似乎不应跨界到张驭寰擅长的中国建筑技术史领域，其中缘由何在？

《张驭寰文集》所收《中国古代建筑技术史》编纂过程中的文件给出了答案。1974年，中国科学院哲学社会科学部自然科学史研究所计划编写中国科学史丛书，其中一册为《中国古代建筑技术史》。限于所内研究人员的不足，只能采取全国一盘棋，组织北京大学、清华大学、同济大学、天津大学、南京工学院、建筑科学研究院等单位以"社会主义大协作"方式进行编纂。1976年4月，该书协作讨论会在北京民族饭店召开，确定了编写方案，计划在1977年5月31日完成初稿。北京大学地质地理系作为协作单位之一，负责撰写齐临淄、元大都、明清北京城的城市建

---

[1] 张驭寰：《恭祝侯仁之教授长寿——写七言绝句二首，以志纪念》，北京大学历史地理研究中心编《走近侯仁之：恭贺侯仁之先生百岁寿辰》，第61页。

设。这项工作的实际执行者就是侯仁之。

在《中国古代建筑技术史》的编纂任务中，元明清三代北京城市建设是侯仁之固有研究领域，除了补充新的考古发现，不存在改弦更张的困难。据《夏鼐日记》载，1977年4月8日，侯仁之到中国科学院考古所找夏鼐谈元大都发掘事。如无意外，侯仁之此行的目的当为搜集撰写元大都城市建设史的考古资料。就齐国古都临淄城的城市建设史而言，侯仁之并没有充足的研究基础，史料记载也较简略，而出土实物则又受制于当地的考古发掘。机缘巧合，当时北大地质地理系经济地理专业正好在淄博"开门办学"，为侯仁之到临淄进行实地考察提供了便利。1976年5月20日，侯仁之致信张驭寰，谈及约请山东省博物馆协助编写《中国古代建筑技术史》一事。其信称：

> 本月十一日，我已随同我系经济地理（城乡规划）专业师生，前来山东淄博市参加开门办学工作。临行前一日，收到由学部寄来的《中国建筑技术史》编写方案。现住张店济青路淄博市政工程处，计划月底或七月初前往临淄。北大、山大两校考古专业和山东省博物馆的同志们，目前正在那里进行发掘。建议：关于战国临淄城部分的编写，应与山东省博物馆协作。请向贵所领导请示，是否可致函山东省博物馆，请指定专人参加这项工作……[1]

此信发出后，侯仁之并没有得到及时回复，乃于6月16日再次致信张驭寰，重提此事。最终，侯仁之提出的山东省博物馆参与到协作编写的建议，被自然科学史研究所采纳，只不过结果和当

---

[1] 该信流传于民间，见于网络拍卖。从笔迹和内容判断，当为真品，不存在作伪的可能。

初的预想并不完全一样。

侯仁之的本意是希望山东省博物馆参与协作,由自己执笔完成临淄齐故城的,所以他才会向考古发掘人员请教,并对齐故城选址的地理基础进行实地考察。后来,山东省博物馆对此事十分积极,齐故城城市建设史的写作遂由该单位独立承担。当时的侯仁之一身数任,对于一个渐渐步入老境的 65 岁老人来说,难免顾此失彼。

侯仁之此时的主要精力放在了以"开门办学"为特色的教育改革上。据当事者回忆:侯仁之"不仅有极高的学术造诣,生动、幽默的讲课技巧,重要的是他讲课的主题——齐都临淄城的兴起与规划,对规划工作更具有指导意义。……课堂外更大的收获来自侯先生率领我们赴临淄古城的一次实地考察"[1]。在 1976 年 4 月进行的实地考察中,侯仁之与山东大学的刘敦愿结识,并就临淄齐故城的选址及考古发掘发表意见。后来,刘敦愿将考古所见及心得写成《春秋时期齐国故城的复原与城市布局》,发表在由侯仁之撰写发刊词的《历史地理》创刊号上。该文"有关临淄自然地理方面的分析,系根据北京大学地质地理系侯仁之教授的意见"[2]。除了现场交流,侯仁之在 1977 年 1 月 27 日致信刘敦愿,谈及临淄齐故城的防洪设施问题。该信称:"现在应市委之命,赶写《淄博市主要城镇的起源和发展》的文字报告,其中有涉及到临淄城的一部分,亟望能早日看到大作,以补我之不足。"[3]

---

1 董黎明:《侯仁之先生》,北京大学历史地理研究中心编《走近侯仁之:恭贺侯仁之先生百岁寿辰》,第 219—220 页。
2 刘敦愿:《春秋时期齐国故城的复原与城市布局》,中国地理学会历史地理专业委员会《历史地理》编辑委员会编《历史地理》创刊号,上海人民出版社,1981,第 158 页。
3 高明勇:《北京城的守望者——侯仁之传》,江苏人民出版社,2012,第 68 页。

在完成淄博城市规划工作后，侯仁之全力投入元大都和明清北京城的城市建设史撰写中。据 1977 年 6 月 25 日该书编写简报第五期载：侯仁之"承担的写史任务资料已收齐，正在赶写文字中，据了解侯先生近来患眼出血症，但是为了不影响全书出版，侯先生表示要带病加速赶写，争取尽快交出文字稿"[1]。三个月后，侯仁之将所承担的"元大都城与明清北京城"一节油印稿交送中国科学院自然科学史研究所。很快，"元明清北京城"作为第二批发送征求意见稿被送出评阅。该书在 2016 年再版时列出了"本书各章执笔人名单"和"参加本书协作单位名单"，其中"临淄城"部分的作者为"张学海（山东省博物馆）"，元大都城、明清北京城两节则出自侯仁之手笔。[2] 侯仁之所撰两节的完整内容又以《元大都城与明清北京城》为题刊于《故宫博物院院刊》1979 年第 3 期，成为侯仁之的代表作之一。

从熟悉的中国地理学史到相对陌生的中国建筑技术史，侯仁之为中国科学技术史发展做出了重要贡献。侯仁之的科技史研究同样不是个人学术兴趣的自由生长，而是其所处学术位置的客观要求，体现出新中国"任务带学科"的学术发展路径。不是在"1958 年社会主义总路线的光辉照耀下和全民大跃进的鼓舞下"，也就不会有侯仁之召集北大地质地理系和中国科学院自然科学史研究室人马编写的《中国古代地理学简史》。同样，没有特定时代背景下的"社会主义大协作"学术研究组织模式，侯仁之也就无缘参编《中国古代建筑技术史》。

---

1 张驭寰：《张驭寰文集》第 1 卷第 2 编《中国古代建筑技术史》，中国文史出版社，2008，第 256 页。

2 中国科学院自然科学史研究所编《中国古代建筑技术史》下卷，中国建筑工业出版社，2016，第 1052 页。

（十七）《甘为孺子牛》（张兴根，2011年）

2011年12月，北大中文系的张兴根为侯仁之百岁华诞作诗《甘为孺子牛》，由北大书画研究会会长张振国书写后赠予侯仁之。该诗载：

> 扎根燕园，岁月悠悠。酸甜苦辣，多少春秋？折磨受尽，二度拘囚。霜凌雪辱，士节不丢。疾风劲草，浩气如虹。煨莲颉刚，学界一流。导师指引，仁之谋筹。历史地理，开拓研究。京郊古迹，西北沙丘。实地考察，双臻丰收。教科兴国，昂首排头。桃李满园，笔耕不休。硕果累累，馨溢五洲。少壮志远，晚节劲道。虚怀若谷，境界深幽。爱我中华，甘为孺牛。[1]

张兴根、张振国是北大校内有一定知名度的书画名家。该诗的创作和书写，更大意义在于增加侯仁之百岁寿辰的喜庆气氛。"甘为孺子牛"一语当取自鲁迅《自嘲》诗中"横眉冷对千夫指，俯首甘为孺子牛"一句。此处"孺子牛"的寓意为甘心为民众奉献之人。而侯仁之晚年以"老牛"自勉，则取意于"老牛自知黄昏晚，不待扬鞭自奋蹄"。虽然都是以牛作比喻，但两者意趣不同。

该诗的书写者张振国曾任北大国际关系学院教授。在他的同事中，还有一位以书画见长的资深教授赵宝煦。1979年，赵宝煦与李志敏、张振国发起成立了燕园书画会（北京大学书画研究会前身）。李志敏是书法造诣和知名度更高一些的北大教授。

---

[1] 张兴根：《竹颂——张兴根墨竹集》，中国计划出版社，2016，第36页。

由此引出侯仁之与张振国的一处人生交集。1980年12月初，受教育部委派，侯仁之与雷洁琼、黄继忠等人组成中国教育代表团，赴美出席在新奥尔良举行的美国社会科学学会（NCSS）成立60周年大会。此前，赵宝煦于10月16日请张振国带信给李志敏，信中提及雷洁琼、侯仁之二人应邀赴美出席国际会议，恳请李志敏书写"唐诗小屏条三种"作为到美国馈赠朋友的礼物。除此之外，笔者尚未发现其他侯仁之与张兴根、张振国交往的记载。

在国际学术交流中，中国书画作品无疑是合适而又体面的礼物。1949年，侯仁之学成归国前夕就送给导师H.C.达比教授一幅国画《春色在南枝》。[1]比侯仁之更早去利物浦大学留学的张印堂、林超二人，则把顾颉刚1936年10月手书的《禹贡》全文条幅作为礼物送给了地理系。归国后，侯仁之与吴良镛结交，吴良镛曾赠送水彩画一幅，该画长期悬挂于侯仁之燕南园寓所客厅。在侯仁之的九十寿辰上，侯仁之的学生张金哲创作《为侯仁之老师90寿辰而作（国画）》[2]，成为硕学鸿儒之间情谊的见证。

二 侯仁之交游诗词的科学社会史意义

从科学社会学的视角加以审视，本文搜集的17首与侯仁之相关的交游诗词，既是对侯仁之学术贡献和社会贡献的褒奖，也是侯仁之社会网络结构的表征。

---

1 阙维民：《〈春色在南枝〉——贺侯先生百年华诞》，北京大学历史地理研究中心编《走近侯仁之：恭贺侯仁之先生百岁寿辰》，第376—379页。
2 张金哲：《为侯仁之老师90寿辰而作（国画）》，潘云鹤主编《学海墨浪：中国工程院院士书画社2014》，高等教育出版社，2014，第4页。

（一）为你写诗——科学界的另类奖励模式

在科学社会学看来："科学家确实拥有一种代用形式的财富——承认。……因为承认对科学家来说是如此的重要，所以必须有一个奖励系统，来确认科学的杰出成果并授予荣誉，无论它是在何处被发现。"[1]在一般情形下，这一奖励系统包括荣誉奖励、职业位置、知名度三类。但在中国文化氛围下，诗词唱酬也是一种承认科学家学术和社会贡献的奖励形式。

侯仁之获得的荣誉奖励，举其要者，除了本文开篇列举的之外，还有第六届何梁何利基金科学与技术成就奖（1999年度）、北京大学首届蔡元培奖（2006年）等。论职业位置，侯仁之长期任北京大学副教务长（由教育部任命的校级领导）、地质地理系主任。此外，侯仁之还兼任数届中国地理学会副理事长、北京市文物古迹保护委员会主任等职，1980年当选中国科学院地学部学部委员（院士），次年当选首届国务院学位委员会理学评议组成员。就知名度而言，从侯仁之去世后的新闻报道可见一斑，无论是中央媒体还是地方小报都争相报道。

荣誉奖励、职业位置、知名度三者并不能截然区分，三者互相促进。三者数量的增加和质量的提升，形成"马太效应"，从而产生"奠基人""巨擘""第一人""泰斗""元祖"等声望，最终，侯仁之被尊奉为"海内外学界共同敬重的一代宗师""学贯中西、文理通融的学界泰斗"。[2]与来自官

---

1 〔美〕乔纳森·科尔、〔美〕斯蒂芬·科尔：《科学界的社会分层》，赵佳苓等译，华夏出版社，1989，第50页。
2 北京大学城市与环境学院：《我国著名历史地理学家侯仁之院士的杰出学术贡献》，《地理学报》2013年第11期，第1452页。

方、学术机构和科学社团的有组织的承认不同，诗词唱酬是一种自发的个性化承认。以个人诗词为载体的承认模式，有助于加深对科学社会学"马太效应"的理解。到了学术人生的暮年，挥之不去的荣耀仍旧纷至沓来，对于一个高度社会化的科学家而言，他已经失去了逃避名利的自由。不过，侯仁之体悟到"名利于我如浮云"的人生真谛，他只想"感谢我的亲朋友好……我还要平淡充实地继续工作下去"。[1] 为之写诗的这些知名人士，肯定属于侯仁之的亲朋友好，列入其朋友圈。

为之写诗作词的亲朋友好，是助推侯仁之登上科学社会阶层的重要力量。当然，我们也必须承认"科学家正是由于对科学作出的贡献不同以及由此而获得的荣誉和声望的不同，因而占据了科学界分层的不同位置"[2]。侯仁之从名不见经传的青年教师向上流动成为位居科学社会阶层顶端的权威，正是官方、民间和个人基于科学与社会贡献而做出广泛承认的结果。来自不同时期，不同社会阶层和学术界别的交游诗词，恰好见证了侯仁之在科学社会阶层的流动和在社会角色上的转化。

（二）朋友圈——科学家的社会网络

本文辑录14首写给侯仁之的诗词，其作者来自史学、宗教、文学、艺术、地学、科技史、书画、社会活动等不同界别，这些作者大都是各自领域内的翘楚。通过这些诗词交游，可以勾勒出以侯仁之为核心的跨界别社会网络。侯仁之与上述作者或为师生，或为同辈。这种基于学缘、业缘而形成的社会网络，为侯仁之学术和社会活动的开展提供了良好的人脉资源。

---

1 侯仁之：《名利于我如浮云》，《人民日报》（海外版）2002年2月1日，第2版。
2 叶继红、谭文华：《科学社会学新探》，合肥工业大学出版社，2010，第80页。

正因为在科学社会阶层搭建了接触广泛的社会网络,侯仁之在相对狭窄的历史地理学领域之外进行了广泛的建言献策,身体力行地践行着"经世致用"的学术理念。洪业、顾颉刚、邓之诚及其栽培的学界精英,是可称为以燕大为共同文化背景的旧友。因北大地质地理系主任身份而结识的竺可桢等地理学界人物,可视为侯仁之为开拓历史地理学新境界而结识的新朋。上述来自史学和地学两大阵营的故交和新朋,构成了侯仁之开展专门学术研究的基本社会网络。此外,因为梁思成而与建筑、城市规划学界交往,因燕大、北大校友身份缔造的广泛社会交往,因中国科学院院士身份而与科学社会阶层顶端精英建立的联系,因黄华、万里而与政界人士的交往,都为侯仁之社会网络的极大拓展提供了可能。

凭借上述交游广泛的朋友圈,侯仁之的学术产出有了更加多元的出口,不再局限于学术界的论文发表和著作出版。正是因为洪业的赏识和奖掖,侯仁之才得以在燕大立足,到英国留学。而与侯仁之一起听洪业课的张家驹则走向了另一面,"他和洪先生的关系似乎并不融洽,在第一师院时他曾经讲过'我才不去巴结他呢'"[1]。侯仁之走向历史地理学专业研究和科普写作之路,洪业的影响极为关键。细数侯仁之朋友圈中的关键人物,邓之诚、顾颉刚、梁思成等人皆在其列。如果不是与学者出身的政界人物吴晗交好,侯仁之恐怕难以参与到"中国历史小丛书""中国地理小丛书"的主持工作中。当然,也正是这段交情,给"文革"时期的侯仁之带来了意想不到的遭遇。通过燕京大学校友、北京市人大代表和全国政协委员的身份,侯仁之有缘结识政界和社会各界人物,但侯仁之始终没有像吴晗、翁独健一样真正从政。1974

---

[1] 李培栋:《呕心治宋史遗书惠学林——宋史研究专家张家驹传》,吴祥兴主编《师道永恒:上海师范大学名师列传》(一),上海人民出版社,2009,第216页。

年，侯仁之本来极有可能被拉入"梁效"大批判组。因为对江青做派的厌恶，侯仁之还是借故脱身而出，没有像周一良那样深陷政治的泥潭。

在怀念吴晗的时候，侯仁之称他是"一位真正爱好社会主义事业的'好事之徒'"。侯仁之何尝不是如此？在政治开明的时代，他本可以躲进书斋从事晦涩艰深的历史地理学研究，增加侯仁之文集的厚度。但是他还是热衷于科普创作，从自己的专业角度对社会热点问题建言献策，好在侯仁之并不孤独，他的朋友圈中同样不乏"好事之徒"。

结语 诗作伴的科学人生

2013年10月22日，侯仁之溘然长逝。网络所见《五律·秋殇》一诗载："惊闻噩耗至，大漠落三贤。风起深秋夜，纷扬落叶间。静心皆往事，俯首尽联翩。坎坷平生志，谁书未竟篇？"长者仙逝，对于亲近之人，难免悲痛。亲朋故旧，多有缅怀文字，其中不乏诗词及同样讲求用典和押韵的挽联。悬挂于灵堂正中的挽联，是尹钧科所书"做人以家国为本尽赤子之心成一代宗师，治学必源流探究求经世致用创特色学术"。另一位及门弟子朱士光则撰写挽联"倾心为创建历史地理学科理论奠基，功垂后世；竭力对保护世界文化自然遗产倡言，利泽当代"。就连自称从来不写对联的唐晓峰也写了"体国经野沙海行舟图通古今之变，心忧力行春风立中奋蹄天路历程"。来自宝岛台湾的夏铸九则题写"隔岸仰高山，宁犯禁也要读先生的书；立言有垂教，几巡回正在走先生的路"。

回想五十多年前，侯仁之在《步芳集》前言中自称"我没有诗人的才能"，但还是口占"如行锦簇地，举步皆芬芳"的诗句来概括新中国成立十多年来的生活感受。本文通过钩沉索隐获，发现侯仁之也会写诗，还有更多人为他写诗。这些友朋唱酬诗词，散落在"步芳斋主人"学术生命历程上的角落，没有人采摘。

逝者已循天路而去，生者还走先生的路。后来者是否可以暂时停歇为评职称、申课题、赚外快而日夜奔忙的脚步，思索一下侯仁之的学术人生为何如此精彩？

私人档案的个案研究
——一篇几经修订而未能面世的"编后记"

韩光辉　田　海　彭静杨[*]

摘　要： 20世纪90年代与侯仁之先生以及苏天钧、尹钧科、韩光辉等有关的一组信件，记录了当年计划出版纪念文集《历史地理集刊》以及数次撰写编后记（后记）的基本过程，由此保存了一段涉及历史地理研究与学科建设的重要史料，从中可以窥见侯仁之先生的大师风范。

关键词： 侯仁之　《历史地理集刊》　私人档案　编后记

　　根据档案的归属性质，档案主要分为公务档案和私人档案。一百年来，随着清政府档案的外泄，公务档案已成为社会，尤其学术界经常运用的工具。但是，私人档案因是在人们私人生活中形成的，包括日记、笔记、手稿、信函、账本、票据等私人文书，属私人所有，散存于私人手中，具有"隐私"性质，目前还很难公开，更少被利用。其实，有些私人文书或私人档案，具有重要的社会意义和学术价值，值得注意。

　　近年来，在整理个人保存资料的过程中，发现了与侯仁之、苏天钧、尹钧科、韩光辉等人有关的、围绕出版纪念文集《历史地理

---

[*] 韩光辉、田海、彭静杨，北京大学历史地理研究中心。

集刊》(以下简称《集刊》)的"编后记(后记)"及相关信件。这是 20 世纪 90 年代初发生的一件与学术相关的事情,系统完整。通过整理这些材料,梳理了当年这一事情的基本过程。希望做些研究,以抛砖引玉。

当时先后由不同个人执笔写成的"编后记",共有四稿。其中的第四稿"编后记",本来是要在正式出版的《集刊》中面世的(见图1)。但由于多种原因,竟没有实现出版《集刊》的最初愿望。

> **后记(出版说明)**
>
> 　　1989年,北京市社会科学院组建了历史地理和地名学研究室。为纪念研究室成立,并促进学术研究和成果交流,本研究室于1990年着手编辑一本学术论文集,拟名为《历史地理集刊》。
>
> 　　在编辑这本论文集的过程中,适逢我国著名历史地理学家、北京大学侯仁之教授八十寿辰;他在北京的一些故交、同事和学生也正私下酝酿为他筹办祝寿活动。侯仁之教授认为不敢因个人生日有烦各位友好分心,并表示届时他将出国远行。但是事后考虑到他对历史地理学理论的发展,尤其是对北京历史地理和城市规划建设的贡献,遂产生了扩大编辑出版论文集的内容,既以纪念我研究室的成立兼作祝贺侯仁之教授学术成就的动议,因而又部分地扩大了征集论文的范围。当时侯先生正在国外。在他回国之后有鉴于他不为个人祝寿的坚决态度,亦未便就编辑这一具有双重含义的论文集一事征求他的意见。当初未曾料到集稿颇为顺利,而《历史地理集刊》的出版计划却遇到了意外的困难。拖延至今,实有愧于各位积极热情的作者,经再三考虑,遂决定借用原有的《环境变迁研究》版式,将存稿以专集的形式刊印出版,也希望侯仁之教授予以谅解。谨此说明如上。
>
> 北京市社会科学院
历史地理与地名学研究室
1993年10月1日

图1 "编后记"终稿

其实还有其他三稿,即第一、第二、第三稿。因是北京市社会科学院组建历史地理与地名学研究室,为纪念研究室成立,要编辑出版学术论文集而组织一组文章,因此第一稿"编后记"自然是由尹钧科执笔,署名是"北京市社会科学院历史地理与地名学研究室主任苏天钧",时间是 1993 年 10 月 1 日。当时决定该《集刊》于 1993 年 10 月 1 日出版,所以后来的几稿所署时间没变。这一稿经侯先生过目,做了四处修订,主要是文稿提到的给侯先生祝寿活动一事,全部被侯先生圈掉了(见图2)。

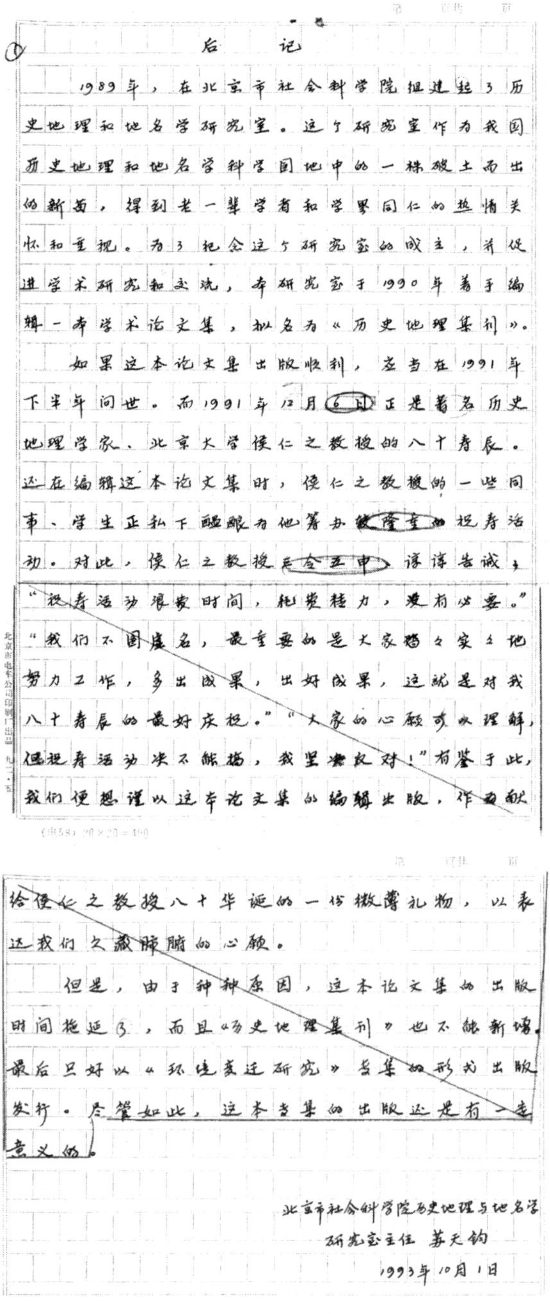

私人档案的个案研究
——一篇几经修订而未能面世的"编后记"

图 2　尹钧科起草、侯先生圈阅过的"编后记"

在20世纪八九十年代,给侯先生祝寿是一个禁区。这第一稿不能用,侯先生又责成韩光辉写了"编后记"的第二稿。侯先生责成韩光辉写的"编后记"第二稿,是吸收了尹钧科起草的编后记的部分内容写成的,共五百多字,署名是"北京市社会科学院历史地理与地名学研究室",这是根据侯先生的意见删去了"主任苏天钧"五个字。而且"原定《历史地理集刊》的出版计划却遇到了意外的困难。拖延至今,实有愧于各位积极热情的作者,经再三考虑,遂决定借用原有的《环境变迁研究》版式,将存稿以专集形式刊印出版"。这一稿侯先生又做了不少修改(见图3)。

大概因为侯先生修改的地方较多,怕看不清楚,侯先生自己又抄写了一遍。这一抄件现存的只有第二页,抄件的第一页在随后的打印过程中不慎丢失了(见图4)。

修改、打字后再请侯先生过目,侯先生在这一打印稿上,又做了五处修订,韩光辉也做了两处小的改动(见图5)。

这一稿的内容,应该和第二稿内容相近。再经侯先生和韩光辉修改,才是最终的定稿(第四稿)。现在看来,第四稿是终稿。该稿应该是《历史地理集刊》上最后发表的稿件。

在这一过程中,还有侯仁之先生给韩光辉的一封短信(见图6),所署时间是"6月5日早"。

年份自然是1993年无疑,因为这件事自始至终发生在1993年上半年。当时侯先生也在国内,关心着《集刊》的出版。侯先生短信的内容是:

光辉同志:
　　"编后记"作了点修改,不一定合适,请再考虑订正,也有点意见,用铅笔写在改稿上。

侯仁之
6月5日早

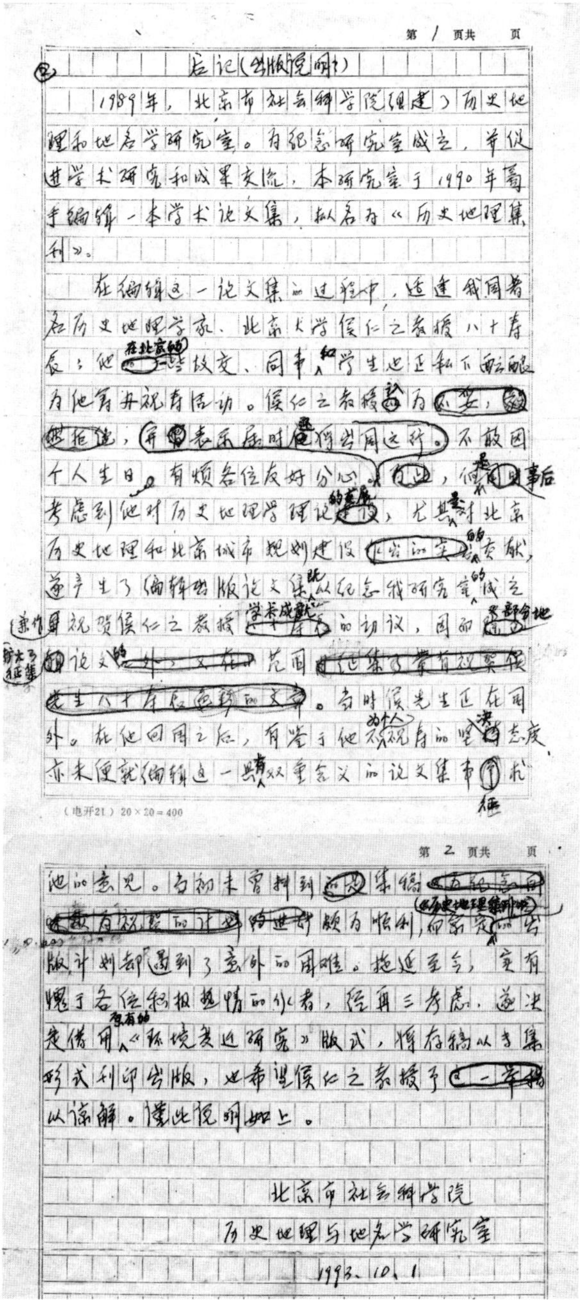

学术档案

私人档案的个案研究
——一篇几经修订而未能面世的"编后记"

图3 韩光辉起草、经侯先生修订的"编后记"

图 4　侯先生抄件第二页

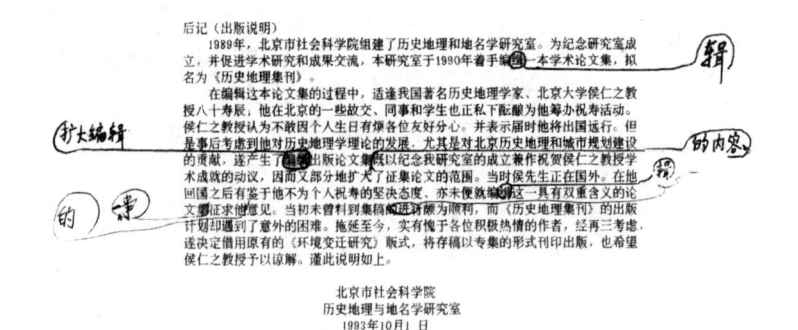

图 5　"编后记"打印稿，经侯先生和韩光辉修订

因为《集刊》出版的时间定在了 1993 年 10 月 1 日，所以每一稿"编后记"上的时间也就都写成了 10 月 1 日。侯先生 6 月 5 日早（侯先生多年来的生活习惯，每天的凌晨 4 点钟起床，开始工作）的签字应该发生在韩光辉所写的第二稿之后。

就在大家以为《历史地理集刊》的出版只欠东风的时候，出版计划却遇到了意外的困难，经再三考虑，才决定借用原有的《环境变迁研究》版式，将《历史地理集刊》的存稿以专集的形式刊印出版，这就是 1996 年出版的《环境变迁研究》第四辑，

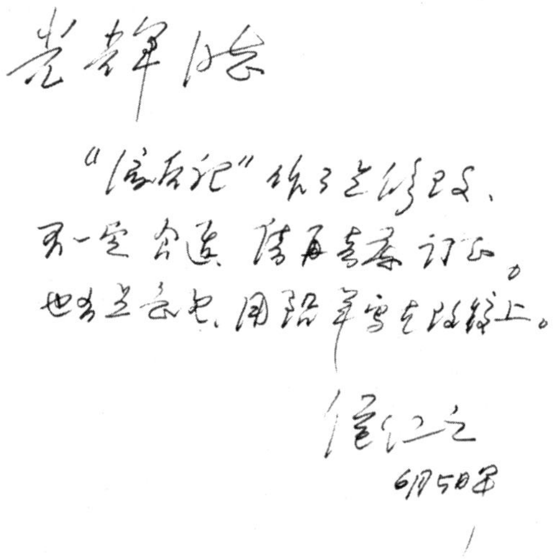

图 6　侯先生给韩光辉的短信

时间又拖了三年。为《集刊》出版而撰写的"编后记"因此未能与读者见面。现在把"编后记"公之于众，让大家了解当时的情况。

从近日发现的"编后记"及其修订过程中，不难发现先生的众多优秀品质：生活低调，坚持原则不祝寿，严于律己同时也严格要求自己的学生，谦虚做人、不断上进的生活作风。

稿　约

《北京史学》创刊于2012年，最初为年刊。2018年正式改由社会科学文献出版社出版，每年分春季刊、秋季刊，总计出版两辑。

本刊系学术性理论性刊物，定位于北京史研究与交流的专业阵地。为进一步拓展研究领域，我们倡导"大北京史"研究，凡是与北京史相关的研究论题，都在我们的征稿范围之内。

来稿篇幅以8000~15000字为宜，个别文章可扩展至30000字，需提供200字左右的中英文题目、摘要与关键词，并请附作者简介、电话、电子邮箱、邮寄地址等信息。基金项目或资助项目请注明具体名称及编号。注释体例以《历史研究》相关要求为准。

本刊特设青年论坛，尤其欢迎青年学人（包括博士研究生、硕士研究生）赐稿，一切以学术质量为取舍标准。

本刊对拟采用稿件有酌情删改权，如不同意删改者，请在来稿中特别声明。来稿一经刊用，即付稿酬，并赠送样刊两本。凡刊载于本刊文稿的著作权，均由本刊与作者共同享有，作者著作权使用费已在稿酬中一次性给付，本刊不再另行支付。

所有稿件均实行匿名审稿制，如在两个月之内未获采用通知，作者可自行处理。

本刊倡导良好学风，严格遵守学术规范。来稿如发生侵犯他人著作权的行为，作者应负全部责任并赔偿一切损失。

本刊投稿邮箱：bjsx910@163.com

本刊地址：北京市朝阳区北四环中路33号北京市社会科学院历史研究所

邮编：100101

联系电话：010-64872644

《北京史学》编辑部

图书在版编目(CIP)数据

北京史学.2019年.春季刊：总第9辑/北京市社会科学院历史研究所编.--北京：社会科学文献出版社，2019.7

　　ISBN 978-7-5201-4981-5

　　Ⅰ.①北… Ⅱ.①北… Ⅲ.①北京-地方史-文集 Ⅳ.①K291-53

中国版本图书馆CIP数据核字（2019）第110698号

北京史学　2019年春季刊（总第9辑）

编　　者 / 北京市社会科学院历史研究所
执行主编 / 孙冬虎

出 版 人 / 谢寿光
责任编辑 / 赵　晨
文稿编辑 / 侯婧怡

出　　版 / 社会科学文献出版社·历史学分社（010）59367256
　　　　　　地址：北京市北三环中路甲29号院华龙大厦　邮编：100029
　　　　　　网址：www.ssap.com.cn
发　　行 / 市场营销中心（010）59367081　59367083
印　　装 / 三河市尚艺印装有限公司

规　　格 / 开　本：787mm×1092mm　1/16
　　　　　　印　张：23.75　字　数：313千字
版　　次 / 2019年7月第1版　2019年7月第1次印刷
书　　号 / ISBN 978-7-5201-4981-5
定　　价 / 99.00元

本书如有印装质量问题，请与读者服务中心（010-59367028）联系

▲版权所有 翻印必究